U0051297

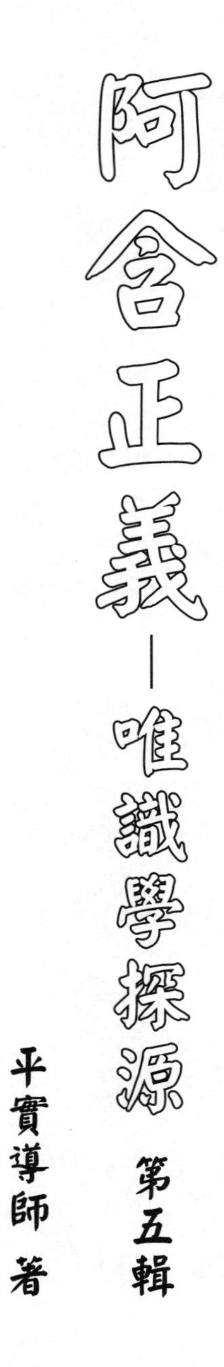

ISBN-13:978-986-82992-4-5

阿含諸經所說的本識**如來藏**極難證悟，唯有乘願再來的菩薩，方能在末法時世自參自悟；聲聞聖人與諸凡夫都不可能自知自悟，必須迴心大乘而隨從菩薩修學方能得悟，是故阿含部經中 佛說：「**如來之藏**如是難入，安慰說者亦復甚難；謂於惡世極熾然時，不惜身命而爲眾生說如來藏，是故我說諸菩薩摩訶薩人中之雄、即是如來。如阿那律天眼第一，眞實明見空中鳥跡；與肉眼者俱共遊行，彼肉眼者所不能見，信阿那律，知有鳥跡。肉眼愚夫、聲聞、緣覺，信佛經說有**如來藏**，云何能見佛境界性？聲聞、緣覺尚由他信，云何生盲凡夫而能自知、不從他受？」有人寧可相信古時誤會大乘佛法者所弘法義的考證，寧可根據古時誤會本識的聲聞部派佛教所說的本識法義而作考證，誣稱經論及眞悟者弘揚之大乘經典法義有所演變，不肯相信三乘經論法義古今都無演變而一貫相承的事實；如是專作佛學研究而不作佛法實修，主張學術觀點的說法才是眞佛法，教徒觀點的說法不是眞佛法的人，可以說是佛門中的法師嗎？一切佛門中人，對此都應該深入、詳實、理智的加以探討：放著仍可考證無誤的古、今經論眞義，專信取材不當的學術研究結果，他們究竟是什麼心態？

——正智出版社　編輯部——

必須已經閱讀前面每一輯，並且確實瞭解其內容以後，才不會誤解這一輯書中所說的法義，或讀不懂此輯書中的法義。若直接從這一輯閱讀，將很有可能誤會這一輯書中所說的義理，而仍然自以為沒有誤會；越到後面數輯，越是如此。若不從第一輯開始依次第閱讀、思惟，有可能在非故意的情況下，誤犯了大妄語業，請您特別注意這個叮嚀。斷我見之最重要義理為識蘊之內容，若欲確保我見已完全斷除者，可向正覺同修會索取《識蘊真義》結緣書，更深入而詳細的瞭解識蘊之內容，我見當可斷除，三縛結因此可斷。

—平實誠懇的叮嚀—

目錄

第三輯

第四輯

第六輯

自序

本書的義理，僅從四阿含諸經中取材而說，不從大乘諸經中取材而說，如是證明大乘方廣唯識諸經的法義，從來不違四阿含諸經的解脫道法義，證明大乘經典中的法義並非歷經演變而成者，也證明一件事實：原始佛法中解說涅槃時，爲了不墮入斷見外道見中，不得不處處隱語密意說有第八識**本住法**的存在，而第八識法義本是應該留到第二、第三轉法輪時才正式宣說的。所以二乘法其實是以大乘法爲根本而方便宣說的，若離大乘法宗本的如來藏根本心，二乘涅槃將難逃於斷滅見之譏評，本質也將成爲斷滅空，如同印順之所墮。

本書之所以不取材於大乘經典來說者，是因爲印順、昭慧……等人私心之中，認爲大乘經典是部派佛教以後的佛弟子們長期創造演化出來的，不承認大乘經典眞是 釋迦世尊所說，是故此書中原則上都不引證大乘經典法義。又因佛學學術界公認的阿賴耶識權威史密豪森先生（Lambert Schmithausen），依據後出的《瑜伽師地論》爲根據，立論說：阿賴耶識心體是在論中的〈本地分〉才出現的，原始佛法中並未說有阿賴耶識心體；又說意根在論中的〈攝抉擇分—

證明分〉中仍然尚未建立起來，是到後面的〈流轉分〉中才建立起來的，認爲在此論出現以前，佛法中是尚未建立意根末那識的；但是他的說法，完全違背佛教法義弘傳的最早文獻記錄中的歷史事實，因爲在四阿含教典中，不論是南傳或北傳的阿含部經典，都曾明說或隱說阿賴耶識了，只是史密豪森讀不懂罷了。又因爲大乘經典是被印順、昭慧、史密豪森所否定的，他們都不相信大乘經典，都對大乘經典持否定態度，堅稱不是 佛口親說，由此緣故，此書中不舉示大乘經典、論典而說，單取四阿含諸經（印順說爲原始佛法）經文證據來說，證明原始佛法中早已說過有意根及阿賴耶識心體的存在，證明印順、昭慧……等人所信受的西方學術研究者說法是全面錯誤的。

復次，本書對四阿含諸經法義的取材，是全面性的，不是像印順、昭慧、證嚴……等人一樣專取四阿含中自己所愛樂的法義來說，也不是像印順、昭慧、證嚴……等人一樣的排斥四阿含中對自己不利的法義而省略不說。印順甚至說**四阿含的**經文**不完全符合 佛意**，而主張親聞 佛陀所說的才是完全符合佛意，所以另行建立**根本佛法**（親聞佛口所說之法義）以別於**原始佛法**的四阿含諸經所說。但是，莫說印順今天親自聽聞佛說一遍就能眞解法義，乃至現存四阿含經典，可以讓他再三、再四乃至再十的連續研讀，他尚且一樣嚴重誤會，錯解經文的證據確鑿，何況親聞 世尊演說一遍可以解義？絕無斯理！

由於印順……等人已有否定大乘經，說非佛說，以及別行建立根本佛法等二種**不正當**作法，所以他們對四阿含諸經經義的解說，已經使原意喪失泰半，也使四阿含的眞義廣被埋沒，印順、昭慧、證嚴……等人已將 佛陀的本懷加以嚴重曲解了。但是他所謂的**根本佛法**，在 佛陀入滅以後根本就不可能存在，除了古時當場聽聞者；但在此時是絕無可能的，所以他的主張是毫無意義的。本書則是普遍、廣泛對四阿含經文加以引證廣說，使四阿含諸經的眞實義，可以示現在末法時代廣大學人眼前，也使四阿含諸經所說的解脫道眞義，重現於末法時世的今天，這是本書與印順、昭慧……等人取材阿含法義而說時的最大不同所在。

四阿含諸經所說法義，以二乘菩提爲主；二乘菩提則是解脫道之法義，專述出離分段生死之解脫道法義，不以實證法界萬法實相爲內涵，故與成佛之道的佛菩提道無直接關聯，因爲成佛之道是必須從親證萬法本源的第八識如來藏開始的。第二、三轉法輪之大乘諸經法義，則以成佛之道爲主；大乘成佛之道則以佛菩提智慧爲主，卻又函蓋了二乘菩提之解脫道；是故大乘成佛之道，非唯第二轉法輪之般若系諸經所說實相般若總相智、別相智，亦須再進一步求證一切種智增上慧學。般若既以親證如來藏爲始，依所證如來藏才能現觀如來藏的中道實相義；而一切種智增上慧學，則是第三轉法輪諸經所說如來藏自性妙義，以及如來藏所含藏一切種子等增上慧學爲本；以親證萬法根源如來藏心體中所含藏之一切種子已具足故，名爲圓滿成就一切種智，名爲成佛。

如是，合解脫道智慧、般若總相智、般若別相智，以及一切種智之智慧，方可名爲成佛之道，非如印順單以二乘菩提之解脫道可以名爲成佛之道也！否則，一切阿羅漢應皆已經成佛也！然而現見一切阿羅漢皆非是佛，亦無任何一位阿羅漢敢在 佛入滅後自稱成佛也！故知成佛之道函蓋二乘菩提之解脫道，亦函蓋大乘別教不共二乘之般若總相智、別相智、一切種智等智慧也！具足如是智慧，方名成佛。然而二乘聖人所證解脫道，既不曾證般若總相、別相智慧，更不曾證一切種智，印順焉得單以二乘解脫道小法智慧而稱爲成佛之道？更何況他早已誤會二乘解脫道的涅槃智慧了！然而印順卻敢在死前，同意潘煊把他的傳記以《看見佛陀在人間》爲副書名而出版，這是以凡夫之身僭稱成佛，顯然不懂解脫道及佛菩提道。

由因諸多崇尚二乘小法之聲聞種性法師與居士，盲從日本、歐美一分否定如來藏妙義之佛學學術研究學者，盲從藏密堅持意識是最終心的應成派假中觀邪見者暗指「大乘非佛說」之邪論，極力誹謗第二、三轉法輪諸經所說如來藏正義，謗無如來藏，私下言語中常常無根誹謗：「原始佛教四阿含諸經中不曾說有第七識意根，亦不曾說有第八識如來藏；如來藏即是外道神我思想淨化而成佛教中的一個支派，大乘經中所說如來藏富有外道神我色彩，本是後來大乘崛起之後，方由第六意識心體上細分演變而建立起來的，故實無七、八識。」

由彼等妄謗三乘菩提根本之第八識如來藏，將確實可以親證的第八識心體謗為實無，導致他們所弘揚的二乘涅槃墮於斷滅空無的本質中，也導致他們所理解的般若成為**性空唯名**之戲論；然而印順所判「般若為性空唯名」之說，其實極不如理；此因第七、八識皆是四阿含諸經中本已處處隱覆密意而說之法，特因二乘聖人智慧不足，不能領受之；亦因初時不應即時宣講甚深般若及一切種智妙法，是故 佛設五時三教而說。然而彼等對此事實都無絲毫之信，極力否定大乘經典，謗為非佛所說；由是緣故，本書不從大乘經典中舉證如來藏之實有，唯採擷阿含諸經中有關大乘唯識增上慧學之法義，證明四阿含中早已處處隱覆密意而說第八識法，故都只由四阿含諸經中舉證之，令彼等不能不信服，欲令未來佛教正法流傳無礙。

亦因彼等常言：「唯識學專論名相，專說諸法之虛妄相，乃是專為降伏外道而施設之法義論辯學問，與佛法實證無關，故名之為虛妄唯識；唯識學中都只說明虛妄的六識心，又不曾言及佛道之眞實義，故亦名為虛妄唯識。」然而第三轉法輪方廣唯識經典所說一切種智極妙勝義，方是眞正成佛之道，彼等諸人以無力親證如來藏故，因此完全不懂第三轉法輪之精義，乃不顧此一事實，妄將自己所無法親證之唯識增上慧學所說本識如來藏，謗為外道神我思想。由是緣故，本書不單以阿含基本法義解脫道內涵之解說為主，而同時以菩薩之大乘解脫道證量及大乘般若正理而觀阿含、而說阿含，乃是以菩薩所證得佛菩提道之般若智慧而觀之、而說之，乃是以菩薩所證得道種智之智慧而觀之、而說之，乃是以菩薩雙證解脫道與佛菩提道之現量境界而闡釋之，證明唯識增上慧學實已在四阿含中粗略隱說，證明 釋迦世尊於初轉法輪時期，即已圓滿具足第二轉法輪經中所說之般若智慧，亦已圓滿具足第三轉法輪諸經所說之一切種智，非如別有心機者所說：「在宣說阿含時之釋迦其實尚未成佛。」以此書舉示四阿含中的開示，證明 釋迦不是在宣講方廣唯識系列經典時方才成佛的。是故四阿含諸經所說，非唯具足二乘聖者所知之法，亦已粗略含攝二乘聖者所未知悉之大乘不可思議解脫妙理。說穿了，其實某些阿含部的經典，本質即是二乘聖人在第二轉法輪時期，聽聞 佛說大乘經典以後結集出來而變成阿含部的小乘經典。平實即以如是正義，寫作此書，匡正末法時期已被大法師們誤導之傳法方向與內容。何故如是而爲？其故有九：

一者，聲聞人智慧狹劣，或不信、不解、不證大乘法，故其所結集之經典中，其實雖有許多本是大乘經典，然因聞而不解故，對大乘法義的念心所不能成就，則不可能憶持大乘經典，只能以解脫道之觀點而結集成爲小乘經典，絕不可能兼含隱說之大乘法義而結集之。由是緣故，四阿含諸經結集完成後之所說者，必定偏重於二乘聖人所修證之解脫道，必定因此而昧略二乘聖人所不能修、不能知之大乘菩薩修證之佛菩提道，此乃必然之結果。

有何證據而作是說？有經文爲證，《雜阿含經》卷二十七‧第七二七經明載：「如是我聞　一時，佛在力士聚落人間遊行，於拘夷那竭城希連河中間，住於聚落側，告尊者阿難，令四重襞疊，敷世尊鬱多羅僧：「我今背疾，欲小臥息。」尊者阿難即受教敕，四重襞疊、敷鬱多羅僧已，白佛言：「世尊！已四重襞疊、敷鬱多羅僧，唯世尊知時。」爾時世尊厚襞僧伽梨枕頭，右脅而臥；足足相累，繫念明相；正念正智，作起覺想，告尊者阿難：「汝說七覺分。」時尊者阿難即白佛言：「世尊！所謂念覺分，世尊自覺成等正覺；說依遠離、依無欲、依滅，向於捨。擇法、精進、喜、猗、定、捨覺分，世尊自覺成等正覺；說依遠離、依無欲、依滅、向於捨。」】阿難宣說其餘六覺分時亦如是說。

此經中既說精進修習七覺支者，即得親證無上正等正覺——成佛，可見七覺分之修行是函蓋二乘解脫智、般若總相智、別相智及一切種智的，方能依七覺分之修行而成佛道：**一切種智具足圓滿**、**四智圓明**。然而四阿含諸經中的七覺分修習，未嘗言及親證如來藏之方法，唯言如來藏之名；亦未嘗言及如來藏所含藏之一切種子，未嘗教導佛子修學一切種智之方法，又如何可能成就一切種智？一切種智既未能熏習、修學、親證、具足，又如何能成就究竟佛道而得四智圓明？然而卻又明言七覺支之行門可以成就究竟佛道，是故四阿含諸經中，必然本有部分經典是大乘經典，故說修學之者即得成就無上正等正覺。然由二乘聖人結集時，因爲他們對於所聞般若、唯識種智之深妙正理，無法理解；由此緣故即無勝解，則於所聞之佛菩提智內涵，不能成就**念心所**，則無法憶念受持，當知結集之後所成就者，必定單以解脫道而言爲成佛之道也！今此阿含經典明文所載言句即是明證。若不爾者，則諸俱解脫又得三明六通之大阿羅漢等人，既已修學七覺支而證解脫道之極果，豈不都已究竟成佛了？然而卻無一人敢在 佛滅度後自稱成佛、紹繼佛位以弘佛法！也無一人能如 彌勒菩薩一樣被授記爲當來下生之佛，更何況是當時成就佛果？

二者，上座部中固然有極少數大乘菩薩僧，然而多屬聲聞聖人與凡夫；彼等既依 佛語而得入於聲聞法中，而聲聞乘中之凡夫，每多不信 佛之境界異於聲聞羅漢；彼等凡夫聲聞人心中猶有大我慢故，每認爲二乘羅漢智慧同於世尊，是故於 佛宣說法華之時，猶自不信 佛之實相般若境界，何況能信 佛所說之大乘種智妙法？是故不信而公然退席、數有五千者，可以徵之爲眞。

亦如今時台灣地區南傳佛法之多數信受及隨學者，崇尚原始而只具雛型之二乘聲聞阿含部諸經，是故甫聞大乘法之般若正義已，便成爲聞所未聞的生疏佛法，因此心生煩惱而私下破斥之，何肯信受而嘗試理解及修學之？今時聰慧而又資訊發達時之學人如是，古時彼諸聲聞種性之凡夫僧與不迴心之聖僧亦然，何肯信受佛所宣說之大乘法義？由不信或未證大乘深妙法義故，當知不願、亦無能力結集大乘經典也！故於佛所專說大乘勝妙之法義，當知皆無可能結集成大乘經，要待其後諸多眞悟菩薩情商不得而親聞大迦葉等聖僧結集完成之後，極不滿意而當場表示將另外結集，然後方才開始結集也，這就是傳說中的大乘經典結集。

三者，聲聞人雖聞大乘法，然因尚未證悟如來藏故，聞之不能解義，故其所聞 世尊親口宣說之大乘經，若由聲聞僧眾結集之，結果必成聲聞法解脫道之經典，聲聞人必以二乘解脫道法理而解釋大乘法義故，必以自身所理解之二乘解脫道精神而結集故。即如今時之印順、星雲、聖嚴、證嚴、昭慧、傳道……等人，同以二乘**緣起性空**之不究竟理而解說大乘般若空之究竟理，絕無二致。然而聲聞聖僧結集二乘菩提之解脫道經典時，其中必定有諸大乘法義之身影微存焉，必定可於其中覓得許多大乘法之蛛絲馬跡；此因聲聞解脫道之法義不得稍離大乘般若正法而獨存故，若離大乘如來藏般若正義，則二乘解脫道之證境必定會墮於斷滅見中故；是故聲聞聖僧結集二乘菩提四阿含經典時，不能不留

存　世尊所說大乘法義中之第八識名相法句，以免聲聞解脫道陷於斷滅見中。由四阿含諸經中都有如是不得不保存之大乘法義蛛絲馬跡仍存故，平實今日得據四阿含諸經爲證而成立是說：**世尊確曾宣說大乘法理，第二、三轉法輪諸經所說大乘法理方是眞正的成佛之道**。今於書中處處舉說證據，令台海兩岸乃至南洋諸多崇尚南傳佛法之聲聞心態僧眾，悉皆不能反駁，唯能心裡信受而於口中猶作強辯，以維護面子、名聞與利養。

四者，二乘聖人設使有心，欲結集　佛所宣說大乘法義之經典，然因自身聞之尚不能解義，以無勝解故，則其**念心所**不可能成就，又何能記憶而後結集之？是故二乘聖人雖亦曾在般若期、方廣期聽聞大乘經典，縱欲結集，終不可得。而且第一次結集時之僧團，以大迦葉等二乘聲聞僧爲主；大乘法中之出家菩薩，在僧團中唯是少數，而在家菩薩們本非佛教僧團中之上座、長老，何能率領僧團結集彼等多數僧眾所不能理解、不願結集之大乘經典？是故欲求聲聞羅漢爲主之出家僧團，結集彼等聞而不解、不能記憶受持之大乘法義經典者，斷無可能；是故要待菩薩們與聲聞聖僧溝通而不可得之後，方由大乘行者中人數不多之出家菩薩眾，會合人數眾多之在家菩薩眾，別行倡議醞釀，在後來共同誦出、鑑定而結集之。如是大乘法義之經典結集，必然產生如是曲折，必然產生如是時間上之延宕，乃是因爲佛教向來以出家僧團爲主故，出家僧團多數是聲聞僧而少菩薩僧故，是故大乘經典之結集及出現於人間，必然後於四阿含諸經之結集，乃是有智之人都可以理解者。

猶如今時平實之深義著作，絕無可能先於諸方質疑之前寫出，或與諸方大師著作同時寫造出來；若非眼見諸多率領當代佛教之出家大師處處說法錯誤，而又無根誹謗余之正法者，絕無可能預先寫作種種顯示大乘深妙法義之書籍，亦將不可能作種種破邪顯正之事，深妙之法義辨正書籍即無可能出版；是故平實辨正深妙法義諸書之出版，必定後於諸方大師之錯誤書籍，不可能同時或先出，要待大師們嚴重誤導眾生而又不肯改正惡行之後，方始爲之：逮至彼諸出家大法師皆以聲聞法而解釋大乘般若空已，逮至彼諸出家大師悉皆錯解聲聞菩提已，逮至諸大法師抵制三乘菩提根本如來藏妙法之嚴重破壞佛教惡行出現已，然後始作闡釋聲聞菩提正法之行，然後始作破斥邪說以顯正法之行。猶如弘法十餘年後之今時，方才不得不寫作《阿含正義》一書，證明唯識學部分內容本已隱說於四阿含中的事實。

今時如是，古時亦必如是：要待希望聲聞僧結集大乘法而不可得之後，方有大乘法中諸出家、在家菩薩會合結集之；由是緣故，大乘經之所以後於四阿含諸經而出現於世間者，乃是勢所必然者；然不可因結集出現之時較晚，便言當年 世尊未於宣演阿含之後，繼之以般若、方廣等開示也！何妨 世尊分為三教弘演，弟子四眾於佛滅後始漸次結集之？若不能然於此者，則四阿含諸經亦將可被援引同一邏輯，誣謗為 佛滅後之聲聞僧眾「創造」結集者，則亦可謂四阿含諸經非是 佛所親說者；彼理如是，此理亦當如是故。

大乘法之菩薩僧，向來皆以在家菩薩為多數，出家菩薩極少；十方世界之人間悉皆如是，天界更無出家菩薩而唯有在家菩薩住持大乘佛法。此謂大乘佛教遍於十方世界人間與天界，非獨人間方有大乘佛教勝法流行弘演；然而十方世界之佛教，皆唯在人間時方有出家僧，諸佛所制人間之佛教則皆同以出家僧為住持佛教之代表，在家菩薩多是佐助之身分。然於十方世界之天界及純一清淨之淨土世界佛教中，則皆無出家菩薩僧也！一切色界天眾生都無家庭繫屬，從無所謂出家或在家可言，而欲界第四天雖有佛法弘傳中，卻也沒有出家菩薩，是故唯有人間方有出家菩薩僧，則人間之大乘佛法在 佛入滅後數百年間，仍當以出家菩薩僧作爲大乘佛教之代表，大乘法後弘於聲聞法故，聲勢尚小故。

不論是在大乘法與小乘法中，人間佛教之住持代表，既然都以出家僧爲主要，則一切人間大乘法之在家菩薩眾，當須先行尊重上座部中出家聖僧，故而長時以待，不以自意而結集之。然而久待之後終不可得，終究被聲聞聖僧將大乘經典結集成解脫道的小乘經典，於是方始邀集在家、出家四眾菩薩而結集之；是故大乘經典後出於四阿含諸經者，乃是可以理解者，亦是勢所必然者，亦是上座部聲聞僧不樂於公開證明者，他們絕對不會將大乘經典的結集記入聲聞律中；故大乘法義之事實存在與弘傳，以及大乘經典之結集，其實都與部派佛教之演變無關。部派佛教之演變者，都只是在事相上及未悟凡夫之弘法表相上顯示之，而且都屬於聲聞人的弘法內容，都與大乘法義之實質無關，世尊本來已傳之法義仍然在大乘眞悟者中繼續弘傳著，只是不被取作考證之資料。

而且根據部派佛教留下的說法資料觀察，部派佛教所弘傳的法義，大部分都已違背 佛之解脫道聖教，現在仍可查稽；所以部派佛教的佛法弘傳演變，其實只是未悟凡夫間的錯誤法義流傳與演變，與經教中的正法無關；經教中的正確佛法仍然不曾改變的繼續弘傳著，雖然一直都是如絲如縷，但卻至今仍然不絕，仍有正覺同修會傳承不斷。吾人不但能舉示此一事實，並且能進一步舉證說明：四阿含諸經中本已有大乘法義隱說於其中，並將在這一套書中舉證出來；故說正法弘傳的史實並不等於部派佛教的弘法歷史，正法弘傳的歷史其實與部派佛教錯悟諸師弘傳之法義前後演變無關。部派佛教法義有許多是未悟般若、未悟解脫道之凡夫所說者，但必定會被當時的眞悟般若、眞悟解脫道者所說正法影響，導致錯悟者前後代的說法必然會有所演變；就如今時一般弘法者所說法義，已經多少被平實所說 世尊正法所改變而多少有所回歸了，當然是會有所演變的，此理殊無二致。然而平實始從出道所弘正理，至今仍然沒有演變，仍然是一貫的如來藏妙義。

五者，聲聞僧中之凡夫本屬多數人，到第二次的七百結集時，已經是絕大多數爲凡夫僧了。聲聞法中的凡夫僧，多數人既不信佛菩提道，不信 佛地之智慧境界不可思議，只信 世尊所說之解脫道而又誤會之；佛世時，他們尚且不肯聽聞 佛所宣說的《法華經》等佛菩提道，何況能結集而流傳之？何況能爲大眾而宣說之？宜其反對大乘法。是故經部師等聲聞法出家僧團，會與大眾部等菩薩僧團在法義弘傳上對立，乃是可以理解者，也是勢所必然者。

然而如是對立的現象，只是表相，看來似有二部對立之意，其實不然：唯是上座部聲聞僧團向大眾部等菩薩僧團對立，大眾部等僧團諸菩薩僧，則不與上座部諸聲聞僧對立也。何故如是說？謂上座部等雖曾親聞世尊宣說大乘法義諸經，然而多數人聞之不解，是故將佛第二、三轉法輪本屬大乘法之經旨，結集成小乘解脫道之阿含諸經中典籍，如同《央掘魔羅經》四卷本以外之另二譯本事例無異：極爲簡略而不涉及大乘妙義。如是結集者，本非忠實於佛意之結集；而後來大乘經典之結集者，則是忠於佛意之結集，能受當時及今世後世一切證悟菩薩，乃至證得道種智之初地至等覺地菩薩檢驗之，而當時及其後數百年間之阿羅漢們亦不能斥爲僞經；由此證明大乘經典之眞實無僞，卻是一切大阿羅漢所不能稍加理解者，何況能評論之？

如是，二乘聲聞僧自身之法義未能具足完備，而與大眾部等菩薩僧諍辯者，方是諍論者；大乘諸菩薩僧自身之法義眞實無僞，圓滿具足，又已實際證解二乘菩提，爲欲利樂有情故，出世指正聲聞僧對大乘法義之誤解與偏頗者，則非是諍論者，乃是護持眞正佛教者，亦是護持二乘聲聞僧法義，令不墮入斷滅見中；故菩薩僧之說法，乃是指導他人改正法義錯誤者，乃是顯示佛法之眞正本質者，乃是為令佛法回復原來具足三乘圓滿之妙義故，當知不是諍論。是故大乘經典之結集，指正聲聞人法義之嚴重不足處，絕非諍論之舉，乃是指正、提攜與護持之舉；然而諸聲聞僧必有許多人不能相信、不肯接受，彼等若出而辯解，則有諍論之現象。

猶如今時印順及諸方大師之否定如來藏或誤會如來藏，悉皆同以意識心作為修證之標的，迥異於平實；平實見彼等諸人同皆誤導眾生，便先隱其名而諫之，以冀彼等之修正，庶免誤導眾生之罪；如是待之數年，而彼等大法師悉皆不肯改之，並且私下不斷抵制與誹謗，平實冀望不得，然後乃出世救之：**指名道姓而明言彼等之謬，亦救廣被誤導之多數眾生**。平實如是所行，本非諍論之舉，以法義正真故，真是護持佛教正法故，亦是救護彼諸誤會佛法之大師故，是則顯非諍論之言。然而印順之隨從者及星雲、昭慧、證嚴……等人，則不能忍之，每以錯誤之見解，縱令隨學者於網站及私下大肆否定平實，以種種不如理作意之見解，以言語在私下強言狡辯；如是不如理作意之言，方是諍論。然平實所說法義正真無訛，皆非彼等所能置辯；若所說正真者，即非諍論。

是故，法義正真者，所作種種破邪顯正之說，皆是不與人諍論之說，只是據實而言罷了！只有法義錯誤而強行辯解者所言，方是與人諍論者。是故諸聲聞僧方是與人諍論者，大乘諸菩薩僧則非是與人諍論者。由是緣故，印順、昭慧、傳道……等人都不應言「大乘諸菩薩僧與諸聲聞僧諍論」，應言「諸聲聞僧對大乘諸菩薩僧諍論」。法義正眞者所說法，都非是諍論之言故；法義錯誤者強行狡辯之言，方是諍論之言故。猶如外道之與佛諍：佛雖廣爲破斥外道邪謬，令諸外道不悅，是故招來外道與佛諍論；然佛實不與外道諍也，由所說法理正眞故，亦欲藉摧邪顯正以救外道得證解脫故。

六者，解脫道乃是世俗諦，專在世俗法之蘊、處、界上觀行其虛妄，而蘊處界都是現成可觀之世俗法，因其易於修證故，聲聞聖僧必然成爲佛教中之多數；但法界實相之如來藏心反之，非屬蘊處界世俗法，是蘊處界之根源，故是實相法界，極難親證，故證悟之菩薩永遠都是僧團中之少數人；特別是在出家僧團中，證悟之菩薩更是極少數人；是故初始結集經典時，由於大乘實相般若之法義深妙、難解難證，已經證悟之出家與在家菩薩僧乃是極少數，數量遠不及聲聞聖僧，是故第一次結集時難免皆以聲聞人所共信受之二乘解脫道爲主，則大眾皆無諍論，皆無異議，易於結集；是故初次結集的五百結集時，皆唯是小乘解脫道之經義，乃是勢所必然者；菩薩僧亦共同修證二乘法之解脫道故，非不修學故，亦且皆能眞實證解聲聞解脫道中之大乘密意故。

是故，初次結集四阿含諸經時，其中雖有許多經典本是大乘法之教義，然因聲聞人聞 佛說已，不解其中大乘法之眞義，唯能理解其中之解脫道正義，是故由聲聞人初次結集所得之大乘經典，亦必成爲二乘法解脫道之經典，而將其中之大乘法義加以省略不錄，是亦勢所必然者，菩薩們當然不滿意結集成果，自然會當場表示要另外結集。是故，四阿含諸經中，本有許多是大乘法義之經典，大乘法義則因廣被省略而隱晦不明；然而其中卻隱藏極多大乘法義之總相，非是二乘聲聞聖人所能棄捨者。若必捨之，則二乘聲聞聖僧所證之解脫道，即墮斷滅見中，故諸二乘聖人結集時，不能不將 佛所曾說大乘法之部分義理加以攝入，藉此等大乘法之眞實義理，護持二乘聖者所弘傳、所修證之解脫道，護持所結集之四阿含二乘菩提正理，令常見及斷見外道都不能破壞之。平實如是說法，乃是事實，今猶可於四阿含諸經中檢校，將會舉證於這一套書中，都是歷歷可證之事實故。

七者，既然人間之佛教是以出家僧眾爲主，出家僧眾既然是以上座部等出家聖僧為代表，而上座部等僧眾則多屬聲聞僧，而少菩薩僧；大乘僧眾則都是菩薩僧，而菩薩僧中之在家人，其數遠多於出家人。然而佛教在人間之表相住持者必是出家僧寶，大眾部之出家菩薩僧乃是少數，遠不及聲聞僧之上座部僧，是故當時佛教自當以出家僧極多之上座部為首，非以出家菩薩僧較寡之大乘菩薩為代表；是故當時佛教僧團之聲聞僧數必然極眾，出家菩薩僧數必然極寡，這都緣於大乘妙法本即難修難證之故。

在家賢位菩薩及聖位菩薩僧，復遵 佛語：一向自處於護持僧團之外護地位，雖是證量較為高深之人，然皆依 佛所命，唯居陪襯護持之地位，非是代表人間佛教住持正法之地位者，則上座部聲聞僧結集經典時，此等菩薩必然難以主張結集方向，導致初次結集偏於小乘所修之解脫道法義，聲聞僧不願、亦無力結集大乘菩薩僧所修證之佛菩提道法義，此是可以逆料者；是故第一次結集之四阿含諸經，皆是以上座部之聲聞僧為主，因此將 世尊在般若期、方廣期所說之部分大乘經結集成《增一阿含、雜阿含》等二乘解脫道之經典，亦是可以逆料者。

逮至大乘法之修學親證者，見聲聞聖僧所結集之內容偏在解脫道而無成佛之道，乃陳述其親從 佛聞之大乘法義妙理，欲求聲聞聖僧加以結集之；然而結集過程中長時溝通終不可得，久候而不能獲得認同之後，方始自行將親從 佛聞之大乘法義，別行結集成經而弘傳之，亦是可以理解之事。是故《央掘魔羅經》雖由 佛說，然而經由不同之部派結集而成者便有三經，其中二部成爲小乘法，經中所說者爲解脫道之極果；由大乘菩薩所結集者，即成大乘法義之經，所說者爲佛教之極果佛果。雖同屬一經，然而聞者根器有異，所集成之經義便致有異。小乘、大乘諸經之結集，莫不如是，增一部及雜阿含部諸經即由此故，在第一次結集完成時，已被結集爲二乘解脫道的經典，仍歸類在四阿含中。是故大乘出家、在家菩薩，要因商議結集 佛說大乘法義諸經而不被大迦葉等人接受，方於隨後另行結集；不得以其是否爲最先結集者而楷定其是否眞爲 佛說，要在法義之正眞與勝妙，是否符契 佛意爲準，要以是否妙符三乘菩提證量之正義爲準，不問結集之先後。

即如一**切世間樂見離車童子**，待諸大阿羅漢皆不樂護持 世尊正法於最後時世，方始向 佛承諾護持最後時世三乘妙法。亦如今時余之造此書，以疏阿含諸經中所蘊藏、所隱說之大乘法義者，其理殊無二致：久候諸方出家、在家大師造如是書而不可得，然後方始造之。絕不可能先行造立以候，平實從來不以阿含解脫道作爲弘法主軸故。然大眾不應因此而謂：「如是義理，他人豈不能造耶？須待爾平實之始造？惟因阿含諸經所說者，本非大乘法，本是二乘菩提之解脫道，並無大乘法之佛菩提法義隱於其中，是故汝平實居士所造是書者，乃是後出之書；後出之書則大有問題！故汝平實居士之造此義，後於諸方大師，爲是妄論。」然而推究書中所陳述之法義，比對三乘諸經義理，平實所說者其實正是 佛之本懷，反而顯示如是事實：先出書之印順、昭慧、星雲、證嚴……等人所說諸法，大有問題！是故，以先出、後出之表相，作爲經典眞僞之證明者，有大過焉！眞實從事於佛法修學之人，當以經中法義眞僞爲主而作辨正，勿以先出、後出之事相而採信之！

亦如印順、昭慧……等未解 佛陀本懷之人，追隨藏密及日本一分否定第七、八識之佛學研究者，妄以己意而造諸書以說阿含義理，妄謂阿含諸經中不曾說第七、八識；如是錯誤之言論，流傳誤導於中國佛教界者，至今已歷百年；後來依之而廣傳的印順、昭慧等人所說，亦是先於平實而出之言、之書，但皆非阿含之正理，先出又有何用？惟平實久候出家大師出而宣示阿含諸經中隱說之正理，然不可得，方乃出而造作種種法義辨正之書，以阿含諸經所隱說之眞義而證實之：「釋迦世尊確曾在四阿含諸經中隱說大乘法義，非不曾說；佛世尊確曾在四阿含中宣說第七、八識心，非未曾說。唯是彼諸上座部……等二乘聲聞聖人與凡夫僧都不能知之，是故未能結集之，是故要待後時大乘菩薩僧別行結集般若諸經，別行結集唯識系一切種智方廣諸經，方令佛教經典如實顯示釋迦世尊本懷，而成爲三乘經典。」雖是後出之書、之法義，又何妨法義之正眞？今時乃至後世，亦將無人可以推翻平實所言如是事實；唯除四阿含諸經已經湮滅不存，故不能舉證之。

然而今時乃至後世無智之人，聞平實如是語已，讀平實如是著作已，仍將不能解義，仍將以如是語而責平實：「古來諸方大師皆不曾言四阿含中有說七、八識，皆不曾言四阿含中曾說大乘法，汝平實居士之《阿含正義》一書乃是後出者，不可爲憑，當以先出之古時諸方聲聞法中大師所造諸論爲主。」如是等人，悉皆不解佛世尊於四阿含所說之意旨也，唯能以先出後出之事相而分辨之，不能從四阿含諸經中之法義而分辨之，則是無智之人也。

八者，根據長阿含部《佛泥洹經》的明文記載，四阿含諸經是在大迦葉等人的第一次五百結集時，即已具足了；既然第一次結集時就具足四阿含部之經典，而且阿含部有雜藏與律藏，三藏已經都具足了，顯然第二、三次的經典結集，並非結集阿含部的經典，所以不能說第二、三次的經典結集都是四阿含諸經，因此也不能據此而主張說，大乘經典是部派佛教以後的佛弟子長期創造結集出來的。而且，在聲聞僧大迦葉尊者結集完成四阿含時，菩薩們已經當場提出異議說：「吾等亦欲結集。」顯然是異議後不久就開始結集的，應該是在第二次七百結集之前就結集完成的，因爲第二次的七百結集，已是佛陀入滅一百一十年後的事了，而且只是結集二乘出家眾的聲聞戒律而已，不曾作法義的結集。由此證實大乘經典是在提出異議說要另行結集以後不久，就被結集出來了，可以證明大乘經典眞是佛說，不是部派佛教以後才發展出來的，不是由聲聞部的後人長期體驗創造編集的；聲聞人是永遠不知道大乘法義的，連般若總相智都不懂，怎能結集出一切種智的唯識經典？只有菩薩才可能結集大乘經典。所以，印順主張四阿含諸經不是在第一次結集時就全部結集完成的，他這個說法是公然違背長阿含部經典明文記載事實的妄說。而且解脫道只是聲聞眾的修法，菩薩眾不單以解脫道作爲修行之標的，而是以佛部的行門爲主要標的，由此亦可證明四阿含只是聲聞部、緣覺部所修的解脫道，必然不函蓋佛部的菩薩道，當然在四阿含之後必定會有第二、三轉法輪諸經的結集。

亦有阿含部經文證實聲聞眾只修解脫道而已，不曾實修佛菩提道：**【比丘當作是觀：若聲聞之人厭患於眼，厭患於色，厭患眼識；若緣眼生苦樂，亦復厭患。亦厭患於耳，厭於聲，厭於耳識；若依耳識生苦樂者，亦復厭患。鼻、舌、身、意、法亦復厭患，若依意生苦樂者亦復厭患；已厭患，便解脫；已解脫，便得解脫之智：生死已盡，梵行已立，所作已辦；更不復受有，如實知之。】**（《增壹阿含經》卷十四）這些解脫道法門並不含攝佛部的菩薩道所修法界實相法門，卻是**聲聞之人**唯一必修之法；如是正見，遍在四阿含諸經中處處可尋，而都不細說佛部的菩薩道法界實相般若智慧法門，由此可知解脫道之四大部阿含諸經，即使是聲聞人所曾聽聞的大乘經典，也都被結集成聲聞法解脫道法義，則菩薩另行結集的般若與方廣等大乘經典，當然是 世尊第二、第三轉法輪說法的內涵。若菩薩們所修般若與方廣等經典都不是 世尊在世時親口所說，那麼 世尊說的佛菩提道大乘法義又何在？是否只說於天界而吝說於人間？或是世尊化緣未滿而先取滅度？難道不懂般若與種智的聲聞聖人及後人，單憑對於佛的永恆懷念就能創造出二乘聖人所不懂的般若與種智經典？印順……等人頗能爲佛教界及佛學學術界說明其理由否？

九者，台灣與大陸地區之出家法師，每有說是言者：「四阿含諸經，方是眞實不二之佛法；大乘佛法若離四阿含諸經，則不能成就；是故大乘法中諸經之法義，都必須依止四阿含經典，以之作爲根據，方能成立，所以四阿含諸經勝妙於大乘經典。」然而如是說法者，乃是違於事實與正理之言也！

此謂四阿含諸經所說者，唯是二乘菩提之解脫道，唯是**出離觀**而已，並未說到大乘法的**安隱觀**，只談到大乘安隱觀的名相而已，並未明說、顯說法界萬法體性之實相，亦未曾述說無餘涅槃本際之內涵，亦未曾述說諸阿羅漢修證解脫果成就後，應如何進修方能成就佛地功德之理；亦未曾述說大阿羅漢應進修何種法門及內涵，方能成佛；而大乘安隱觀之名相，佛已在長阿含之中提示過而未曾宣講，所以四阿含只是二乘法義而已，不能函蓋大乘法義之**安隱觀**。要待後時大乘四眾菩薩結集所成方廣唯識諸經中，方始說之。如是結集大乘經典而具足宣說成佛之道以後，方得完成四阿含中　佛所曾言之**安隱觀**，方得圓滿佛道之弘化。　世尊出世，必定要圓成佛道之弘化以後，方有可能在人間示現無餘涅槃；如今現見　世尊已經取滅度，必是已經圓成全部佛法之弘化者，當知第二、三轉法輪諸經方是大乘佛法，四阿含中並未細說大乘佛法故。

然而現見四阿含諸經中所說者，唯是**出離觀**等法，尚未說及大乘法之**安隱觀**而只見到**安隱觀**之名相，則已顯示四阿含諸經中所說者，側重於二乘菩提解脫道，唯能出離三界中之分段生死；未曾言及成佛之**安隱**道，未能令人依之修證而成就佛道，故說四阿含諸經中未說大乘妙法**安隱觀**也！既如是，則大乘**安隱觀**妙理，必須別由大乘般若及方廣唯識經典加以廣說，則必定會有第二、三轉法輪之經典宣演；由是正理，故說大乘法中之般若經典眞是佛說，第二轉法輪諸經中已曾說及法界實相般若之總相智與別相智故，第三轉法輪方廣唯識經中亦已宣說成佛所依憑之一切種智故，而大乘法的般若中道與一切種智名相，都已在四阿含中提到過。由是正理，說大乘法方廣唯識系經典眞是佛說，經中已曾說及法界實相般若之**一切種智**故；亦唯有一切種智之進修與證驗具足，方能令人成就究竟佛道故，已顯示成佛後之**安隱**境界故。如是正理，今者四阿含諸經俱在，猶可檢校而證實之，非是平實空口徒言所能片語遮天也！

四阿含諸經所說解脫道**出離觀**正理，若離大乘法義之支持，則將被常見外道所破壞；若離大乘諸經所言之第八識如來藏妙理，若離大乘經所述**如來藏眞實存在、眞實可證**之事實，則二乘四阿含解脫道之無餘涅槃證境，必將墮於斷滅見中，成爲斷見外道法。如是之說乃是事實，平實已舉證於《眞實如來藏》一書中；於《楞伽經詳解》十輯中，亦已多所舉證。是故，初期佛教應包括二轉、三轉法輪之大乘經在內，同是佛說故；而根本經典四阿含諸經，其實是依靠大乘如來藏妙法方得建立、方能成就，絕不能離於大乘經典所說之眞義。

事實上，二乘菩提解脫道，乃是以大乘經典如來藏妙義爲其所依靠，方能免於常見外道之破壞與抵制，方能免於斷見外道之合流。由是緣故，說「四阿含諸經，實以大乘諸經**安隱觀**妙理爲依靠、爲根本，方能存在與弘傳。否則，二乘解脫道妙理將被斷見外道混淆，或被常見外道所破，二乘解脫道**出離觀**所言之出離三界生死之涅槃法義，亦將不得成立。」是故，彼諸崇尚南傳佛法之法師及印順等人所言「大乘法依四阿含諸經方得成立」者，乃是妄說、顛倒之說，非是如理作意之說也！

今者平實將四阿含諸經中隱說之大乘唯識法義，於此書中明顯解釋而披露之，則可證知四阿含諸經所說者，其實有部分經典本是宣說大乘法義之經，唯是上座部等二乘聖人所不能理解，是故無力結集、亦不願結集，是故於結集時，便將其中二乘法義部分結集成經，對於自己所不知、不解、不證故不能憶持之大乘法義，便略而不載；唯將其中不能不舉，以免二乘解脫道墮於斷見之極小部分大乘法義名相，略作舉述，以支持二乘解脫道法義，藉此而令二乘聖人所證無餘涅槃，不墮於斷滅見之窖境中。是故上座部中佔了多數的聲聞種性者，絕對不可能結集所曾親聞之大乘法義成爲大乘經典；對於其後不久由菩薩們結集成的大乘經典，也不可能加以承認，更不會記載其結集人物與時地；如是心行，乃是一切證悟菩薩都能理解者。

由上所述正義，可徵大乘經典確爲　佛說，非是後人之杜撰者；若言是後人杜撰，則有大過：一**者**，現見大乘諸經遠勝於四阿含諸經故，若言大乘諸經爲後人所撰者，則已顯示後人智慧更勝於　佛，則有大過。二**者**，四阿含諸經未曾宣說成佛之道，唯在大乘方廣唯識諸經中方始具足說之；若言大乘經非　佛所說，則　佛應於後三、五百年重新示現於人間，進而宣說大乘經法之後，方可取滅度。三**者**，四阿含諸經中固已隱含大乘法義，然皆未曾解說，唯有名相，非如二乘菩提解脫道必有詳細之解說；四阿含中唯有細說世俗諦之**出離觀**，並未略說或細說勝義諦之**安隱觀**故。然而四阿含中 世尊早已宣說佛法有二觀：兼有**出離觀**與**安隱觀**。**安隱觀**則唯於大乘經中方說，四阿含經中唯說其名相，未曾說其內涵，唯有宣說**出離觀**之詳細內涵。如是則已顯示一項事實：四阿含諸經中未曾具足宣說佛法，尚有極大部分佛法，要待後時大乘諸經中方始宣說。

是故佛子四眾不應以先出、後出，來判斷諸經之眞僞，當以先出、後出諸經所說法義有無相悖？當以先結集、後結集之三乘諸經何者爲最究竟？何者爲最了義？何者爲具足圓滿？作爲判斷之原則。更何況印順……等國內外的所有佛學、佛教研究者，都無絲毫證據可以證明大乘經典是在佛滅後數百年，才由聲聞法的部派佛教後人創造編集的。而且，部派佛教屬於聲聞法，他們都不曾證得本識如來藏，如何能創造及編集勝妙的大乘經典？若聲聞法的部派佛教後人，不知不證本識而有此能力，印順在今天資訊更多的有利情況下，更應有此能力，卻都讀不懂，遑論創造？故其所說都是癡人說夢。

如今平實所見前後三轉法輪諸經所說者，唯是三乘菩提之差別，唯是淺深廣狹之差別，絕無前後矛盾之處；然而大乘諸經遠遠勝妙於四阿含諸經；亦須具足前後三轉法輪經典，方能具足圓滿成佛之道，方能圓滿具足一切佛法。由是緣故，平實造此《阿含正義》，以四阿含經典佛語，示三乘菩提眞正義理；並舉《長阿含經》世尊所說應有**三轉法輪**之金言聖教，以示 世尊**三會說法**之正眞，以示三轉法輪諸經同是 佛口親說者；如是證明大乘諸經本是 世尊金口所說，非是後人之長期創造而結集者。但是續藏收錄之經，以及西藏密教中絕大多數經典及所有續典，都非 世尊金口所說，都與 世尊三轉法輪諸經中之聖教多所牴觸故，並且都與解脫道及佛菩提道背道而馳故。

所以者何？顯見大乘般若及唯識種智諸經所說者，非四阿含諸經所可企及故；亦顯見續藏諸經所說遠不及第三轉法輪諸經故，亦多屬於僞訛之經故，亦多墮於事相及意識心中故；至於密續則屬密宗祖師所創造的僞經、僞論，不值一顧。亦見後世眞悟三乘菩提之弟子聖眾，多已親證解脫果之極果，乃至多人已成爲三明六通之大阿羅漢，而皆未曾有人敢自言已成佛道故。復次，後世弘傳大乘經典法義之菩薩，所說諸法勝妙於四阿含所說，彼諸聲聞法中諸大阿羅漢聞之悉皆茫然而不能解義，然而此諸菩薩卻皆謙稱智慧遠不及 佛；若言後出之大乘方廣諸經係後時之菩薩眾所創造者，則應彼諸菩薩智慧皆勝於 佛，然終無一眞悟之菩薩曾自稱成佛，並皆同樣歸命於 佛，並皆謙稱距 佛猶遙。

由是緣故，說大乘經典非是後世菩薩所創造者，唯是待彼上座部聲聞僧結集不成，方自行結集而弘傳之故。所以唯識增上慧學的本源，其實是第三轉法輪的方廣唯識經典，四阿含諸經縱曾說過唯識學上之名相，終究只是偶說名相而不加以略說、細說，是故唯識增上慧學之本源不是四阿含及阿含部之雜藏經典。

由是緣故，修證南傳佛法之小乘解脫道行者，不論在家或出家，皆莫與人間之大乘四眾菩薩僧諍論，大乘四眾菩薩僧所說者皆無諍論之意故，所說皆正眞故；是故修證南傳佛法解脫道者，應當如實探求大乘般若法義之眞意，莫再以解脫道而解釋成佛之道，更勿猶如印順一般以錯會之解脫道來解釋及取代成佛之道，解脫道唯是二乘法義故，唯能令人出離三界分段生死苦故，不能成就究竟佛道故，不能成就佛菩提之證量故；依之修證而不修大乘諸經所宣佛菩提道者，必將永與成佛法道絕緣故。

復次，凡我佛門法師與居士，萬勿身任惡知識之職；惡知識者，不斷我見而有憍慢心故，不離見取見而堅執己見，以鬥諍之心，非議及誹謗眞善知識正教妙法，死墮惡道；身爲弘法之師而竟如是身任惡知識之職，何利於己？又何利於人？有阿含部經中 佛語聖教爲證：【世尊告曰：「猶如，婆羅門！月末之月，晝夜周旋但有其損，未有其盈；彼以減損，或復有時而月不現，無有見者。此亦如是，婆羅門！若惡知識經歷晝夜，漸無有信，無有戒，無有聞，無有施，無有智慧；彼以無有信、戒、聞、施、智慧，是時彼惡知識身壞命終，入地獄中。是故婆羅門！我今說是惡知識者，猶如月末之月。」】（《增一阿含經》卷第八）

云何名爲惡知識？謂自身未斷我見，而又不肯依從已斷我見之善知識正法，仍繼續反對之者，皆名惡知識也！皆因我見及見取見未斷，出生憍慢結使故也！譬如增一阿含所言：【阿那律曰：「**吾者是神識也，我者是形體之具也；於中起識，生吾、我者，是名爲憍慢結也。**」】（《增一阿含經》卷第七）意謂我見未斷之弘法者，難免**吾**、**我之執**而生憍慢結使，故意起心造作謗法、謗人惡業；有智之人弘法時當念此聖僧開示而顧念自慮，庶免未來無量世之後報難以承受而又不得不受。

復次，欲令佛門四眾對於 世尊弘揚佛教之過程，能有較爲全面之概念，故本書於第一章中探討唯識學本源之後，隨即在第二章選輯《長阿含經》全文，舉證 世尊自說**阿含是初轉法輪**之聖教，證實大乘般若及方廣唯識經都是第二、第三轉法輪時 佛口親說者；次則舉示識蘊眞實內容之觀行要義，期使讀者眞斷我見與三縛結；三於書中舉示十因緣與十二因緣間之關聯，以助讀者實證因緣觀；四於第十一章選輯《遊行經》所載 佛陀入滅史實於後，然後以第十二章雜說，辨正藏密應成派中觀師印順、昭慧、星雲、證嚴……等人對四阿含之扭曲，顯示四阿含解脫道之原貌，盼對佛門四眾皆有助益；五於書中特別舉說及詳解三果之取證實質，令讀者詳讀以後可以確實印證自己是否已證三果及四果，可以避免大妄語業，或以之自我印證三果、四果的取證；末則繼之以第十三章，特別略論印順《唯識學探源》書中錯誤之鉅大者，期能消弭印順不實考證之流毒，庶能救護南傳佛法學人迴入正理中，得以一世取證解脫果；亦欲令大乘及二乘法義同皆普爲宣流，欲令廣大學人與諸大法師，悉皆了知如是正理，悉皆回歸眞正成佛之道。以如是多種緣故，利用今日起之片片段段空閑時刻，陸續寫作《阿含正義》，期以前後五年而竟其功，用以廣利今時後世行人。即以如是開筆因緣，造如是序，以明此書緣起。

佛子 **平實** 謹序

公元二〇〇二年霜降日 於喧囂居

第五輯：

第七節　解脫之身證與見到等（第七章）

凡是修學解脫道的行者，若在見道之時不能立時成爲俱解脫或慧解脫的阿羅漢，都是有其原因的：由於不能斷除欲界愛及極深細的我執，導致見道時不能斷除我所貪愛及微細我執，故不能立時成爲阿羅漢。此類人必須見道後修不放逸行而證慧解脫。若是原已不放逸而修得四禪、四空定者，見到之時即成俱解脫。若有人此時雖猶未見道，只有信行，也可以由不放逸行的精進根存在而說爲信解脫者，可以在見道後，一世中眞實修行成爲慧解脫。由此緣故而說解脫道行者中，會有其他種種差別：俱解脫、慧解脫、身證、見到、信解脫、法行、信行。這些人在俱解脫與慧解脫上面各有取證上的不同：是因爲身證與見到等五種人的根性有差異的緣故，而差異之處主要是因爲放逸於欲界法所致。

譬如本章第二節所舉「先知法住、後知涅槃」者，名爲慧解脫之**見到**，只是初果人；要待後時斷除**外我所**的貪愛，並且能現觀解脫的證境以後，方得成爲慧解脫阿羅漢。若是已得**八解脫**的阿羅漢，而不具有解脫知見，不能爲人解釋解脫的原理（譬如周利槃特伽），就必須加上慧解脫的觀行，才能發起解脫知見，才能利益當世學人，所以佛陀就為這一類聖人說不放逸行，使他進修慧解脫的所知與所見；這種人在證八解脫而尚未具有解脫知見時，就名為**身證**。若是具有見地了，但是仍然執著欲界法，無法脫離欲界生，很努力修行以後也只能是二果人，不能成為三果人；必須等到斷盡欲界愛而發起初禪了，才能成為**心解脫**的三果人。所以，解脫道中的行者，有種種差異存在；其餘的**信解脫**、**法行**、**信行**者等人，在解脫道中，他們是否都屬於具足解脫功德的人呢？其實是有種種不同的！除了**俱解脫**、**慧解脫**的聖者以外，其餘都是還沒有獲得解脫證境的，雖然他們的見地與觀行都已達到阿羅漢的智慧境界了，卻還必須再經由**不放逸行**的勤修以後，才能具足獲得**心解脫**與**慧解脫**；即使是周利槃特伽已證八解脫，得到**身證**，卻也還是不具足解脫功德的，因為他只有**八解脫**而沒有**慧解脫**，所以不具有**解脫知見**而不能為人開示解脫的原理，所以受供以後只能請舍利弗尊者代他為供養者說法回報；由此緣故，佛陀就必須為他說不放逸行，命他修學慧解脫，繼續在解脫道的智慧上再作觀行，不要每天只住在滅盡定中無所事事；要觀行到慧解脫者所具備的**解脫知見**具足了，發起**無生智**而不是只有盡智等九智，才可以停止修習不放逸行。世尊因此而特別對解脫道的修行者強調說：有些人是必須在見地已到、或已經身證之後，再經由不放逸行的精進修行才能獲得解脫果的具足，圓滿解脫知見而能爲人宣說解脫法。由此緣故，即使有人已經親證八解脫而證得滅盡定，已成爲身證者了，若沒具足解脫知見，仍然是要繼續修不放逸行而做解脫智慧的觀行，不許每天住在滅盡定中無所事事。譬如經云：

【「云何比丘、我說不行無放逸？若有比丘俱解脫者；云何比丘有俱解脫？若有比丘八解脫，身觸、成就遊，已慧見，諸漏已盡已知，如是比丘有俱解脫，此比丘我說不行無放逸，所以者何？此賢者本已行無放逸；若此賢者本有放逸者，終無是處，是故我說此比丘不行無放逸。若有比丘非俱解脫，有慧解脫者；云何比丘有慧解脫？若有比丘八解脫，身不觸成就遊，以慧見，諸漏已盡已知，如是比丘有慧解脫；此比丘我說不行無放逸，所以者何？此賢者本已行無放逸；若此賢者本有放逸者，終無是處，是故我說此比丘不行無放逸。此二比丘，我說不行無放逸。

云何比丘我爲說行無放逸？若有比丘非俱解脫，亦非慧解脫而有身證；云何比丘而有身證？若有比丘八解脫，身觸成就遊，不以慧見，諸漏已盡已知，如是比丘而有身證，此比丘我為說（應）行無放逸。我見此比丘行無放逸，為有何果，令我為此比丘說（應）行無放逸耶？或此比丘求於諸根，習善知識行，隨順住止；諸漏已盡，得無漏，**心解脫**、**慧解脫**；於現法中自知、自覺、自作證成就遊：生已盡，梵行已立，所作已辦，不更受有，知如眞；謂我見此比丘行無放逸，有如是果，是故我為此比丘說行無放逸。

若有比丘非俱解脫，非慧解脫，亦非身證而有**見到**；云何比丘而有見到？若有比丘一向決定信佛、法、眾，隨所聞法，便以慧增上觀、增上忍，如是比丘而有見到，此比丘我說（應）行無放逸。我見此比丘行無放逸，為有何果，令我為此比丘說行無放逸耶？或此比丘求於諸根，習善知識行，隨順住止；諸漏已盡，得無漏，**心解脫**、**慧解脫**，於現法中自知、自覺、自作證成就遊：生已盡，梵行已立，所作已辦，不更受有，知如眞；謂我見此比丘行無放逸，有如是果，是故我為此比丘說行無放逸。

若有比丘非俱解脫，非慧解脫，又非身證，亦非見到，而有**信解脫**；云何比丘有信解脫？若有比丘一向決定信佛、法、眾，隨所聞法，以慧觀忍，不如見到，如是比丘有信解脫，此比丘我爲說(應)行無放逸。我見此比丘行無放逸，爲有何果，令我爲此比丘說(應)行無放逸耶？或此比丘求於諸根，習善知識行，隨順住止；諸漏已盡，得無漏，**心解脫**、**慧解脫**，於現法中自知、自覺、自作證成就遊：生已盡，梵行已立，所作已辦，不更受有，知如眞。謂我見此比丘行無放逸，有如是果，是故我爲此比丘說行無放逸。

若有比丘非俱解脫，非慧解脫，又非身證，復非見到，亦非信解脫，而有**法行**；云何比丘而有法行？若有比丘一向決定信佛、法、眾，隨所聞法，便以慧增上觀、增上忍；如是比丘而有法行，此比丘我爲說(應)行無放逸。我見此比丘行無放逸，爲有何果，令我爲此比丘說(應)行無放逸耶？或此比丘求於諸根，習善知識行，隨順住止；於二果中必得一也：或於現法**得究竟智**，若有餘者**得阿那含**；謂我見此比丘行無放逸，有如是果，是故我爲此比丘說行無放逸。

若有比丘非俱解脫，非慧解脫，又非身證，復非見到，非信解脫，亦非法行，而有**信行**；云何比丘而有信行？若有比丘一向決定信佛、法、眾，隨所聞法，以慧觀忍，不如法行。如是比丘而有信行，此比丘我爲說(應)行無放逸；我見此比丘行無放逸，爲有何果，令我爲此比丘說(應)行無放逸耶？或此比丘求於諸根，習善知識行，隨順住止，於二果中必得一也：或於現法得究竟智，若有餘者得阿那含。謂我見此比丘行無放逸，有如是果，是故我為此比丘說行無放逸。」】《中阿含經》卷 51）

語譯如下：【「什麼緣故有某些比丘，我說他們不必行於無放逸境界？假使有比丘是俱解脫的實證者；什麼是比丘有俱解脫的實證呢？假使有比丘是八解脫，親身觸證而遊行於八解脫之中，而且已經有解脫的智慧親見，自己諸漏已經斷盡，而且已經自知無謬了；像這樣的比丘們是有俱解脫證量的，這一種比丘們我說他們不必行於無放逸境界，為什麼這樣說呢？這一種賢慧的人本來就已經行於無放逸境界中了。如果這一類賢慧者本來仍然有放逸的話，終究是沒有這個道理的，由於這個緣故我說這一種比丘不必行於無放逸境界。

如果有比丘不是俱解脫，而有慧解脫的話；什麼是比丘有慧解脫呢？如果有比丘對於八解脫，沒有親身觸證、未遊於其中，而是以智慧來觀見自己諸漏已經斷盡，已經確實了知自己斷盡諸漏了；像這樣的比丘是有慧解脫證量的，這種比丘我說他不必行於無放逸境界；為何這樣說呢？因為這種賢慧的人本來就已經行於無放逸境界了；如果說這種賢慧的人本來有放逸的話，終究是沒有這個道理的，由於這個緣故我說這種比丘不必行於無放逸境界。這二種比丘，我說他們不必行於無放逸境界。

什麼是比丘我為他們說（應）行於無放逸境界？如果有比丘不是俱解脫、也不是慧解脫而有**身證**了；什麼是比丘而有親身觸證呢？如果有比丘是八解脫，親身觸證而遊於其中，不是以慧解脫的無生智來觀見的，但是他們諸漏已經斷盡，自己也清楚的了知已經斷盡諸漏了，像這樣的比丘有了親身的觸證（但是沒有智慧來了知解脫的無生正理，故不能為人演說解脫的原理），這種比丘我為他們說應該行於無放逸境界中（不該只是每日住在滅盡定中無所事事，應該細加觀行來了知解脫道的全部道理而生起解脫知見—無生智）。我是看見這種身證比丘若能行於無放逸境界，將會有什麼果報，使得我為這種比丘說應該行於無放逸境界呢？這是因為這種比丘若能求於五根（信、進、念、定、慧）的具足，若能熏習善知識的身口意行，隨順而安住止息之後；諸漏已經斷盡，證得無漏，**覺知心已經解脫於欲界、也同時斷盡無明漏而成為慧解脫者**；他們在現前諸法中可以自己確實了知、自己確實覺悟了（不必由佛為他們說明滅盡定為何就是俱解脫的道理，自己已有解脫知見了）、自己可以作證而遊於其中：未來世的受生已經斷盡了，清淨行已經建立了，關於解脫道中修行所應該作的事情都已經成辦了（解脫智慧也已經具足了），不會再度接受後有了，對這些事情的了知已經眞實無誤（有了解脫知見可以自我檢查）；這就是說我看見這種比丘行於無放逸以後，會有這樣的果報，由這個緣故我爲這種比丘解說行於無放逸境界的正理。

如果有比丘不是俱解脫，也不是慧解脫，也不是身證，但是卻有**見到**；什麼是比丘不是慧解脫而有見到？假使有比丘一向決定而不懷疑的信受佛陀、正法、僧眾，隨於他們所聽聞的正法，就以智慧不斷的增上他的觀行、增上他的安忍，像這樣的比丘雖不是慧解脫，但是卻有**見到**的功德，這種比丘我爲他們說應該行於無放逸境界中。我是看見這種比丘行於無放逸境界中，會有什麼果報，使得我爲這種比丘解說應該行於無放逸境界呢？往往有這種比丘尋求五根的具足圓滿，所以熏習善知識的身口意行，隨順而安住止息下來；所以諸漏已經斷盡，證得無漏境界，**覺知心已經解脫於欲界生、也已經證得慧解脫了**，他們在現前的種種法中自己已經了知、自己已經覺悟、自己可以作證而遊於其中；確實了知自己受生的事情已經窮盡了，清淨行已經建立了，於解脫道中所應作的事情都已經成辦了，不會再度領受後有，解脫知見已經知道得很清楚了；這就是說我看見這種比丘若行於無放逸境界中，會有這樣的解脫果報，由這個緣故我為見到比丘解說行於無放逸的法門。

如果有比丘不是俱解脫者，也不是慧解脫者，又不是身證，也不是見到，而有**信解脫**；什麼是比丘有信解脫呢？如果有比丘一向決定信受佛陀、正法、僧眾，隨於他所聽聞的正法，以智慧觀察而安忍於正法中，他的解脫證量不如見到的人，像這樣的比丘具有較少功德的信解脫，這種比丘我就為他說應該行於無放逸。我是看見這種比丘若能行於無放逸，會有什麼果報，而使得我為這種比丘說應該行於無放逸呢？往往有這種比丘追求滿足五善根，努力熏習善知識的身口意行，隨順於善法中安住、止息以後；諸漏已經斷盡，證得無漏，覺**知心已解脫於欲界生、又獲得慧解脫智慧功德**，於現前可知可證的解脫法中自己了知、自己覺悟、自己證明已經成就解脫果而遊戲於其中：受生已經窮盡了，清淨行已經建立了，在解脫道中所應作的事情都已成辦，不會再度領受後有了，清楚真實的具足了解脫知見。這就是我看見信解脫比丘行於無放逸以後，會有這樣的果報，因為這個緣故我為這種比丘說應該行於無放逸。

假使有比丘不是俱解脫，不是慧解脫，又不是身證，更不是見到，也不是信解脱，但是卻有**法行**；什麼是比丘不具種種功德而有法行呢？如果有比丘一向決定信受佛陀、正法、僧衆，隨著他所聽聞的正法，就以智慧不斷的增上觀行、增上安忍；這樣的比丘雖無種種解脱功德，但是具有法行，這種比丘我爲他解説行於無放逸之法。我看見法行比丘若能行於無放逸，會有什麼果報，使得我爲這種比丘解説行於無放逸呢？往往有這種比丘追求滿足五種善根，熏習善知識的身口意行，隨順不放逸行而安住、止息以後；他於二種解脱果之中必定會獲得其中的一果：或者於現前可知可證的法中**獲得究竟智而成爲阿羅漢**，或者有另外一種人實行了以後**獲得心解脱的阿那含果**；這是說我看見法行比丘若行於無放逸，能獲得這樣的果報，由此緣故我爲這種比丘解説行於無放逸。

如果有比丘不是俱解脱，不是慧解脱，又不是身證，也不是見到，不是信解脱，也不是法行的人，但是卻有**信行**；什麼是比丘不具備種種功德而有信行呢？如果有比丘一向決定信受佛陀、正法、僧衆，隨著他所聽聞的正法，以智慧觀察而安忍下來，但不能如法而修行；像這種信行比丘而有信行，這種比丘我爲他解説行於無放逸。我看見這種信行比丘若能行於無放逸，會得到什麼果報，使得我爲這種比丘說行於無放逸呢？往往有這種比丘尋求能滿足於五種善根，努力熏習善知識的身口意行，隨順安住於止息其心而不動搖以後，他於二種解脫果中必定會獲得其中一種果報的：或者於現前可知可證的解脫法中獲得**究竟智而成爲阿羅漢**，或者所餘同類的人可以獲得**心解脫而成爲阿那含果**。這是說我看見這種信行比丘若行於無放逸，會得到這樣的果報，由此緣故我爲這種比丘解說行於無放逸。」】

由以上經文中詳細的說明，可以知道有許多種不同根性的解脫道行者：俱解脫、慧解脫、身證、見到、信解脫、法行、信行。俱解脫與慧解脫阿羅漢們不必再修學不放逸行，因爲他們遇到 佛陀以前就是不放逸行的實行者，早就脫離欲界生了，早就具足不放逸行了，所以只需修學解脫道的法義而作現觀以後，就可以在見道之時成爲阿羅漢。至於身證的八解脫阿羅漢，還是必須再修不放逸行的， 世尊會要求他們離開滅盡定，專在智慧上再做觀行，直到解脫道的解脫原理都已了然於心而無所疑了，也知道自己所證得的滅盡定是由於什麼原因而可以出離生死，不再只是知其然而不知其所以然，這時已經生起解脫知見——無生智，已不只是八解脫的身證，而是同時獲得慧解脫的解脫知見了，所以成爲俱解脫者，就不必再修不放逸行了。其餘見到、信解脫、法行、信行等五種人，都必須修不放逸行，以求成爲慧解脫或俱解脫；所以八解脫的阿羅漢沒有解脫知見，得盡智而不得無生智，不能爲人說法，佛認爲他們遠不及慧解脫的阿羅漢，雖然他已經證得滅盡定，不是慧解脫阿羅漢在短期內所能證得，有可能某些慧解脫阿羅漢努力修定一世仍不可能證得，但八解脫終究不是 佛所認可的止息處，反而是尚未證得滅盡定的慧解脫阿羅漢智慧境界，是 佛所認可的止息處。至於在見道後或未見道而只有信行的凡夫們，精進修學不放逸行以後，獲得的解脫果可能相同，也可能會有不同之處：

已經有身證、見到、信解脫功德等三種人，遵照 世尊咐囑而精進修學不放逸行以後，都可以獲得心解脫及慧解脫功德，成爲具足十智的阿羅漢，自知不再領受後有；身證八解脫的阿羅漢，則只具有聲聞十智中的前九智，只到盡智爲止，不能發起第十智無生智。但是最後面二種人的法行與信行者，經由精勤修學不放逸行以後，利根人也可以獲得慧解脫阿羅漢的果報，也具足聲聞十智，鈍根人則只能獲得三果阿那含的果報，未得盡智與無生智。這是因爲身證者尚未發起解脫智慧，卻有解脫實證；而見到、信解脫、法行三種人，已經都具足解脫的見地了，卻沒有心解脫與慧解脫的功德；都是因爲累劫以來的五欲熏習而放捨不下欲界五欲的功德，所以教他們要修學不放逸行；由此不放逸行而斷離欲界貪愛，可以先解脫於欲界生，成爲三果**心解脫**者，再進求慧解脫。

最特別的是身證者，他已經有了八解脫的身證境界而成爲阿羅漢了；但是爲何不能像慧解脫阿羅漢一樣獲得解脫知見？不能憑藉自己的八解脫而成爲俱解脫者呢？這是由於他從來都只在禪定上進修，而在後來斷了我見所以頓證滅盡定而成爲阿羅漢，但是他在解脫道的法義與原理上，從來不曾修習，故雖已斷盡有漏而脫離無色界、能出三界生死苦了，但是仍然有無明漏，解脫知見仍然嚴重的欠缺，所以他必須再修不放逸行，專在解脫知見上修習，始能同時取得慧解脫果的解脫智慧，使得身證者在發起解脫知見以後成爲俱解脫者。至於見到與信解脫者，也都可以藉不放逸行而修持各自所應修的法門，在斷除欲界愛以後成爲心解脫的三果人，再斷除有漏與無明漏而成爲慧解脫阿羅漢；所以身證、見到、信解脫等三種人都可以經由不放逸行而成爲阿羅漢，但是後二種的法行與信行者，就不一定能成爲阿羅漢，往往會成爲心解脫的三果人阿那含，只有少部分人能成爲阿羅漢，所以法行與信行是五種未得解脫果的根器較差者，這都是因爲往世不斷熏習欲界法而導致的結果，所以 世尊有時會特別強調三果人所證的**心解脫**，原因就在於此。若是一心想要求取解脫果，想在一世之中就成爲阿羅漢的人，對於欲界中的五塵諸法，必須特別注意遠離欲界法（財色名食睡、密宗雙身法初喜至四喜）的貪染，以免障礙三果與四果的取證。

以上說明了俱解脫、慧解脫、身證、見到、信解脫、法行、信行等各種不同的解脫道行者差別，您若能詳細的閱讀，比對經文之後再將這七種人的不同情況詳細思惟，就能確實理解這七種人的根性差別，對解脫道的修習也就會產生更明確的理解，也能對自己的根性有所瞭解，懂得如何藉不放逸行來修習對治，可能一生之中就能正確而深入觀行，成就慧解脫阿羅漢果的功德，這並非是不可能的；除非您仍然不願意放棄欲界法的貪愛，而只成爲能證初果、二果的見到者或信解脫者；或是只能成爲法行者、信行者，在極力觀行一世而獲得阿羅漢的解脫智慧以後，終生只能成爲初果或初果向。但是您若屬於菩薩道行者，請您只進修到心解脫的三果解脫，就停止解脫道的修行，回到菩薩道中來實修，別再進修慧解脫果了，以免速求斷除生死苦而引生二乘的小根性心。

又如經云：【如是我聞　一時尊者那羅、尊者茂師羅、尊者殊勝、尊者阿難，住舍衛國象耳池側。爾時尊者那羅語尊者茂師羅言：「有異信、異欲、異聞、異行覺想、異見審諦忍，有如是正自覺知見生，所謂生、故有老死，不離生、有老死耶？」尊者茂師羅言：「有異信、異欲、異聞、異行覺想、異見審諦忍，有如是正自覺知見生，所謂有生故有老死，不異生、有老死，如是說有。」「尊者茂師羅！有異信乃至異忍，得自覺知見生，所謂**有滅**、**寂滅**、**涅槃**耶？」尊者茂師羅答言：「有異信乃至異忍，得自覺知見生，所謂**有滅**、**寂滅**、**涅槃**。」復問：「尊者茂師羅！**有滅則寂滅**、**涅槃**。說者汝今便是阿羅漢、諸漏盡耶？」尊者茂師羅默然不答。第二、第三問，亦默然不答。爾時尊者殊勝語尊者茂師羅：「汝今且止，我當爲汝答。」尊者茂師羅言：「我今且止，汝爲我答。」爾時尊者殊勝語尊者那羅：「有異信乃至異忍，得自覺知見生，所謂**有滅則寂滅**、**涅槃**。」時尊者那羅問尊者殊勝言：「有異信乃至異忍，得自覺知見生，所謂**有滅則寂滅**、**涅槃**者，汝今便是漏盡阿羅漢耶？」尊者殊勝言：「我說**有滅則寂滅**、**涅槃**，**而非漏盡阿羅漢也**！」尊者那羅言：「所說不同，前後相違。如尊者所說『有滅則寂滅、涅槃』，而復言非漏盡阿羅漢耶？」尊者殊勝語尊者那羅言：「今當說譬，夫智者以譬得解：如曠野路邊有井，無繩無罐得取其水；時有行人熱渴所逼，繞井求覓，無繩無罐；諦觀井水，如實知見而不觸身。如是！我說有滅則寂滅、涅槃，而自不得漏盡阿羅漢。」爾時尊者阿難語尊者那羅言：「彼尊者殊勝所說，汝復云何？」尊者那羅語尊者阿難言：「尊者殊勝善說眞實，知復何言？」時彼正士各各說已，從座起去。】（《雜阿含經》卷十四第351經）

這就是見到與身證二人。這就是解脫道的見地已經完成了，已經看到「有盡即是涅槃」，然而外我所、內我所的貪愛尚未斷除的緣故，所以仍然無法成爲慧解脫阿羅漢；如同經中所說的只看到井中有水，卻觸不了井中水，道理是一樣的。至於身證者，縱有八解脫的證境，已經能確實斷除無色界有了，也能出離三界生死苦了，但是終究不是具足俱解脫功德的阿羅漢，因爲他仍欠缺解脫知見的緣故。若有外道「異信、異欲、異聞、異行覺想、異見審諦忍」，但是若能理解到無色界有也是輪迴的原因，能理解到有出生就會有死，就把無色界有滅除了，不再受生於三界中，他也是可以「得自覺知見生」，所謂**有滅、寂滅、涅槃**」的，但是那時他將會成爲佛門中人，使得異信、異欲、異聞、異行覺想、異見審諦忍消失了。譬如在無佛之世，往往有辟支佛出現在人間，實證解脫果；又如八解脫者雖已是阿羅漢，能出三界生死苦，但因仍有無明漏而不能成爲俱解脫或慧解脫的阿羅漢，卻能夠出離三界生死苦，就是這個道理。

又譬如本節一開始所舉示的經文中 世尊開示：有人早已斷我見而得見到，但是因爲對欲界的貪愛仍然不肯滅除，所以仍有異見、異忍，認爲欲界五欲是可愛法，就不能證得心解脫與慧解脫了；還得要修學不放逸行，才能成爲**心解脫**的親證者，證初禪而解脫於欲界生，才能憑不放逸行而使見地的果德完全實現，終於獲得慧解脫果。所以，殊勝尊者說，見到之時仍不能成爲阿羅漢；意思是說，單憑見地而了知**三界有滅盡了就是涅槃**，但無心解脫、也沒有慧解脫的無明漏永盡，仍然不可以說自己是阿羅漢。依佛所說，即使是八解脫的身證者，能出離三界生死了，也都不可以說是具足懂得解脫道的阿羅漢；但是現代佛門中，卻有許多大師與居士，連我見都還沒有斷除，連見地都還沒有發起，連欲界愛都沒有遠離故不曾發起初禪，卻往往暗示或明說是阿羅漢了，而且絕大多數是不會在捨壽前公開懺悔的，使人不得不憐憫他們的**我所**執著與無知了。因果不只是口頭上說的，而是確實無差、絲毫不爽的；因爲所有人都是活在本識所生的內六塵相分中，所以造作的大妄語業種是從來都不會遺失的。

這段經文的意思是說，有人因爲見道的緣故而進入見到的境界，已經看見

有滅則寂滅、涅槃的道理，早已了知三界有、五陰有、十八界有都滅除淨盡時，就成爲無餘涅槃了，但是見地已經到了，執著卻仍然尚未滅除，所以就只能成爲見到、信解脫者，只能位在初果向、初果、二果向、二果中，不能成爲三果人或四果人。必須再遵循 佛陀的開示，專修不放逸行而滅除欲界愛以後，才有可能成爲阿那含或阿羅漢。所以一切專修解脫道而不想修學佛菩提道的南傳佛法修學者，或是大乘法中專修通教菩薩道的解脫道行者，必須特別注意這一點：**一定要專修不放逸行而遠離欲界五欲的熏習，發起初禪**。當然絕對不可以稍稍涉獵藏密的雙身法，乃至心中不得有一絲一毫的愛樂或嚮往，否則是絕對不可能遠離欲界愛而發起初禪的。但這不是對佛菩提道的修行者講的，雖然佛菩提道的修行者也一樣不可以對藏密的雙身法有一絲一毫的愛樂或嚮往，因爲雙身法是與佛菩提道及解脫道的正理完全相悖的，正是大放逸行。

如是，對於**內我所**、**外我所**的執著已有正知，也對五蘊我執有了正知的人，不是單以聽聞上的理解而可作爲正知，乃是以現前觀行而能**至到**，才能說是正知者；所以一切佛弟子都不該以聽聞、閱讀而瞭解平實的著作以後，就當作自己已經見到而成爲見道者，否則多數是會犯下大妄語業的，有經文爲證：

【「復次，阿難！有五欲功德，可樂、意所念、愛，色欲相應：眼知色，耳知聲，鼻知香，舌知味，身知觸。若比丘心至到，觀此五欲功德：隨其欲功德若心中行者，所以者何？無前無後。此五欲功德，隨其欲功德，心中行者，阿難！若比丘觀時，則知此五欲功德，隨其欲功德心中行者，彼比丘，彼彼欲功德，觀無常、觀衰耗，觀無欲、觀斷，觀滅、觀斷，捨離；若此五欲功德有欲有染者，彼即滅也！阿難！若如是比丘觀時則知者，此五欲功德有欲有染，彼已斷也！是謂正知。」】（《中阿含經》卷四十九第 191 經《大空經》）

佛在這段經文中開示說：五欲有其功德受用，而凡夫不知其無常性，不知五欲的功能會使解脫功德衰耗，所以不懂得觀察無欲的無漏功德，不懂得觀察滅盡五欲後的解脫，不知道觀察斷除五欲後會引生的解脫功德，所以不知道要捨離五欲行，不能斷離。若能瞭解及現觀以後，五欲自然會斷除。所以五欲的斷除，不是只有聽聞、閱讀而瞭解以後就算是正知了！而是要確實經過觀行以後，才能說是確實了知五欲的功德，才能確實了知五欲會使解脫功德衰耗。

至到的意思應該確實瞭解：至者四至，是說全面函蓋而沒有遺餘，四處皆**至**；**到**者親到，謂一一確實觀行，無有不觀到者。這是說，對於五欲諸法必須如同對五陰一一細觀一樣的一一細觀，沒有一處遺漏而未曾觀察到，否則仍然會有某部分五欲無法確實斷除，初禪就無法發起，想要取證俱解脫或慧解脫果就不可能了！這是解脫道的修行者，在五欲上面必須特別注意的地方，這也是前面 佛陀說的修不放逸行的意思。由此可知解脫道的見地通達了以後，不必然能使人成爲阿羅漢，所以能具足解說阿羅漢道的人往往只是初果人；如同第一次五百結集前的阿難尊者一樣，還必須下定決心想要斷除五欲的貪愛，並且如實**至到**的觀行五欲功德及衰耗，以及觀行下分結及上分結以後，才能使見地發起力用而脫離欲界生，發起初禪而證心解脫，再斷除有漏與無明漏以後才能成爲慧解脫阿羅漢；所以**見到**以後對五欲觀察的**至到**，極爲重要。

見到的不迴心定性聲聞初果人，捨壽後將會往生於欲界天中，乃至後後世中即將證得阿羅漢果時，還會經歷色界天生，在極盡七有往返——再經七次的生死——以後才能進入無餘涅槃，有經文爲證：

【如是我聞：一時佛住波羅奈國仙人住處鹿野苑中。爾時世尊告諸比丘：「譬如日出，周行空中，壞諸闇冥，光明顯照；如是，聖弟子所有集法，一切滅已、離諸塵垢，得法眼生，與無間等俱，三結斷，所謂身見、戒取、疑。此三結盡，名須陀洹，不墮惡趣法，必定正覺，趣七有天、人往生，作苦邊。彼聖弟子，中間雖起憂苦，聽彼聖弟子離欲惡不善法，有覺有觀、離生喜樂，初禪具足住；不見彼聖弟子有一法不斷，能令還生此世者，此則聖弟子得法眼之大義。是故，比丘於此四聖諦未無間等者，當勤方便，起增上欲，精進修學。」佛說是經已，諸比丘聞佛所說，歡喜奉行。】（《雜阿含經》卷十五第 396 經）

所以，在見到——解脫道的見地已經到達——獲得初果的見地以後，想要取得俱解脫果，就必須修證四禪及四空定，取證滅盡定；如果已經身證的人，具足八解脫成阿羅漢了，仍必須進修解脫知見——進而取證慧解脫的解脫知見——才能成爲俱解脫阿羅漢。至於一般的初果人、二果人，必須消除了欲界貪愛，才能取證三果心解脫；所以見到者想要取證慧解脫阿羅漢果位，不想辛苦修證四禪八定的話，就必須做五陰細部內容全部了知的觀行，再做五陰苦、五陰集與五陰滅、五陰滅除之道的觀行；乃至還有一些人必須在法塵上做法集、法滅、法滅道的現觀過程，滅除了欲界、色界、無色界諸法的貪愛以後，方能成爲慧解脫阿羅漢。如是現觀的內涵，容俟未來若有因緣講解阿含解脫道時另行宣講，講畢再整理爲《阿含講記》，供養一切佛弟子。此處就略過不談，因為利根的解脫道修行者，單憑此七輯書中的法義開示，就已經可以取證初果乃至慧解脫四果了。鈍根人就請等待未來若有因緣宣講阿含經時，再作計議了！

又見到者若已斷除欲界愛，經由四禪、四空定的親證，以及無想定、非想非非想定的觀行，也可以修成俱解脫果，《長阿含經》卷十中說：【「云何二入處？無想入、非想非無想入，是為阿難：此二入處。或有沙門、婆羅門言『此處安隱，為救、為護、為舍、為燈、為明、為歸、為不虛妄、為不煩惱』，阿難！若比丘知二入處，知集、知滅、知味、知過、知出要，如實知見，彼比丘言：『彼非我，我非彼。』如實知見，是為二入。」】

這一段開示中，佛陀特地解說外道修行者誤會了佛法的地方：有二種入，不是入涅槃。見到的佛弟子們，若能確實理解這二種入，就能避開外道們所誤會的錯誤涅槃境界。外道因為曾聽聞　佛說：「滅盡識陰以後就入無餘涅槃。」但不知這是　佛陀有時對已斷色陰常見的弟子特別方便說此開示，不是通案性的說法，所以他們誤以為滅盡識陰以後的境界就是無餘涅槃，但因為對外法色陰及內法本識有所不知，唯恐落入斷滅空中，所以保持著人間的欲界色身或往生到色界四禪天的天身不滅，而滅除受想行識四陰，以涅槃想而進入的結果，其實卻是四禪後的無想定，雖然已經無息也無脈，卻仍然不是無餘涅槃；這其實只是意識所入而不能住的處所，意根及色身仍不能滅除，仍然在三界中，所以名爲意識所入的第一處。也有外道誤以爲非想非非想定中是沒有意識存在的，而不知意識仍然存在；只是因爲非非想定中的意識不會返照自己的存在，誤以爲意識自己已經不在了，其實意識仍然是存在著的，所以仍不是出三界境界，但他們誤以爲進入非想非非想定中就是滅除意識與受想行陰的無餘涅槃境界了。但由於意識已經不了知自己正在非想非非想定中，所以意識進入此定境中以後，不能說是住於此定中，因爲意識對此定中的境界相已無所住的緣故；但意識卻仍然在，所以只能說意識入了此定境中卻無所住，這就是眾生在三界中的第二種入的處所，而不名爲住。所以四禪後的無想定及非想非非想定中，是意識心二種能入的處所，但都不能稱爲住處。

佛陀特別說明這二種入是錯誤的涅槃，不是眞實的無餘涅槃，所以教導比丘們要特別觀察無想定與非非想定的過失，對這二種入，要「知集、知滅、知味、知過、知出要」，必須「如實知見」，才不會誤了自己的道業。否則的話，捨壽時以涅槃想而誤入無想定中，將會往生無想天中，天壽五百大劫，在那裡捨壽以後，將會墜入三惡道中，求證佛法就將遙遙無期了！若是捨壽後誤入非非想定中，以為是涅槃；八萬大劫後捨壽，一樣會墜入三惡道中，想要再恢復人身而求證佛法，也一樣是遙遙無期的。若能如實觀察這二種入，「知集、知滅、知味、知過、知出要」，也能「如實知見」，就不會誤了自己道業。證得這二種定境，並能現觀而如實知見這二種入的集、滅、味、過、出要的人，一定可以成為俱解脫的聖者。但無想定是四禪息脈俱斷後才能進入的定境，不是南老師《如何修證佛法》書中說的**心中無念就是無想定**，那只是欲界定罷了！

在這一節中，清楚的說明了俱解脫、慧解脫、身證、見到、信解脫、法行、信行等七種解脫道修行者的差異所在，也說明了普遍存在於佛門中的**二入的誤解**，您到此應該已對解脫道有更深入理解了，也許您已經在蘊處界的內容及蘊處界的味、苦、苦集、苦滅、蘊滅、苦蘊滅之道的觀行中，獲得初果乃至二果的解脫功德了，接著當然要更深入瞭解因緣法，使解脫道的智慧更加增上，也可以因此而確保解脫果不失乃至獲得增上而證得三果，這就必須在十二因緣法上為您更深入提示，使您可以在因緣法中更深入的理解與觀行，因此就進入下一節中來深入瞭解十二因緣法的本質，以免落入因緣觀的假號法中。

第八節　十二因緣是假號法

十因緣才是眞實法，十二因緣則是假號法，只是爲有緣者得度而說的假名言說法，本無實質，所以說十二因緣法都是依假有的蘊處界來建立法相：

【一時佛在舍衛國祇樹給孤獨園。爾時世尊告諸比丘：「我今當說第一最空法，汝等善思念之。」諸比丘對曰：「如是！世尊！」爾時諸比丘從佛受教。世尊告曰：「彼云何爲名第一最空之法？若眼起時則起，亦不見來處；滅時則滅，亦不見滅處，除假號法、因緣法。云何**假號**、**因緣**？所謂是有則有，此生則生：無明緣行，行緣識，識緣名色，名色緣六入，六入緣更樂，更樂緣痛，痛緣愛，愛緣受，受緣有，有緣生，生緣死，死緣愁、憂、苦、惱，不可稱計。如是，苦陰成此因緣：**無是則無，此滅則滅**：無明滅則行滅，行滅則識滅，識滅則名色滅，名色滅則六入滅，六入滅則更樂滅，更樂滅則痛滅，痛滅則愛滅，愛滅則受滅，受滅則有滅，有滅則生滅，生滅則死滅，死滅則愁、憂、苦、惱皆悉滅盡，除**假號之法**。」（十二有支都必須全部滅盡）

「耳、鼻、舌、身，意、法亦復如是：起時則起，亦不知來處；滅時則滅，亦不知滅處，除其假號之法。**彼假號法者：此起則起，此滅則滅。**此六入亦無人造作，亦名色六入法，六入亦無人造作。由父母而有胎者，亦無因緣而有，此亦假號；要前有對，然後乃有。猶如鑽木求火，以前有對，然後火生；火亦不從木出，亦不離木。若復有人劈木求火，亦不能得；皆由因、緣合會，然後有火。此六情起病，亦復如是，皆由緣會，於中起病：此六入起時則起，亦不見來；滅時則滅，亦不見滅，除其假號之法，因由父母合會而有。」】（《增壹阿含經》卷三十）

語譯如下：【一時佛陀住在舍衛國祇樹給孤獨園中。當時世尊告訴諸比丘說：「我今天應當為你們解說第一最空的法，你們應該善於思惟憶念這個法。」諸比丘回答說：「如是！世尊！」當時諸比丘隨從佛說而接受教導。世尊告訴他們說：「那個法為什麼名為第一最空之法？譬如眼識生起時就生起了，也沒看見眼識從何處生起；眼識斷滅時就斷滅了，也沒有看見眼識斷滅了是去到何處，這樣就除掉了眼識**假號法**、**因緣法**了。什麼是**假號**、**因緣**呢？所說的假號與因緣法，是「這個法有了就會有另一個法，這個法出生了就出生另一個法」：也就是無明緣於行，行緣於識，識緣於名色，名色緣於六入，六入緣於觸，觸緣於受，受緣於愛，愛緣於境界受，境界受緣於後有，後有緣於生，生緣於死，死緣於愁、憂、苦、惱，這些煩惱就無法稱量或計算了。就像是這樣子，痛苦的五陰成就了這個因緣法；沒有了這個法，這個法斷滅了就跟著斷滅了那個法：也就是無明滅了就使行跟著滅了，行滅了就使識陰跟著滅了，識陰滅了就使名色跟著滅了，名色滅了就使六入跟著滅了，六入滅了就使觸跟著滅了，觸滅了就使受跟著滅了，受滅了就使愛著跟著滅了，愛著滅了就使境界受跟著滅了，境界受滅了就使後有跟著滅了，後有滅了就使後世的出生跟著滅了，出生滅了就使死亡也滅了，死亡滅了就使得愁、憂、苦、惱全部都滅盡了，這樣子就滅除了假名而說的十二因緣法。

眼識的十二因緣假號法如是斷除了，耳、鼻、舌、身，乃至意識與法塵也一樣：意識生起時就生起了，也不知意識是從哪裡生起來的；意識斷滅時就斷滅了，也不知道意識斷滅了是去到何處，這樣就除掉了意識的假號法了。那個意識的假號法就是：這個法生起就使那個法生起，這個法斷滅了就使那個法跟著斷滅。意識及前五識的六入，其實也沒有哪一個人去造作出來，也是名色所有的六入之法，而六入也沒有哪一個人去造作出來。經由父母的合會而有胎兒之身，這也是沒有經由人工造作的因緣而有的，所以說，因爲父母因緣而有胎身，這也是假號法（不是由父母起心動念而每天一部分又一部分，以人爲製造方式來成就胎兒，是由本識藉父母爲助緣才會有十二因緣等法，都不像本識是眞實法，所以都是假號法）；一定是要面前有一個可以面對、可以實證的法，然後才會有胎身的。就好像是鑽木求火一般，由於面前有一個可以面對的法存在，然後才會有火的出生；火也不是從木頭出生的，但也不能離開木頭而有火。可是假使有人是用劈開木頭的方式來求火的話，也是不可能得到火的；都是由於本識因與父母緣的和合聚會，然後才會有火出生。這六塵境界的領受情境而引起了生死病，道理也是像這樣，都是由於因與緣的合會，就在因與緣的合會中生起了生死病：然而這六入生起時就生起了，也沒有看見六入是怎麼生出來的；當六入斷滅時就直接斷滅了，也沒有看見六入是如何斷滅的，這樣就除掉了因緣法的假號之法，也就除掉了『因爲由於父母的合會而有十二因緣法』的假號法了。」】

所以說，十二因緣法都是假號之法，故六根、六塵、六識、六入都是假號法，都必須全部滅除而不再留存任何一法存在，才能說是無餘涅槃的眞實境界；如同前面第五章第二節及第三節中所說十因緣法中的「名色由識生」的本識如來藏，此外的所有因緣法，不論是幾種因緣法，都是流轉門中的假號法，都無實質，都是從第八識本識中流注而出的法，都是藉本識因及父母緣才出生、才存在的假號法；而所有描述眾生流轉的因緣法，也都是假號之法，目的都只是為了要讓有緣人現前觀察現象界的五蘊、十二處、十八界、六入都是緣起而無自性的暫有之法，想要使有緣人都可以遠離暫有實無的五陰及內我所等假有法，實證無餘涅槃；所以說種種因緣法都是假號法，不應執著為常住法。假使有人如同印順一般，把假號法說成眞實法，把蘊處界滅除後的滅相定義為常住不滅的眞如，就是愚癡人。譬如印順把因緣法說明以後，教人滅除五陰、十八界以後，本已成為無餘涅槃了，卻又恐怕落入斷滅境界中，又回頭建立意識細心為常住不壞法，重新落入常見外道境界，正是我見未斷的常見外道法。

所以印順依自己所理解的般若中觀，由於先認取六識論，否定了第八識本識，就與 佛說的某些比丘於外有恐怖一樣，都是恐怕落入斷滅法中，故隨即又建立一個「蘊處界斷滅後的滅相不會再滅失了，名為眞如」，正是於外有恐怖而落入假號法中的現代具體事例；因為滅相是依無常的蘊處界而建立的，當蘊處界都滅盡了以後，這個滅相也就成為無法了；無法就是斷滅空，怎能定義爲常住不壞的眞如呢？眞如之法，必定是有眞實常住性的法，亦有其無漏有爲法上的功德力用，而且是在三界六塵萬法中一向如如不動其心的，才可以說是眞如之法。所以，印順滅相不滅的眞如法也是假號之法：來時不見其所從來，去時不見其所去處，只是依本識與蘊處界的因、緣假合而施設立名，與眞實法涅槃本際無關。唯有阿含諸經中說的萬法根源入胎識、本識，才能出生十因緣、十二因緣及爲人悉檀而增說的種種因緣法；而這些因緣法都是假號之法，都不是眞實法，只有十因緣法中「齊識而還、不能過彼」的識（第八識本識）才是眞實法。所以有智之人，應當瞭解這一點：確實有一個入胎識、本識，是出生一切因緣法的根本，這才是眞實法，不是假號法，而一切因緣法都只是假號法；除掉了一切假號法，只剩下眞實法本識，才能成爲眞正的無餘涅槃。懂得這個道理，就不會如同印順一般恐怕落入斷滅境界中，不得不再起心動念去建立一個假號的滅相眞如常住或意識細心常住等虛妄法，重新落入斷、常二見中。

學習解脫道、修行解脫道的人很多，但是爲何都不能實證解脫果？連我見、三縛結都斷不了！這都是因爲不能遠離假號法，如同宗喀巴、達賴、印順一般，把假號法誤認爲眞實法，因此而落入 佛所說的於外有恐怖、於內有恐怖，導致不能斷除我見與我執；所以他們在觀行五陰的虛妄以後，仍然不能斷除我見，反而重新建立意識或其粗、細心的常住說，具足斷、常二見，都是因爲恐怕落入斷滅境界的緣故；這在前面第五章第十三節中已舉證經文說過了。

還有一部經中說，由於不知道五陰滅後不是斷滅空，所以看見五陰無常故空時，心中就有了恐怖（即是「於外有恐怖」），導致不願斷除我見。有經文爲證：

【「諸賢！云何比丘不受而恐怖？諸賢！比丘不離色染，不離色欲，不離色愛，不離色渴；諸賢！若有比丘不離色染，不離色欲，不離色愛，不離色渴者，彼欲得色、求色、著色、住色：『色即是我，色是我有。』欲得色、著色、住色：『色即是我、色是我有』已，識捫摸色；識捫摸色已，變易彼色時，識轉於色；識轉於色已，彼生恐怖法，心住於中。因心不知故，便怖懼煩勞，不受而恐怖。如是，覺、想、行，比丘不離識染，不離識欲，不離識愛，不離識渴：諸賢！若有比丘不離識染，不離識欲，不離識愛，不離識渴者，彼欲得識、求識、著識、住識：『識即是我，識是我有。』彼欲得識、求識、著識、住識：『識即是我、識是我有』已，識捫摸識。識捫摸識已，變易彼識時，識轉於識；識轉於識已，彼生恐怖法，心住於中。因心不知故，便怖懼煩勞，不受而恐怖。

諸賢！如是比丘不受、恐怖。

諸賢！云何比丘不受、不恐怖？諸賢！比丘離色染，離色欲，離色愛，離色渴；諸賢！若有比丘離色染、離色欲、離色愛、離色渴者，彼不欲得色，不求色、不著色、不住色：『色非是我，色非我有。』彼不欲得色，不求色，不著色，不住色：『色非是我、色非我有』已，識不捫摸色。識不捫摸色已，變易彼色時，識不轉於色。識不轉於色已，彼不生恐怖法，心不住中。因心知故，便不怖懼、不煩勞、不受、不恐怖。如是，覺、想、行，比丘離識染，離識欲，離識愛，離識渴，諸賢！若有比丘離識染、離識欲、離識愛、離識渴者，彼不欲得識，不求識，不著識，不住識：『識非是我，識非我有。』彼不欲得識，不求識，不著識，不住識：識非是我、識非我有已，識不捫摸識。識不捫摸識已，變易彼識時，識不轉於識。識不轉於識已，彼不生恐怖法，心不住中。因心知故，便不怖懼、不煩勞、不受、不恐怖。諸賢！如是比丘不受，不恐怖。

（《中阿含經》卷四十二）

語譯如下：【「諸位賢者！如何是比丘不受正理而有恐怖呢？諸位賢者！若比丘不能遠離色陰的貪染，不能遠離持有色陰的欲望，不能遠離對於色陰的愛著，不能遠離對於色陰的渴求；諸位賢者！如果有比丘像這樣不離色染，不離色欲，不離色愛，不離色渴，他就會想要獲得色陰、想要求得色陰常住、貪著於色陰、安住於色陰中，認爲：『色陰就是我，色陰是我所有。』想要得到色陰、執著色陰、樂住於色陰：當他認爲色陰就是我、色陰是我所有以後，識陰就常常感覺色陰的存在，不想離開色陰；識陰感覺色陰的存在以後，當因緣使那個色陰變易時，識陰就不斷運轉於色陰之中（識住於色）；識陰用心於色陰以後，他就出生了恐怖的法相，覺知心意識就會住著於色陰，住於色陰將會滅壞的恐怖法相中。因爲覺知心不知道正理的緣故，就會恐怖畏懼而產生了種種煩勞，不能接受色陰的無常而生起了恐怖心（於外有恐怖）。就像是這樣，受陰、想陰、行陰也一樣，乃至比丘若不能遠離識陰的染著，不能遠離識陰常住的欲望，不能遠離識陰的愛著，不能遠離對於識陰的渴求；諸位賢者！如果有比丘不能遠離識陰的染著，不能遠離對於識陰常住的欲望，不能遠離識陰的愛著，不能遠離識陰渴求的話，他就想要繼續獲得識陰、希求識陰常住、愛著於識陰、安住於識陰中，認爲『識陰就是我，識陰是我所有』；他想要得到識陰、希求識陰常住、愛著識陰、安住於識陰，認爲識陰就是我、識陰是我所有以後，識陰就常常去感覺識陰自己的存在。當識陰感覺識陰自己以後，若是因緣變異而變易了識陰時，識陰就不斷的在識陰自己上面運作；當識陰不斷運轉於自身，恐怕識陰自己會斷滅，心中就出生了恐怖法，心就住於恐怖之中（於外有恐怖）。因爲心中不知正理的緣故，就恐怖、畏懼、煩勞，**不能接受識陰無常而生起恐怖來了**。諸位賢者！這樣的比丘不能接受五陰無常的正理而生起了恐怖心。

諸位賢者！如何是比丘不受五陰也不恐怖呢？諸位賢者！當比丘遠離色陰的染著，遠離色陰的欲求，遠離色陰的貪愛，遠離對於色陰的渴求；諸位賢者！如果有比丘遠離色陰的染著、遠離色陰的欲求、遠離色陰的貪愛、遠離色陰的渴求了，他不想要再獲得色陰，不求再得色陰、不執著色陰、不安住於色陰：認爲『色陰不是我，色陰不是我能永遠擁有』；他不想要獲得色陰，不求再得色陰，不執著色陰，不安住於色陰：當他認爲色陰不是我，色陰不是我能永遠擁有以後，識陰就不會去感覺及領受色陰的存在。當識陰不感覺及領受色陰的存在，若是因緣變易了他的色陰時，識陰就不會耽憂而一直都運轉於色陰上面。識陰不運轉於色陰以後，他心中不會由於色陰即將滅壞而出生了恐怖，心不會安住於恐怖及色陰之中。因爲心中已了知色陰的無常、無我、非我的緣故，心中便不恐怖畏懼、也不會憂煩勞苦、不會再領受種種苦、不會有所恐怖。像這樣子，受陰、想陰、行陰也一樣，乃至當比丘遠離識陰的染著，遠離識陰的欲望，遠離識陰的貪愛，遠離識陰的渴求，諸位賢者！如果有比丘遠離識陰的染著、遠離識陰欲望、遠離識陰的貪愛、遠離識陰的渴求了，他不想再獲得識陰，不希求識陰常住，不執著識陰，也不安住於識陰境界中，認為『識陰不是我，識陰不是我所有』；當他不想獲得識陰，不求識陰常住、不執著識陰、不安住於識陰境界中：認為識陰不是我、識陰不是我所有以後，識陰就不再去感覺及領受識陰自己。識陰不感覺及領受自己以後，當因緣變易那個識陰時，識陰也不會再用心於識陰自己上面了。當識陰不運轉於識陰自己以後，對於識陰將會滅壞的事實，他就不會再出生恐怖法了，心就不會再住著於識陰境界之中。因為心中了知的緣故，便不會有恐怖畏懼、也不會再煩勞於識陰上面、不會再領受識陰、不會恐怖識陰的壞滅（於外無恐怖）。諸位賢者！像這樣的比丘不會再接受未來世五陰的存在，也不會再對五陰的滅壞有所恐怖了。】

由此緣故，說十二因緣法是假號法，四聖諦也是假號法，都沒有實存而常住不壞的法性，只有入胎出生五陰的本識才有常住而永不滅壞的金剛法性，才能說是眞實法，而十因緣可以使人證得涅槃中的本際，這才是眞實法。佛及諸阿羅漢說五陰、十二處、十八界、六入、十二因緣、四聖諦都是假號法的目的，只是想要藉流轉門、還滅門來開示出離觀，使眾生得以斷除我見與我執，親證解脫果。所以五陰的滅相、十因緣法、十二因緣法、四諦八正的施設，都只是爲了想要讓有緣人獲得解脫的果證，所以這些法都不是眞實常住法。假使有人像印順一樣把蘊處界滅盡的假號法的滅相，認爲是常住法；假使有人像印順一樣把緣起法的緣起性空認作是眞實法，而不知道緣起法其實只是 佛陀依入胎識出生了生死法的十二緣起現象而施設的假號法，那就是妄認假號法爲眞實法的愚癡人了。所以一切修學解脫道的人，都應該認知一切緣起法是施設法，是假號法，不是眞實法；都只是依入胎識的出生名色而致流轉生死的種種現象，假名立號爲緣起法，促使有緣人得以了知生死現象的緣起諸法是虛妄的，只有滅除了蘊處界而不再有緣起諸法的流轉時，成就了無餘涅槃，才是南傳佛法解脫道的眞實境界；所以說，一切解脫道的修行者，都不該妄認緣起法是眞實法，因爲 佛說緣起法只是假號法；應該除掉假號法而直接信受無餘涅槃中的眞實法本識，不要再像印順一樣妄認緣起法是眞實法。

第八章　俱解脫——八解脫聖者應再進修

第一節　俱解脫

俱解脫者，謂八解脫者兼具了慧解脫者所擁有的解脫知見。八解脫聖者雖已證得滅盡定，然而仍不是俱解脫者，所以應當再進修慧解脫聖者所具有的解脫知見；意謂八解脫聖者已斷有漏而仍有無明漏，已有戒、定、慧、解脫，而無解脫知見。八解脫又名九證法，八解脫的實證者又名**身證**，如前一章第七節中的說明。俱的意思是說：不是單由一法而得親證解脫果，其實是同時由禪定及滅盡定的助益，兼具八解脫的身證，也擁有慧解脫的智慧而成爲非時解脫的雙解脫聖者。非時解脫的意思是，不必一定等到捨壽的時間到來，他可以提前或稍微延後一些時日進入無餘涅槃。若是時解脫，就一定要待時——一定要等待捨壽時間到來——才能進入無餘涅槃而獲得永遠解脫生死的無境界境界。

八解脫的意思是：【「復有八法，謂八解脫：色觀色，一解脫；內無色想，觀外色，二解脫；淨解脫，三解脫；度色想，滅瞋恚想，住空處解脫，四解脫；度空處，住識處，五解脫；度識處，住不用處，六解脫；度不用處，住有想無

想處，七解脫；度有想無想處，住想知滅，八解脫。」】（長阿含卷八《眾集經》）

語譯如下：【「還有八個法，是說八種解脫：於有色境界中觀察另一種有色境界的虛妄，解脫於另一種有色境界，這是第一種解脫。內心已無色法可觸可知，住於純屬意識境界中，來觀察一切有色境界的虛妄，這是第二種解脫。滅除身行與口行，捨離二、三禪境界的貪愛而清淨的住於第四禪等至中，這是第三種解脫。已經度過色界的了知，滅除了瞋恚的想陰，住於空無邊處而解脫於色界了，就是第四種解脫。度過空無邊處，住在識無邊處，是第五種解脫。度過識無邊處，住於無所有處，是第六種解脫。度過無所有處，住於非無想亦非有想處，是第七種解脫。度過非無想亦非有想處，住於想知滅（滅盡定）中，是第八種解脫。」】

第一種解脫，是解脫於欲界境界而生起了離生喜樂定，是初禪等至的境界相；由於初禪等至位中還是有色法的，但已經解脫於欲界色的男女淫觸，也解脫於欲界獨有的味塵、香塵了，但欲界及初禪天都有色塵，所以是色觀色的解脫。第二種解脫，是解脫於初禪等至的境界相，進入第二或第三禪等至位中；由於第二、第三禪等至位中，已無色法存在——不再有五塵等色法了，這時已經解脫於初禪等至位的色法（色塵、聲塵、觸塵），所以名爲無色觀有色解脫。第三種解脫是住於第四禪等至位中，對於三禪天以下的所有六塵、四塵、法塵，都已經因爲心地的清淨而捨離了，不會再墜入三禪以下的境界中了，所以名爲淨解脫，是捨離二、三禪等至中**微細念與微細捨**的境界相，捨與念都清淨了。第四種解脫，是解脫於色界的境界相而遠離了瞋恚心行，解脫於瞋界而不再有色界法存在了，心地清淨而不再執著色界法，住於空無邊處而不再住於色界境界中，已經解脫於色界天境界了。此後的三種解脫較易理解，您只要依文解義即可知之，不煩贅文再解。八解脫中的最後一種解脫，是解脫於非想非非想定的等至境界，也就是解脫於非想非非想天的境界相，所以把意識滅除而沒有想陰了知性存在，並把意根的受、想心所法滅除了，這是滅盡定的境界，隨時可以捨報而入無餘涅槃中，是第八種解脫。這八種就是八解脫，意思是經由四禪與四空定的修證，再以斷我見的智慧來現前觀察色界、無色界的種種不同境界，都是有爲性的生滅法，所以從上一層次境界的實證而解脫於下一層次的境界，也就是漸次解脫於色界與無色界境界，成爲滅盡定的親證者：進入想知滅定中。把意根的受陰與想陰滅盡，住於無六塵知與想的滅盡意識極細心的境界中，使得意根不能生起受、想兩個心所法，這就是最後的第八解脫境界。

證得八解脫的人是有能力隨時捨壽而出離三界的，名爲**身證**者，是阿羅漢，但仍不是俱解脫果的大阿羅漢。三界中的最細意識心是非想非非想定中的意識覺知心；把這個境界中的極細意識覺知心也滅盡了，而且在此以前已經不認爲色陰是眞實的，我見已經斷滅了，這時就會進入滅盡定中，不是進入無想定中，這就是八解脫的修證者，他正是解脫道中的**身證**聖者。

復有八解脫者，如經所說：【「第七、八法難受八解脫：或時行者內想色，外觀色；若少好醜所色，自在知、自在見，意想亦如有，是爲一解脫。或時行道者，內思色、外見色，是爲二解脫。或時行者淨解脫，身知受行，是爲三解脫。一切度色，滅恚，若干念，不念無有，要空受空行，是爲四解脫。一切度空無有，要識受行，一切度識，無所識，有不用受行，是爲五解脫。一切度無所有不用，無有想，亦非無有想受行，是爲六解脫。一切度無有想亦不無有想行，是爲七解脫。滅想思身知受行，是爲八解脫。」】（《長阿含部十報法經》卷下）這意思與上一段經文意義完全相同。八解脫的親證，得要實證四禪與四空定，並在已斷我見的基礎上，再對四禪、四空定中覺知心及境界相的虛妄，切實觀行完成時就能取證滅盡定，成爲**身證**的聖者，即是八解脫的修慧解脫阿羅漢所得的解脫知見，就可以成爲俱解脫的聖者阿羅漢。

《中阿含經》卷二十四，佛開示慧解脫與俱解脫云：「「阿難！**第一處**（第一種入處）者，**有色**衆生無想無覺，謂無想天。若有比丘知彼處、知彼處習，知滅、知味、知患、知出要如眞，阿難！此比丘寧可樂彼處、計著住彼處耶？」答曰：「不也！」「阿難！**第二處**（第二種入處）者，**無色**衆生度一切無所有處、非有想非無想處，是非有想非無想處成就遊，謂非有想非無想處天；若有比丘知彼處、知彼處習，知滅、知味、知患、知出要如眞，阿難！此比丘寧可樂彼處、計著住彼處耶？」答曰：「不也！」「阿難！若有比丘，彼七識住及**二處**，知如眞，心不染著，得解脫者，是謂比丘阿羅訶，名**慧解脫**。」

「復次，阿難！有八解脫。云何爲八？色觀色，是謂第一解脫。復次，內無色想外觀色，是謂第二解脫。復次，淨解脫，身作證成就遊，是謂第三解脫。復次，度一切色想，滅有對想，不念若干想，無量空處；是無量空處成就遊，是謂第四解脫。復次，度一切無量空處，無量識處；是無量識處成就遊，是謂第五解脫。復次，度一切無量識處，無所有處；是無所有處成就遊，是謂第六解脫。復次，度一切無所有處，非有想非無想處；是非有想非無想處成就遊，是謂第七解脫。復次，度一切非有想非無想處；想知滅解脫，身作證成就遊，及慧觀諸漏盡知，是謂第八解脫。阿難！若有比丘，彼七識住及二處知如眞，心不染著，得解脫**及**此八解脫順逆，**身作證**成就遊，亦**慧觀諸漏盡**者，是謂比丘阿羅訶，名**俱解脫**。」】

換句話說，若是親證四禪與四空定具足者，仍然是凡夫；必須親證之時，再對四禪及四空定境界的虛妄，亦對這四禪八定中的覺知心的虛妄，切實加以觀察無誤而斷除對於這些境界的愛著，斷除住於這些境界中的覺知心的自我愛著，確實了知四禪四空定境界中的覺知心虛妄，才有可能證得俱解脫境界。但是俱解脫境界的實證，禪定實證只是配合的工具而已，實質上仍是靠慧觀的智慧來完成的。所以 佛說：「若有比丘，彼七識住及二處知如眞，心不染著，得解脫及此八解脫順逆，身作證成就遊，亦慧觀諸漏盡者，是謂比丘阿羅訶，名**俱解脫**。」意思是說：要對意識所住七種境界相的虛妄如實了知，也要對被外道誤認爲無餘涅槃的二入（以涅槃想而錯誤的進入了無想定、非非想定）的虛妄本質加以了知，才能證得俱解脫的境界。但是俱解脫的證得，其實仍是依靠慧觀來完成的；所以慧解脫阿羅漢入無餘涅槃後，是與俱解脫阿羅漢所入的無餘涅槃完全相同的。身證及俱解脫者有禪定及滅盡定爲依憑，不必等待捨壽時至而可隨時入無餘涅槃，但慧解脫者卻必須等待捨壽時至方能進入無餘涅槃，所以被稱爲時解脫。而俱解脫的成就，仍然是靠慧解脫的慧觀來完成的，所以說，修定只能解脫於下界境界，而不能出離生死的輪轉；最多只能修到無色界頂，在非非想天八萬大劫捨壽後，仍然必須再度受生於三界中。由此可知慧觀才是最重要的；故解脫不是靠禪定而得，而禪定可以助益無餘涅槃境界的提前進入。

慧解脫阿羅漢的解脫知見，必須函蓋二入處虛妄的了知；若不知無想定是繼續保有無常的色身，若不知無想定中仍然不是無餘涅槃，就不是眞正的慧解脫阿羅漢。對於非想非非想定也一樣要了知，要知道其中仍然是有意識的最細心繼續存在著，所以意根也將陪著意識覺知心繼續存在，就不是滅盡十八界法的無餘涅槃。七種意識所住的境界相，都屬於三界中的境界，而無想定與非非想定也是三界中的境界，爲何卻不說是意識所住的境界而只說是意識之所入？如同前一節中所說，慧解脫阿羅漢對此都有眞正的了知；若對此二入處不名爲識住處的道理無所知，卻自稱是慧解脫阿羅漢，當知即是大妄語人。

九證法是從另一層面來說八解脫：【「云何九證法？謂九盡。若入初禪，則聲刺滅。入第二禪，則覺觀刺滅。入第三禪，則喜刺滅。入第四禪，則出入息刺滅。入空處，則色想刺滅。入識處，則空想刺滅。入不用處，則識想刺滅。入有想無想處，則不用想刺滅。入滅盡定，則想受刺滅。」】（《長阿含經》卷九《十上經》）

語譯如下：【「什麼是九證法呢？是說九法滅盡。若能進入初禪等至位中，則聲刺的惡覺受就滅除了。進入第二禪等至位中，覺觀刺就滅除了。進入第三禪等至位中，喜刺就滅除了。進入第四禪等至位中，則出入息刺就滅除了。進入空無邊處等至位中，則色想刺就滅除了。進入識無邊處等至位中，則空想刺就滅除了。進入無所有處等至位中，識想刺就滅除了。進入非想非非想處等至位中，無所有處的想刺就滅除了。進入滅盡定中，知與受刺就滅除了。」】這意思與上面所舉證八解脫的道理一樣，都是要在進入四禪、四空定境界中，來滅除下界刺，漸次滅盡三界中的五陰。所以說，慧解脫的聖者，若想成爲俱解脫者，仍然應該隨緣進修四禪、四空定，漸漸成爲俱解脫者。而八解脫的阿羅漢雖已能出三界生死苦，但解脫智並不具足，故也有人方便說八解脫的聖者仍然不是阿羅漢；要待解脫知見具足了，才說他是阿羅漢，此說亦不無道理。

第二節　俱解脫者非因定力而得解脫

往往有淺學之人，誤認爲修定也可以解脫三界生死，其實是錯誤的想法。今以九眾生居來說明，就可以知道解脫並非因爲定境而獲得：俱解脫的證境仍然是依解脫道的盡智與無生智等智慧來獲得的：

【「復次九眾生居，是佛所説，謂種種身、種種想，即欲界人天，是眾生居。種種身一想，謂初禪天，是眾生居。一身種種想，謂二禪天，是眾生居。一身一想，謂三禪天，是眾生居。空無邊處天，是眾生居。識無邊處天，是眾生居。無所有處天，是眾生居。非想非非想處天，是眾生居。及無想天，是眾生居。此名九眾生居。如是等法，佛悲愍心，廣爲眾生如理宣説，而令眾生如説修習，行諸梵行，利益安樂天、人世間。」】（長阿含部《大集法門經》卷下）凡是居住在這些境界中的人，都屬於凡夫眾生所攝。只有超越於這些境界的人，已斷我見或進斷我執的人，才是分證或滿證解脫果者，或是大乘通教的聖位菩薩。因此說，聲聞、緣覺、菩薩、佛都一樣住於九眾生居的境界中，但是卻不屬於九眾生居所攝，所以在六凡眾生之外，別立四聖法界；而四聖有情卻都同樣安住於九類眾生的居處中，藉著同事、利行而以法施、愛語來攝受眾生。但是三乘賢聖們在人間證得四禪、四空定的境界，卻都可以現觀欲界天、色界天、無色界天的虛妄，所以異於六凡眾生，所住的三界九地境界就不是眾生居。由此而知，已斷我執的賢聖都與眾生同住於三界中，但卻是已離三界生死的。

至於俱解脫的修證，其實仍是因解脫慧而得解脫果，非因定境、定力而得解脫生死。這是說，外道修行者，假使證得非想非非想定，其定境堅固具足者，能往生於非想非非想天中；若不中夭者，能住壽八萬大劫，常住於非有想、非無想定境中；然而八萬大劫壽終之後，仍不免墮於人間或三途。但是他們若能於證得非想非非想定堅固不退之後，進斷我見，就可以立時成爲八解脫的身證聖者，立即可入滅盡定中；若能具足聽聞解脫道的法義，就可同時具足慧解脫的知見，就成爲俱解脫的大阿羅漢。然而使他成爲俱解脫的斷我見法義，卻純是解脫法中的智慧，不是由定境或定力所獲得的。由此推究：非有想非無想定的親證者，凡是能轉進滅盡定的人，是由解脫道中的智慧斷除深細我見的緣故，才能在非想非非想定中滅除覺知心意識，同時滅除意根的受與想二個心所法而成爲滅盡定，這不是由定力所致，完全是由斷我見的智慧所致。

由此可以證實：修習禪定而具足四禪、四空定者，都不能獲得解脫果，我見未斷的緣故，仍在三界生死輪迴中，不能出離三界生死苦；只能相待於下界境界而方便說他們已經解脫於下界境界，但都不能出離三界生死苦。所以具足四禪八定者轉證滅盡定而成為俱解脫的聖人，仍是經由智慧斷除我見，以及具足發起慧解脫的知見而成就；由是緣故，平實總結俱解脫的修證，藉以提醒那些沈迷於修定的人們：**四禪八定不能取證解脫，凡是慧解脫或俱解脫的取證解脫者，實由斷除我見與我執之智慧而得，不是由定力而得解脫生死。**

在沒有眞善知識指導的情況下，窮盡一生精力去苦修禪定而極難具足四禪及四空定，反不如輕鬆的修學智慧來求斷我見；我見斷除以後，加修未到地定，同時下定決心來斷除欲界貪愛，自然就會發起了初禪，五種下分結即得斷除，成為心解脫的三果人；這時只要再對五上分結深入了知，藉由觀行而將我慢等法斷除，立時成為慧解脫阿羅漢，不必須窮盡一世苦修四禪八定而仍無法證得初果解脫，仍處於無智的凡夫位中，出離生死遙遙無期。如是輕鬆修證解脫道，亦是事所易成者，有智慧的您，何樂而不為？

第三節 滅四取者方得解脫

滅四取者方得解脫，四取是說欲取、見取、戒取、我取。緣於四取則出生後有種子，所以滅除四取是解脫生死的初步行門。經云：【「緣受（有）愛者，彼云何為愛？謂三愛：欲愛、色愛、無色愛。緣愛（有）取者，云何為取？四取：**欲取**、**見取**、**戒取**、**我取**。緣取（有）有者，云何為有？三有：欲有、色有、無色有。緣有（有）生者，云何為生？若彼彼眾生，彼彼身種類，一生超越，和合出生，得陰、得界、得入處、得命根，是名為生。」】（《雜阿含經》卷十二第 298 經）

語譯如下：【「緣受而有愛的意思，那個法為何名為貪愛？是說三種貪愛：欲界愛、色界愛、無色界愛。緣於愛而有取的意思，什麼法說為取呢？就是四取：**欲取**、**見取**、**戒禁取**、**我取**。緣取才會出生後有的意思，是什麼名為後有呢？後有就是三有：欲界有、色界有、無色界有。緣後有而有出生的意思，什麼是出生呢？如果種種的眾生，他們擁有各不相同的色身種類，一世就可以超越當世的色身種類，改變後世的色身而不與此世相同；但都同樣是眾緣和合而出生的，當他們獲得五陰或四陰、獲得各種不同的功能、獲得不同類色身的入處、獲得新的命根了，這個就名之爲生。」

所以受生的意思，是因爲有了不同於此世或相同於此世的後有種子了，而後有的種子是從三界愛及四取而出生的；佛陀有時說四取會導致生死的意思，是說欲取、見取、戒禁取、我語取等四法，除了欲取是修道所斷煩惱以外，其他三取是屬於見地的問題。但因爲欲界愛是眾生輪迴的主要原因，所以把欲界愛同樣列入四取之中，但這並不是意謂色界愛及無色界愛不障礙三界的生死輪迴。這主要是因爲欲界愛及見取見等惡見是普遍障礙解脫的法，而色界愛及無色愛不是一般眾生能相應到的解脫障礙，所以特地把欲界愛列入見取見等見地相關的解脫障礙中。

爲何見取、戒禁取、我取三法，是障礙眾生解脫生死的最首要邪見執取法？這是因爲，惡見等見地上的錯誤取受與執著若不改變，將會導致生死法種的熏習持續不斷：使人不斷向輪迴之路前進而繼續熏習錯誤知見，增加輪迴的邪見種子，然後就產生更嚴重的見取見，對於別人弘揚的更勝妙於自己的法義，不論是否正確，全都要加以否定及破斥，所以說見取見是以鬥爭為業的。這表示他的我見還沒有斷除，仍然住在惡見之中。我見必定會助長六塵的貪著，必會導致欲界愛的不斷熏習與增強；譬如藏密雙身法知見的熏習，絕對會導致他們不斷增強心中對雙身法境界的執取，隨在其後的行門就會跟著走向外道常見的欲界愛中：一生努力追求淫樂第四喜的覺受，落入色陰、識陰及受、想陰中，始終不離身、口、意三種行陰，下墮三途必有其分，解脫果證必無其分。

我見正是四取中的罪魁禍首，由於我見不斷的緣故，就會產生戒禁取見，施設種種無關於解脫的戒禁，來約束弟子大眾。譬如藏密外道的金剛戒，規定藏密行者每天都必須修證雙身法十六小時，不可一日暫停，否則就得下金剛地獄；而金剛地獄也是他們自己妄想施設的，所以都是依戒禁取見而妄行施設的，都與解脫的實證無關。也由於我見的緣故，配合戒禁取見而產生了見取見，就會專向弘揚正法之師鬥爭，一心想要鬥倒正法之師，堅定執著自己所知、所見、所說的種種邪法為正法，於是就**以鬥爭為業**，針對他人所說的如理作意正法，加以否定或強烈的攻訐，甚至辱罵為邪魔外道。此如平實常常被未斷我見的凡夫們在網站上貼文謗為邪魔外道一般，而那些誣謗平實的凡夫們，卻都無法提出正確的辨正言論來證明平實是邪魔外道；偶爾有人提出法義辨正時，卻是讓人讀後一定發噱的幼稚文章，都是自己錯解在先而誣謗平實於後的可笑文章，卻振振有詞的辱罵平實是邪魔外道；後來被人提出法義辨正以後，都只能另闢題目、另啓戰端，迴避原有題目的辨正，不斷新立題目而無休無止鬥爭下去，這就是見取見專以鬥爭爲業的特性。這都是從我取——取自我爲眞實法而不服善知識所說蘊我虛妄的正說——墮入我見之後而引生的惡見，專想鬥倒宣說正法的善知識，所以又名爲**見取見**：總是認爲他們自己的見解才是正確的，只要別人的說法與他們不同，都不先求證別人的說法是否與經中聖教相同，也不肯依如理作意的思惟來作判斷，先加以鬥爭再說，一心只想鬥倒平實。

這種事例是十年來常常可以看見的，都是以鬥爭爲業的人，不允許別人的說法與他所說有所不同，所以又名爲我語取：只允許取受他說出來的見解，不允許佛教界取受別人的正確見解。但是推究戒禁取及我語取（見取）的由來，都是從我見的攝取而產生的。若從藏密的雙身法邪見及邪惡行門來看，他們所墮的欲界取也是從我見而產生的：若否定了緣生法的意識覺知心，雙身法樂空雙運理論就不可能成立。所以樂空雙運法必須建立在意識常住的前提下，才有可能成立；但這正好落入我見中，所以說我見是一切生死流轉的源頭。

又如較少數有情墜入外道五現涅槃邪見中，除了藏密的欲界愛取以外，其他的四種色界愛的取受（把初禪到第四禪的等至位誤認為無餘涅槃），也都是從我見的取受而引生的，所以說我見會引生修道方法及取證境界上的錯誤，因此而說：我見是一切外道的根本大病，也是藏密喇嘛教的宗喀巴、達賴、其餘各派法王等人，會把印度教性力派的雙身法，列為佛教中更高於 釋迦牟尼佛的無上法的根本原因。但雙身法其實與解脫道及佛菩提道完全無關，只不過是藏密外道的喇嘛、法王們，在未斷我見的狀況下所作的惡邪理論與行門；都不離四取的範疇，由此緣故，說四取無明正是眾生輪轉生死的源頭。

只有先把我見滅除了，四取（特別是藏密外道的欲取）才能滅除；滅除了四取以後，在修道位中歷緣對境廣作修斷我執及我所執的修道行為，方能滅除後有。四取不滅，絕不可能發起解脫道的見地，更不可能進入修道位中，當然無法滅除後有種子，必定不能獲得解脫果報。說穿了，四取滅除之意，其實就是滅除我見；而我見正是解脫道所斷無明中最常普遍存在的，也是應該最先滅的，所以是三乘菩提中一切行者都應該特別用心、應該最先斷除的。至於解脫道中的無明細節是什麼？詳見前面第七章第一節所說，此處勿庸重贅。

第九章　涅　槃

第一節　滅盡六入方是無餘涅槃

涅槃是實修也是實證的，親證涅槃的阿羅漢都對涅槃的內容有著具體的了知，也能爲人具足宣說，絕不是像印順法師一樣的臆測而說，所說又是錯誤連篇，令實證涅槃的聖者讀之不免發噱。他在書中所說的涅槃，純是臆想所得的邪見；並且也說得很含糊，又處處與涅槃本際的「境界」違背。像這樣妄說涅槃的人，表示他連初果的實證都沒有；因爲實證初果的預流聖者，只要略讀或聽聞實證涅槃的人對涅槃稍做宣講，就可以隨即眞的懂得涅槃的無境界境界了。但是印順讀過阿含部經典已經很多遍了，聽說一套《阿含經》已經被他翻得幾近破爛了，卻仍然只能說出臆想所得的涅槃，在他四十一冊書中所說的涅槃是全然不分明的，而且是令所有人越讀越迷糊，越發的不懂涅槃。就在大家都讀不懂他在講什麼的狀況下，就對他生起無比的尊敬心來，因爲大家都覺得他實在是「太高深」了，所以大家都不懂。然而推究實質，是因爲他不懂涅槃，所說純屬臆測，連自己都不清楚自己在講什麼，何況別人怎能讀懂？眞正實證涅槃的聖者，都能很清楚的講出涅槃的正理，使人一聽、一聞就能懂得；譬如平實十年來講出的涅槃法義，今天似乎已成爲當代講涅槃法義最多的人了，但是沒有人能挑毛病，而且能使人讀了就懂得無餘涅槃的道理：滅盡蘊處界萬法後，**本際獨存**。這是因爲有了實證上的現觀，所以簡單幾句就能使大眾讀了便懂；即使是努力在找毛病而想要破斥平實的那些心性剛強者，也因爲找碴的緣故而不知不覺中被平實提升對於涅槃的知見，已因平實而獲得法益了。由此緣故，說涅槃是可知也可證的；不該如同印順一樣暗示說：**涅槃是不可知也不可實證的，是無法說得出來的**。

涅槃共有四種：一、有餘涅槃，二、無餘涅槃，三、本來自性清淨涅槃，四、無住處涅槃。前二種是二乘聖人所證，大乘七地下至初地的菩薩是能證而不證之，特地保留一分思惑不斷，藉以滋潤未來世再受生的種子，繼續在人間受生而自度度他，直到七地滿心始滅除最後一分思惑。但七地菩薩滅盡思惑，轉入八地而依大悲願不入無餘涅槃，亦是依 佛加持所得之引發**如來無量妙智**三昧功德而斷除涅槃貪，繼續修學一切種智、利樂眾生邁向佛地。初地入地心菩薩已伏性障如阿羅漢，都已得四果向而能取證中般涅槃，故說都已得有餘涅槃；但因無意於無餘涅槃的取證，故意不斷除五上分結的我慢；初地滿心位有能力斷盡思惑而在捨壽時取現般涅槃，但因悲願而保留最後一分思惑，不取無餘涅槃。縱使七地滿心菩薩已得念念入滅盡定，三明六通大阿羅漢所不能臆測，亦因同一緣故而說為不證有餘、無餘涅槃者。

菩薩始從三賢位之第七住初心時，已證得本來自性清淨涅槃，非三明六通大阿羅漢之所能知；這第三種涅槃，只有親證本識而能現觀其存在及其體性與運作，才能現觀本識的本來已在性、能生萬法的自性性、本來清淨性、本來涅槃性，因此而名為親證本來自性清淨涅槃的賢聖；這種涅槃只有菩薩才能親證，不是二乘聖人所能證得。依此涅槃進修，在**相見道**三賢位中漸漸能現觀萬法都由本識出生，也都依於本識而存在及運作，因此而能現觀萬法功能與無常的體性，菩薩因此具有法界體性智。由這個法界體性智，菩薩就能了知法界諸法的體性都不離遍計執性及依他起性；也能了知本識能圓滿成就萬法的體性（圓滿成就世間、出世間一切有漏法與無漏法），而本識自己卻是常住於本來自性清淨涅槃中，從來不間斷的顯示眾生本來常住涅槃的無為性、解脫性，所以就能現觀本識具有能生萬法，也能具有出生遍計執性及依他起性的一切法，所以祂含攝三自性種子，因此才能圓滿世間、出世間萬法，這就是菩薩親證圓成實性。

但菩薩親證三自性以後，轉依本識的自住境界來現觀這三自性時，其實也是沒有這三自性可說的，因此而實證三無性，這是諸地菩薩都有的現觀。當菩薩入地後，深細進修一切種智及修除煩惱障習氣種子，究竟圓滿十二地的修證而成為究竟佛時，便圓成一切種智了！圓成一切種智時，則能具足大圓鏡智、成所作智、妙觀察智、平等性智；連同因地的法界體性智而五智具足，即是究竟佛果。從此以後，既不住於生死中，也不住於無餘涅槃中；因為諸佛都永遠不會進入無餘涅槃中，都會履行十無盡願而常在三界中利樂眾生、永無窮盡，所以不住無餘涅槃中；但又因為諸佛都已斷盡分段生死的現行，並且斷盡煩惱障所攝的一切習氣種子隨眠，是比阿羅漢及菩薩們更進一步而究竟斷盡變易生死的；由此緣故，諸佛不但是實證有餘及無餘涅槃的，而且所斷的習氣種子隨眠變易生死種子，都是二乘聖人所無法斷的，所以當然是不可能會住於生死中。合此不住生死及不住涅槃，就名為無住處涅槃，是諸佛獨有的特勝涅槃。

不但如此，諸佛更進而斷盡所知障所攝的無始無明隨眠，所以能究竟法界諸法的智慧，具足一切種智而得四智圓明，不但是阿羅漢全無所知，也是諸菩薩所不能及的。這樣，究竟圓滿煩惱障與所知障中的所有斷、證，究竟斷盡分段生死與變易生死，才能成爲究竟佛，所以諸佛都是具足四種涅槃的。但這些妙理，對二乘聖人及專修解脫道的一般人來說，是很遙遠的事情，也是不需要了知的法義，所以在本書中並不細說大乘法中菩薩所證的本來自性清淨涅槃，也不細說諸佛所證無住處涅槃，只講二乘涅槃：有餘涅槃與無餘涅槃。

若想實證無餘涅槃，必須先證有餘涅槃；欲實證有餘涅槃，必須斷盡思惑；欲斷盡思惑，必須先斷見惑；見惑就是我見，由我見而引生三縛結，使人不斷的受生而輪轉生死無盡。所以說，斷除我見以後再求斷盡思惑，就是實證有餘涅槃，自知捨壽後可以滅盡自己而不再受生了，當然是實證無餘涅槃的聖者。一切實證四果涅槃及三果中般涅槃的聖者，都知道無餘涅槃的取證過程與內容，這也是諸地菩薩所熟知的內容，但都不會有所好樂。已知斷盡思惑後，捨壽時若想要進入無餘涅槃，必須滅盡六入；若不能自我斷滅六入，則不可能進入無餘涅槃，仍將會受後有，世世繼續受生，不離老病死、愛別離……等眾苦。六入則是識陰覺知心的心所有法功能，攝屬五陰函蓋之功能，攝歸於五陰中；

只有在五陰（或無色界的四陰）滅除時，六入才能滅除，這時才是無餘涅槃。若是六入不能滅除（譬如以定爲禪的修行人），當他們不能滅除定境法塵時，仍然有定境法塵入，當然不可能是無餘涅槃。六入中的法入，是一般以定爲禪的修行人所不能了知的，更何況能知應滅？何況能證無餘涅槃？今舉阿含經文爲證：

【聞如是 一時佛在摩竭國、憂迦支江水側；爾時世尊詣一樹下，躬自敷座而坐，正身正意繫念在前。爾時有一梵志往至彼處，是時梵志見世尊**腳跡微妙**，見已便生此念：「是何人之跡？爲是天龍、鬼神、乾沓和、阿須倫、人、若非人？爲我先祖梵天耶？」是時梵志即**逐跡前進**，遙見世尊在一樹下坐，正身正意、繫念在前；見已作是語：「爲是天耶？」世尊告曰：「我非是天。」「爲乾沓和耶？」世尊告曰：「我非乾沓和也。」「爲是龍子乎？」對曰：「我非是龍也！」「爲閱叉耶？」佛報梵志：「我非閱叉。」「爲是祖父耶？」佛報曰：「我非祖父。」是時婆羅門問世尊曰：「汝今是誰？」世尊告曰：「有愛者則有受，有受則有愛，因緣合會，然後各各相生如此，五苦盛陰無有斷絕時。以知愛已，則知五欲，亦知**外六塵**、**內六入**，即知**此盛陰之本末**。」爾時世尊便說此偈：

世間有五欲，意爲第六生；以知內外六，當念盡苦際。

「是故當求方便，滅內、外六事。如是，梵志！當作是學。」爾時彼梵志聞佛如是教，思惟翫習，不去心懷；即於座上諸塵垢盡，得法眼淨。爾時彼梵志聞佛所說，歡喜奉行。】（《增一阿含經》卷三十一第3經）

語譯如下：【我聞如是　一時佛在摩竭國、憂迦支江河邊；爾時世尊走到一棵樹下，親自敷設了座位而靜坐，端正色身、端正心意，繫念於現前的定境中。那時有一位外道在家修行者走到那個處所，當時那個梵志看見世尊不久以前走過時留下的腳跡非常微妙，看見了以後便生起這樣的念頭：「這是什麼人留下的腳跡呢？是天龍、鬼神、音樂神、阿修羅、人類、或者非人？或者是我的先祖大梵天呢？」這時梵志隨即尋逐著微妙的腳跡向前步進，終於在遙遠的地方看見世尊在一棵樹下靜坐，正身正意、繫念在前；梵志看見了世尊以後就這樣問：「您是天主嗎？」世尊告訴他說：「我不是天主。」「是天上的音樂神嗎？」世尊告訴他說：「我不是音樂神。」「您是龍神的兒子嗎？」回答說：「我不是龍神的兒子！」「那麼您是四王天中的夜叉嗎？」佛陀回報梵志出家說：「我不是夜叉。」「那麼您是我的祖父大梵天嗎？」佛陀回報說：「我不是祖父大梵天。」這時婆羅門又問世尊說：「你究竟是誰？」世尊告訴他說：「有貪愛的人就會有各種覺受，有各種覺受的人就會有貪愛，種種因緣和合聚會的緣故，然後才有種種有情互爲親屬而互相出生彼此，如同世間裡看得見的互爲父母子女一樣，因此就使得五種苦盛陰沒有斷絕的時候。由於了知貪愛的性質以後，就能了知五欲，也能**了知外六塵與內六入，就能了知這個熾盛的五陰生起與滅壞的本末了。**」當時世尊隨即說了這一首偈：

世間有五欲，意爲第六生；以知內外六，當念盡苦際。

「由於這個緣故，應當尋求各種的方便，**滅除內六入，不要再領受外六塵。**就像是這樣子，梵志！你應當像這樣子修學。」當時那位外道梵志聽聞佛陀這樣子教誨，心中開始思惟與反覆的體會修習，這些法義一直都沒有離開他的心中；然後他就在座位上把種種塵垢都滅盡了，獲得法眼淨而證初果了。當時那位外道梵志聽聞了佛陀所說的法義以後，歡喜的奉行著。】

由此經文及阿含多處經中 佛陀的開示，都教人要斷除內、外六入，才能實證涅槃；但是，當眼識對色塵了了分明時，雖然仍未引生語言文字妄想或貪著，卻已經是具足眼入了！當耳識對聲塵了了分明時，雖尚無引生語言文字妄想或貪著，已經是具足耳入了！如是，鼻、舌、身識，當意識對六塵或定境中的法塵境了了分明時，雖然尚無引生語言文字妄想或貪著，已經是具足意入了！離念靈知心，不論是最粗糙如同藏密外道雙身法樂空雙運中的意識最粗心，或如一般世俗人日常生活中的欲界六塵相應的意識粗心，或者細至非想非非想定中的最細意識心，都仍然不離六入或法入，正是六入所攝的虛妄法，一直都是內六入、外六入所攝的六入法，怎能是與涅槃相應的眞實法？微細如非想非非想定中的最細意識離念靈知，尚且不離內六入，何況是欲界人間依內六塵而執著外六入的離念靈知意識粗心，怎能說是涅槃心？而諸錯悟大法師、藏密外道們，都想要以此虛妄心入住無餘涅槃，正與佛說**滅除一切粗細意識、滅盡所有六入方能進入無餘涅槃**的聖教相違。若想要以墮在六入法中的欲界人間粗糙的離念靈知心入住無餘涅槃，豈非心行顚倒的愚癡人？這一種愚癡人，竟然大膽的公然誹謗眞悟涅槃心的賢聖爲邪魔外道，謗諸賢聖正法爲外道法，都不知所造謗法、謗賢聖的口業果報可怕，只能說是愚膽包天了！

上面所說的道理，對一般初機學人而言，陳義可能仍嫌太高，不妨再說淺一點的六入。離念靈知心永遠都會藉內六入而間接與外六塵相應，即使進入非想非非想定中，也仍然不免會與定境中的法塵相應，仍然是與內六入中的定境法塵入相應，正是尚未滅盡內六入，與無餘涅槃絕對不相應，所以絕非外於六入的法界實相心。等而下之，則是其餘禪定境界中的定境法入的意識心，仍是三界中的生死法，都不可能是涅槃心，更何況是藏密外道雙身法中極粗重的樂觸貪愛心，正是欲界中最極粗重淫貪之意識心，專在身觸妄覺中用心，當知更無論矣！能觸六塵的離念靈知，其實仍是六識生滅心的心所法功能；當六識與六塵相應而產生不良心行時，佛稱之爲六情五欲（「七情六欲—第七情、第六欲」是譬喻世間法中所無的法，譬喻純屬想像之法）；而六情是由六識所引生的，由六識貪著五欲而引生六塵貪著之情，則能敗壞行者的解脫道修行，有經文爲證：

【聞如是 一時佛在舍衛國祇樹給孤獨園。爾時世尊告諸比丘：「寧常眠寐，不於覺寤之中思惟亂想，身壞命終，生於惡趣；寧以火燒鐵錐而烙于眼，不以視色興起亂想。興想比丘爲識所敗，比丘已爲識所敗，必當趣三惡道：地獄、畜生、餓鬼。今我所以說者何？彼人寧當睡眠，不於覺寤之中思惟亂想；寧以利錐刺壞其耳，不以聽聲興起亂想。興想比丘爲識所敗，寧恒睡眠，不於覺寤起於亂想；寧熱鉗壞其鼻根，不以聞香興起亂想。興想比丘爲識所敗，已爲識所敗，便墮三惡趣：地獄、畜生、餓鬼。我所說者，正謂此耳。」

「寧以利劍截斷其舌，不以惡言麁語墮三惡趣：地獄、畜生、餓鬼；寧常睡眠，不於覺寤興起亂想。（比丘）寧以熱銅葉纏裹其身，不共長者、居士、婆羅門女共相交接；設與交接言語往返者，必墮三惡趣：地獄、畜生、餓鬼。我所說者，正謂此耳。寧恒睡眠，不以覺寤意有所念，欲壞聖眾；**已壞聖眾，墮五逆罪，億千諸佛終不療救。夫鬥亂眾者，必當墮不救之罪**，是故我今說：寧常睡眠，不於覺寤意有所念，欲壞聖眾，受無救之罪。是故，比丘！當**將護六情，無令漏失**。如是，比丘！當作是學。」爾時諸比丘聞佛所說，歡喜奉行。】

（《增一阿含經》卷四十九第6經）

若有人**鬥亂**聖眾、**毀壞**聖眾，墮入不救之罪，都是緣於不護六識所起六情而致；若常處於寂靜之中，時時將護六情，就不可能產生不救之罪；所以說六入若不能將護，往往會有這種過失產生。若是會鬥亂聖眾、毀謗正法的人，寧可讓他每天睡懶覺，也不要讓他清醒來造惡業。佛陀這樣宣示六入在解脫道中的過失，而不是解說勝妙的涅槃義理，應當聽聞這種法義的法眾，都是屬於等而下之的根性了！但是此類人在末法時是很普遍的，已是落入六塵境界而生起六情之後，再取相分別而造作惡業的了！有些人則是甫觸六塵即已了了分明而不作惡行，不會造作鬥亂聖眾的惡業；然而正當面對六塵而了了靈知，心中都不生起語言文字妄想時，卻仍然已是分別完成了，才能說是了了分明，這已經是落入六入境界中了。只要仍有六入，就是意識與法塵仍然現行運作的時節，就不可能是無餘涅槃的境界。有智慧的人，都應該知道這一點，千萬別被大法師們誤導而自認爲一念不生的了了靈知境界就是佛法中說的無餘涅槃境界；若是心中設想將來捨報時要這樣進入無餘涅槃中保持著了了靈知，他將會在中陰境界中痛苦的大罵自己：愚癡無智而被大法師誤導了，才會未證謂證。

在無餘涅槃境界中，絕對沒有法塵，更無五塵的存在，也無覺知心意識的存在，連眠熟位中一直存在的從不返觀自己的意根也都滅除了！這才是無餘涅槃境界，所以說涅槃中是絕對寂滅的。但離念靈知的了了靈知，是必須有意根及法塵相觸而繼續存在時，才能生起現行與運作，正是六識的自性：必須有意根與法塵繼續與意識同時存在，並且共同運作不斷來配合著，才能使離念靈知存在及運作。若離念靈知心可以進入無餘涅槃中成爲涅槃心，那麼意根、法塵也都必須同時進入無餘涅槃中繼續存在及運作了！但這樣的涅槃卻與佛法中的涅槃實證完全不同，而與外道的五現涅槃完全相同，何異於外道法？然而以往數年來，卻常有墜入這種外道五現涅槃中的佛門凡夫，不斷在網站上貼文責罵平實是外道；而平實所說的正法與所證的實境，卻正好與佛陀在四阿含諸經中所說的正理完全相同；那麼他們言外之意，是否在間接指責說**佛陀也是外道、邪魔**？因為佛所說的無餘涅槃，正與平實十餘年來所說的完全相同。

若離念靈知可以進入無餘涅槃中，那麼無餘涅槃就不可能是絕對寂靜的，也必然是仍有意識的行陰與意根、法塵的行陰存在著，那麼無餘涅槃就是仍有行苦與壞苦的境界了，怎能說是究竟離苦、涅槃常樂？而且佛陀說進入無餘涅槃時，是應該滅盡五陰、六入、十二處、十八界的，一切法都滅盡，是只剩下涅槃本際入胎識獨存的絕對寂靜境界，怎能還有離念靈知與定境法塵或六塵存在？當離念靈知存在之時，必定會有六塵或獨一定境法塵存在，否則離念靈知心是無法存在的，何況能繼續存在無餘涅槃中來了知無餘涅槃中的無境界境界？在無餘涅槃中，並沒有覺知心可以反觀無餘涅槃的無境界境界，所以凡是堅持離念靈知或細意識是涅槃心或實相心的大法師與大居士們，都是誤會涅槃、誤會實相的凡夫；縱有世間的大名聲及佛教界的大權位，都仍然只是凡夫經營所得的**我所**虛妄法，與解脫道的實證是完全無關的。有智慧的學人都不會崇拜、奉侍之，只有愚癡而寡智少聞的學人，才會盲目的崇拜與供養。是故，由上面所舉示的世尊聖教經文，說應該滅除六塵相應境界，說滅盡七識心而使六入滅盡者，離念靈知永遠不會再現起了，方能證得無餘涅槃也！

當覺知心在六塵中一念不生時，其實都尚有六塵入；即使是定境中不觸五塵時，至少也仍有定境法塵入，否則覺知心是無法繼續一念不生的，一定會斷滅。所以覺知心一念不生、了了靈知時，確實尚未滅盡六入，仍有六塵或法塵上的知覺；尚有知覺則必定會有三受，三受尚存，則受陰與想陰皆仍在，即不可能是無餘涅槃，所以不該想要以覺知心一念不生而進入無餘涅槃中常住。這也有經文為證：【「云何名為痛？所謂痛者，痛者名覺；為覺何物？覺苦、覺樂、覺不苦不樂故，名為覺也。」】（《增一阿含經》卷二十八第5經）由這段經文中已經證明：覺即是受陰，能覺知苦、樂、捨受故。既然有知有覺，必定會有苦、樂、捨受，了知三受的覺知性就是想陰，不離三界；受陰、想陰俱存，當然就不可能是無餘涅槃了。所以，諸方大師教人保持一念不生，教人以一念不生的覺知心在捨壽時進入無餘涅槃，都只是凡夫、外道的涅槃妄想而已，都與 佛陀阿含聖教相違，也都與般若及種智的理證大相違背，當知都是凡夫大法師的涅槃妄想。

當覺知心一念不生時了了分明，其實仍墮於想陰之中；有想陰則能了知六塵，則有六入，當然不是無餘涅槃境界，有經文爲證：【「云何名爲想？所謂想者，**想亦是知**：知青、黃、白、黑，知苦、樂，故名爲知。」】（《增一阿含經》卷二十八第5經）是故，離念靈知存在時已經落入想陰中，因爲沒有語言文字思想時的了知正是想陰；當想陰離念靈知了了分明的存在時，把它妄想成無餘涅槃的寂滅境界，是與聖教及理證都大相違背的，有智學人不該輕易信受之。但是六入的意涵有淺有深，恐學人不易確實理解而被誤導，所以必須再作較深入的解說，以免在解脫道的修學過程中，被假名善知識所矇騙而誤墮大妄語業中：

眠熟位中尚有外法塵入，未曾滅盡六入；悶絕位也一樣仍有外法塵入，未曾滅盡六入：在眠熟與悶絕等二種境界中，意根都是仍然存在的，所以本識仍然藉著五扶塵根爲緣而在攝取外六塵，繼續在五勝義根中變現出內相分的六塵；此時意識固然已經斷滅而不存在了，所以對內相分的五塵及法塵都無法領受及了知，但是法塵的大變動，卻仍然是由意根在領受著，所以仍然有外法入，不是完全沒有外法入的；所以在眠熟位中遇到五塵有大變動時，意根就會在外五塵上所顯現的外法塵中領受到大變動，就會喚醒意識覺知心來了知；若是沒有這個外法塵一直在被意根所了知，縱使大地震來了，也是無法使人清醒過來的，何況是睡足以後能自然的清醒過來？所以眠熟位中仍有意根在繼續領受極粗略的外法塵。而法入也是六入中的一種，正因為仍有這個法入，所以使得意根領受法入而生起思心所的運作，決定應該離開眠熟位或悶絕位，而促使意識現行以致清醒過來；若眠熟及悶絕位中沒有法入的話，不論有什麼大變動，都將不可能導致意根促使本識流注出意識種子而離開眠熟位、悶絕位。所以說，眠熟及悶絕位中，都仍然有法入，只是未證如來藏本識的人，無法現觀這個道理罷了！所以說，意識已滅而不存在的眠熟及悶絕位，都與無餘涅槃不相應；至於意識存在的清醒位中，當然更不能與無餘涅槃相應。

正死位中雖沒有法塵入，但是臨死位的息脈已停階段中，仍然有法塵入，未曾滅盡六入，所以捨壽剛死亡時並非沒有了了靈知，仍有六入，當然捨壽死亡時就不該說為圓寂、涅槃；因為圓寂是已經圓滿的實證究竟寂靜的無餘涅槃的無境界境界了，是圓滿的寂滅，不是如同一般凡夫大法師死亡時仍然有意識、意根繼續存在而仍然有法入。這道理比較深奧，恐怕佛門四眾難以理解，必須稍微深入加以解說。所謂正死位，是息脈停止後一段時間；或一小時後，或三小時後，或五小時後，乃至或八小時後，意識才斷滅；這是依各亡者的我執深淺及善、惡業差別而有所不同的，一般未造大惡業而我執不很深重的人，大約是息脈停止二小時後意識覺知心就斷滅了，這時才進入正死位中；在正死位中，意識都是不存在的。所以在正死位前，意識仍然多分或少分存在著，所以正死位前的臨死位數小時中，雖然都沒有呼吸與脈搏而被醫師宣佈死亡了，其實是仍然有意識存在的，當然仍會有六塵入或法塵入，所以那時仍會領受到本識捨身時的涼觸（這與醫學界的定義是不同的，因為西方醫學對死亡的認知都是物化的，他們對於意識心由何處生起、如何才能存在，都是無所知的）。所以在佛法中所說的正死位前息脈俱斷時，仍然是有意識覺知心繼續運作一段時間的，這時是不被菩薩們定義為正死位的。這是因為本識仍未離身，五色根雖已停止運作了，但仍然暫時可以領受外六入，所以本識如來藏就藉著仍可勉強使用的五色根，繼續變生內相分的六塵，使得意識覺知心可以多分或少分的維持其功能，可以領受本識捨身過程中出現的捨處冷觸。直到本識如來藏捨離了五勝義根以後，內相分的冷觸才終止不現；當內相分終止不現時，意根無法領受到法塵入，於是意識就無法存在了，此時意識斷滅了，就開始了正死位的過程。所以息脈停止後的一段時間內，意識是仍然存在的，亡者當時並非完全無所知的，不該立即當作屍體來處理。所以說，進入正死位前當然仍有六塵入或法塵入，當然不可能是無餘涅槃。至於正死位中，意根仍然存在，仍有意根的行陰存在；雖然已沒有外六入，但仍然不是無餘涅槃，仍有內法入。此時由於意根的我執作意，想要保有識陰的見聞知覺性，於是使得本識如來藏配合出生了中陰身；在中陰身的功能漸漸具足時，中陰境界中的意識覺知心就漸漸的出生而可以運作了，此時又重新具足六入法，當然更不是無餘涅槃的無境界境界。

至於二、三、四禪等至位中離五塵時，仍然還有定境的法塵入，仍然尚未滅盡六入，所以意識覺知心是仍然存在的，這當然不可以說是無餘涅槃境界；所以外道五現見涅槃中的第三到第五種，誤以第二到第四禪等至定境中不觸五塵的境界相，作為無餘涅槃境界，是錯會涅槃的妄想。連二至四禪等至位中不觸五塵的獨頭意識境界，都仍然有定境法塵入，都仍然不是無餘涅槃，那麼欲界中不離六塵的離念靈知境界，是五俱意識具足六塵的境界，怎能是無餘涅槃呢？有智慧的您，思之即知，就可以了知那些認定意識不滅的大法師們，妄想以離念靈知入住涅槃，是如何的無知於無餘涅槃了。

無餘涅槃中是絕無六入的，絲毫都不許有。無想定及無想天中，意識覺知心雖然已經斷滅了，但由於意根仍然存在，五色根的勝義根與扶塵根也都完好而無缺損，所以本識如來藏仍然藉著五扶塵根來接觸外塵而繼續變現內相分六塵於五勝義根中，此時意識固然已經斷滅而不領受六塵了，但仍有意根繼續存在而不斷的領受法塵的極粗相，故法塵仍在，所以仍然不是滅盡六入的無餘涅槃，因此不可以將無想定或無想天的境界說是無餘涅槃。但是古時的外道們不知這個道理，誤以為是無餘涅槃，所以 佛陀特地為弟子們解說七識住及二入處的道理，特地說明無想定入、非非想定入仍然不是無餘涅槃，因為這時仍然有意根的法入存在，所以不是無餘涅槃。

無想定的境界，不但古人常常誤會，當今的大居士南懷瑾老師，也是誤會得很嚴重，何況能知更深奧的涅槃？他在《如何修證佛法》書中，一開頭就說明無想定境界，卻是把具足六塵而無語言文字妄想的欲界中離念靈知定位為無想定，那其實只是欲界定罷了！連未到地定都談不上的，更別說初禪了。無想定是要從未到地定轉證初禪之後，從初禪轉入二禪等至，再從二禪轉入三禪等至，再從三禪轉入四禪等至，必須次第轉到第四禪等至位中，而四禪等至位中是息脈俱斷的，而且始從二禪等至開始就都是不觸五塵境界的；然後從四禪等至位再滅除意識覺知心，覺知心是以入涅槃想而想要進入無餘涅槃中，所以作涅槃想而滅除覺知心自己，才能進入無想定中。所以無想定中是沒有息脈的，也是沒有覺知心意識存在的。但是南老師書中說的無想定，卻是息脈俱存，也是意識覺知仍然具足存在的，又是不離六塵的欲界境界，所以充其量只是欲界定罷了！怎能說是無想定！可見南老師是完全不懂禪定的，他連初禪都未證得，何況是四禪後的無想定？但是連四禪後的無想定都仍然不是無餘涅槃，在欲界定中或尚未發起欲界定而仍然不能與欲界定相應的離念靈知心，又怎能是涅槃心呢？這都是還有六入相應的覺知心，都是欲界中的意識境界，怎能說是離六入的無餘涅槃的無境界境界？這當然不是涅槃的實證，仍然是涅槃妄想。

滅盡定中也仍有意根的法塵入，未曾滅盡六入，所以滅盡定中仍然不是無餘涅槃境界：**滅盡定中，雖然如同眠熟及悶絕位，亦如人死而無息脈，但是卻有不同。**在意識心的斷滅一事來看是相同的，但在意識心斷滅之前，心行卻是不同的。眠熟是因為色身睏倦了，使得意識覺知心難以良好的運作，所以是依休息想的作意而入眠、而斷滅意識覺知心。悶絕之前，則是意識心的運作良好，但因疾病或外力的猛力打擊五色根，使得五色根不能正常的運作，導致意識覺知心不能現前；或者稍後雖然現前而發覺無力正常運作，於是又斷滅而進入悶絕位或眠熟位。但在進入滅盡定之前，卻是以暫滅意識覺觀的作意而進入；並且入定之前，必須先設定出定的條件，而在未來設定條件出現時，意根就會促使本識如來藏流注出意識種子，於是意識就出現於非非想定或無所有處定中，然後次第出離了滅盡定。但是滅盡定中，意根雖然如同眠熟、悶絕位一般仍然存在，卻是已經滅除意根的兩個心所法了：受、想。所以又被稱爲滅受想定。既是滅盡定中仍然有意根存在，才能藉意根的作用而在入定以後可以再出定外，當然是仍然還有法入的，所以滅盡定中仍然不是無餘涅槃境界。像這樣子迴無見聞覺知性存在的滅盡定中，都還有意根相應的極少分法入存在，不是六入完全滅盡，也都沒有覺知心意識存在，都還不是無餘涅槃境界，那麼六塵中了了分明的意識極粗糙境界，怎能說是涅槃？所以離念靈知而對六塵了了分明，只是欲界中極粗糙的意識境界，根本不是涅槃心，仍然具足六入故。假使對這些法義不能了知，就會誤認無餘涅槃，永遠證不了解脫道的涅槃境界。

由以上所說正理的緣故，有智之人應當作如是說：「覺知心一念不生時、眠熟位、悶絕位、正死位、定中離五塵時、無想定及無想天中、滅盡定中，皆是尚有六入或法入的境界，所以都仍然不是無餘涅槃的境界。」這樣的說法，才是不違背上面舉示的阿含諸經聖教，才不違背實證涅槃者的理證。

必須是能確認名色與六入完全滅除後的境界是無餘涅槃界，對名色與六入的全部內容都沒有遺漏的人，他才是如實親見五陰**滅道跡**的初果聖者，他已完全滅除對於名色六入的邪見故。若有人已經滅除對於名色六入的執著，才是如實親證**滅道跡**的阿羅漢聖者。這也有原始佛教阿含部經文爲證的：

【「復次，比丘思量觀察正盡苦，究竟苦邊時，思量彼觸：何因、何集、何生、何觸？當知彼觸，**六入**處因、六入處集、六入處生、六入處觸；彼**六入處欲**，滅無餘，則觸滅；彼所乘**六入處滅道**跡，如實知；修習彼向、次法，是名比丘向正盡苦，究竟苦邊。復次，比丘思量觀察正盡苦，究竟苦邊時，思量彼**六入處**何因、何集、何生、何觸？知彼六入處，名色因、名色集、名色生、名色觸，**名色永滅無餘**，**則六入處滅**；彼所乘名色滅道跡，如實知，修習彼向、次法，是名比丘向正盡苦，究竟苦邊，所謂**名色滅**。」**】**（《雜阿含經》卷十二第 292 經）

語譯如下：**【**「復次，比丘們思量觀察正確的滅盡一切苦，因此而到達究竟窮盡一切苦的邊際時，他是思量彼六識能『觸』六塵的這個『觸心所法』，是以什麼爲因、是怎麼集起的、是怎麼出生的、是藉什麼而有觸的？如理作意而確實的思惟觀察以後，就會知道六識心的那個能觸六塵的功能『觸』，是以六入處爲因（六入處就是十二處，十二處即是六根與六塵）、是從六入處的熏習而集起的、是藉六入處而出生的、是藉六入處而觸六塵的；因爲這個思惟與現前觀察的緣故，他對繼續持有六入處（十二處）的欲望，也就全部滅盡而沒有剩餘了，這時就是對於觸心所的執著已經全部滅除了（不會想要再保有六根與六塵，不會再想要保有能觸六塵的功能了）；這位比丘對自己所乘御的『六入處滅』的方法與過程，已經如實的了知；所以就開始修習那個**滅除十二處**的方法，也修習能滅除十二處的其他次要方法，這就是我所說的比丘進向正確的滅盡一切苦，終於到達究竟窮盡一切苦的邊際。復次，這位比丘思惟打量及觀察正確的窮盡一切苦，而想要到達究竟窮盡一切苦的邊際時，他思惟及打量那六入處（十二處）是以什麼爲因、是如何熏習而集起的、是從何處出生的、是如何而能有這個觸的？他已經了知那六入處（十二處），其實是以名色五陰爲因、是以名色五陰的熏習而集起的、是藉名色五陰而出生的、是藉名色五陰才能有觸六塵的功能，若是能將名色五陰永遠滅除而沒有絲毫的遺餘，那麼六入處（六根與六塵）就全部滅盡了。那位比丘所乘御的名色滅的方法與過程，已經如實了知，接著就修習名色滅的初步方法、也修習與名色滅有關的種種次要方法，不斷進向究竟滅**除名色五陰**的境界，這就是我說的比丘趣向正確的窮盡一切苦，到達究竟滅除一切苦的邊際，這滅除一切苦的邊際，就是我所說的**名色五陰的全部滅除**。」

這段經文很清楚開示我們：想要滅除一切苦，並且是究竟滅除一切苦而沒有絲毫的苦繼續存在，唯一方法就是滅除六入；但是想要滅除六入就必須滅除觸心所，想要滅除觸心所就必須探究觸心所的由來；觀察的結果，都是因爲有六入處（十二處）；有六根與六塵的緣故，使得觸心所不斷的出現，才會有六入不斷的熏習而流轉生死，所以應該滅除六根與六塵。但這十二處的由來，卻是因爲有名色；若無名色五陰就不會有這十二處，所以應該滅除名色五陰。由此證實了一件事實：凡是五陰都應該滅除，否則就與解脫道的修行不相應；因爲當五陰名色存在時，就一定會與六入相應，就不可能是絕對寂靜的涅槃。然而離念靈知粗意識、印順所建立的細意識、達賴所建立的極細意識，都是意識心，都必須假藉意根與法塵爲緣才能出生及存在，都是無法離開六入而單獨存在；

其中若有差別的話，只是法塵入的粗細差別而已，而識陰絕對無法離開六入而存在，當然都是應該滅除的虛妄法；但是宣稱已經證悟的大禪師，卻都同樣以不離六入的離念靈知意識心，說為常住不滅的眞實涅槃心；又如印順與達賴主張意識細心、意識極細心是常住法，意思是入無餘涅槃時不必滅除意識；印順有時又說意識應滅除，但滅後的滅相不會再滅，故非斷滅。由此可見他們都是不懂解脫道的凡夫，都是未斷我見的凡夫，卻敢自稱是證悟聖者或法王；乃至印順臨死前三年的傳記，允許門徒命名為《看見佛陀在人間》，以佛陀自居；這些都是以凡夫而公然大妄語，智者所不取，而他們公然競取之，愚不可及。

如 佛所說，滅盡六入方離生死苦，方能進入無餘涅槃界，有經文為證：【佛告三彌離提，謂：「眼、色、眼識、眼觸，眼觸因緣生受，內覺若苦、若樂、不苦不樂。耳、鼻、舌、身，意、法、意識、意觸，意觸因緣生受，內覺若苦、若樂、不苦不樂，是名世間。所以者何？六入處集則觸集，如是乃至純大苦聚集。三彌離提！若無彼眼、無色、無眼識、無眼觸，無眼觸因緣生受，內覺若苦、若樂、不苦不樂；無耳鼻舌身意、法、意識、意觸、意觸因緣生受，內覺若苦、若樂、若不苦不樂者，則無世間，亦不施設世間；所以者何？**六入處滅**

則觸滅，如是乃至純大苦聚滅故。」佛說此經已，諸比丘聞佛所說，歡喜奉行。】（《雜阿含經》卷九第 230 經）這意思是說：**有因、有緣世間集，有因、有緣世間滅。**所謂的世間，指的是五陰；一切人存活於世間，其實都是存活於五陰中，覺知心都是在自己五陰中生活、受苦、受樂、受不苦不樂。因爲佛陀在四阿含諸經中，處處說各人都有自己所擁有的十八界，與他人所有的十八界都不會互相混濫。而阿羅漢們入無餘涅槃時，也都是要滅盡他們各自的十八界。在阿羅漢們滅盡他們各自擁有的十八界時，其餘眾生的十八界(特別要指出的是六塵界)都仍然完整無缺的存在著，由此可知各人都各自擁有自己的六根、六識，特別是六塵。既然六塵都是各自擁有的，當然六塵是指各人自己單獨擁有的內相分六塵，不是指共同接觸的外相分六塵法相。由此現前觀察的結果，是各人的覺知心其實都活在自己的內相分六塵中，所以各人所生活的世間相，其實都只是各人自己的十八界；以此緣故，說世間就是各人自己擁有的十八界，也就是各人自己的五陰法界，故說此經文中所說的世間就是五陰、十八界。

而各人自己的世間，都是有因有緣才能出生的，都是因爲五陰、十八界、名色、十二處、六入、六識、觸、受、愛、取、有的熏習而集起的；這些集起都是由無明爲**緣因**，由熏習無明爲**緣**而集起的，才會從**根本因**本識中出生了名色五陰，無明則是指不知五陰虛妄。五陰出生了以後，當然會有生死及愛別離等苦惱，由此可見眾生五陰世間的出生，都是由於無明爲**緣因**，假藉熏習爲助**緣**而積集，才會有世世永不斷絕的五陰世間使眾生受苦無量，所以才說**有因**、**有緣世間集**。若能滅除**無明**，就會漸漸的遠離名色積集的緣，自然就能滅除名色；於是藉著解脫道的熏習等緣，滅除了我見、我執，**五陰世間**的集起就跟著滅除了；藉這些滅除無明的智慧**因**與正法熏習的修行**緣**，於是**五陰世間**就可以滅除了，死後就不再去入胎或出生於天界，未來世中就不再有五陰名色的集起與出生，就可以遠離生死苦，這就是**有因**、**有緣世間滅**的眞實道理。

所以，滅除六入正是解脫道的正修，若想要繼續保持六入或繼續保持五陰的存在，而想要永遠常住於離念靈知心的境界中，那是永遠與解脫道不相應的，正是永遠與我見相應的凡夫，更別說是能與佛菩提道相應了。有經文爲證：

【佛言：「善哉！善哉！比丘！我亦如是說，汝亦知此。於彼彼法起彼彼法、生彼彼法、滅彼彼法；滅止、清涼、息沒。若多聞聖弟子無明，離欲而生明，身分齊受所覺，身分齊受所覺時如實知；若壽分齊受所覺，壽分齊受所覺時如實知；身壞時壽命欲盡，於此諸受一切所覺，滅盡無餘；譬如力士取新熟瓦器，乘熱置地，須臾散壞，熱勢悉滅；如是，比丘無明離欲而生明，身分齊受所覺如實知，壽分齊受所覺如實知；身壞命終，**一切受所覺悉滅無餘。**」佛說此經已，諸比丘聞佛所說，歡喜奉行。（《雜阿含經》卷十二第292經）

語譯如下：【佛開示說：「善哉！善哉！比丘！我也是這麼說的，你也知道這個正理。於一個又一個的所緣法而現起一個又一個的所生法，所以就出生了一個又一個法，也是藉著這種因緣的道理而還滅一個又一個的法；當一一法被滅而停止出生了，心中的感覺是清涼而無惱熱的，煩惱已經停息而滅沒了。若是多聞的聖弟子心中的無明，由於離欲而細加觀行，出生了智慧光明，就知道色身的本分事最多只是到達受陰所能覺察領受的境界，對於色、受陰本分的一切所覺都能如實的了知時；譬如對一生壽命中的一切所覺，對於一世之中的全部所覺都只是六塵境界而且如實知的時候，心中的執著與惱熱就消失了，當不久年老以後色身衰壞時壽命即將終盡了，心中對於受陰所領受的一切**所能覺知的六入，全部都會滅盡無餘而不再受生於三界中**。這就好比是大力士去取出剛燒好的新熟瓦器，趁著瓦器還很熱時就直接放置於涼冷的土地上，極熱的瓦器剎那間就裂開而散壞了，熱勢就很快的全部滅盡；就像是這樣子，比丘們原有的無明，因為離欲而能觀行，所以出生了智慧光明，對於色身所能全部領受的一切苦樂等受的所覺六入，都已如實了知其虛妄，對一世之中所能領受的一切苦樂等受絕不超過受陰所能覺知的，對這件事已經如實了知；當他年老而身壞命終時，**對於一切受陰所能覺知的種種六入也就全部滅盡而沒有剩餘了。**」佛說完這部經以後，諸比丘聞佛所說，歡喜奉行。】

所以說，一切有情所能領受的一切樂受，都不可能超過受陰所能領受的範圍；樂受如是，苦受、憂受、喜受、捨受也是一樣，都不會超過受陰所能領受的範圍，盡形壽所能覺受的永遠都是如此。對此時受陰的觀察已經確實而深入的了知以後，就知道對於這一世中受陰將會擁有的全部樂受……等覺受，也是一樣的不會超過受陰所能領受的範圍；然而受陰所能領受的全部覺受，都不離六塵入，也都是由無明為因，再由前一法為緣而出生的，都是由六入而來的，體非實、常，終必有滅，亦是行苦、壞苦所攝，亦非究竟寂靜的涅槃，所以應當滅盡對於六入的貪著，不再使六入存在，才能取證無餘涅槃，當然要滅盡能見、能聞乃至能覺、能知之性，更是要滅除離念靈知的。

第二節 滅盡五陰方是無餘涅槃

所謂無餘涅槃，乃是滅除五陰，唯餘涅槃之本際（本識如來藏）獨存，不是以五陰中的任何一法進入無餘涅槃中；也就是說，識陰中的任何一法，譬如離念靈知心意識，是絕無可能進住於無餘涅槃中的；因爲離念靈知心意識，是因緣所生法，是由意根與法塵二法相觸而出生的；有生則必有滅，是生滅法就無可能入住無餘涅槃中，因爲佛說涅槃是**眞實**、是**常住不變**而**非生滅**的。而且意識是識陰所攝的法，在阿羅漢們進入無餘涅槃時，識陰六識都是要全部滅盡的，所以離念靈知心意識，永遠都不可能入住無餘涅槃中。

覺知心正是五陰所攝，歸屬識陰中的第六意識；不論覺知心有念或無念，亦不論是與五塵相應時或不與五塵相應時的等至位中覺知心，永遠都是意識心，不離根、塵相觸而生的生滅性。乃至住於非想非非想定中的極細覺知心，也仍然是意識心，都屬於五陰中的識陰所攝，都不能進入無餘涅槃中存在。假使已經滅除意根的我執（這是依大乘菩薩的現觀而說阿羅漢的滅盡意根我執），當阿羅漢們的意識覺知心，已經起心想要滅除自己，包括能思量作主的意根，都願意自我滅除時，則在捨壽時，意識一旦滅除，意根就隨之而滅，則識陰六識及意根俱皆滅盡，永不復起，已沒有意根來主導了，本識就不會再受生於三界中出生名色，三界中再也找不到他的本識所在了，這就稱爲無餘涅槃。

由此緣故，說無餘涅槃乃是滅除一切五陰之後，本識不再受生於三界中，所以不再有後世的任何一陰、任何一識生起，十八界永遠滅盡而不再有來世的新五陰、新意識了，才是無餘涅槃的無境界境界。再舉阿含經文爲證，《增壹阿含經》卷二十六說：【世尊告曰：「阿難！色者，無爲因緣而有此名；無欲、無爲，名滅盡法；彼盡者，名曰滅盡。痛、想、行、識，無爲、無作，皆是磨滅之法，無欲、無污；彼滅盡者，故名滅盡。阿難當知：五盛陰無欲、無作，爲磨滅法；彼滅盡者，名爲滅盡。**此五盛陰永以滅盡，更不復生**，故名滅盡。」】

這意思是說，色陰自身是無爲無作的，必須是配合其餘四陰，才會生起貪著而變成有爲有作；把色陰滅除了，就稱爲色滅盡。受想行識四陰也是一樣，若是單獨一陰，都是無爲而無能作的，也都是假藉因緣而出生的磨滅法；若能把名等四陰也滅除了，就是滅盡。如是，將五陰全都滅除了，不再出生後有了，就稱爲滅盡，就是無餘涅槃。

亦如《增一阿含經》卷三十一第4經所說：【聞如是 一時佛在舍衛國、祇樹給孤獨園，爾時世尊告諸比丘：「我本為菩薩時未成佛道，中有此念：『此世間極為勤苦，有生、有老、有病、有死；然此五盛陰不得盡本原。』是時我復作是念：『由何因緣有生老病死？復由何因緣致此災患？』當思惟此時，復生此念：『有生則有老病死。』爾時當思惟是時，復更生念：『由何因緣有生？此由有生。』復生此念：『有者何由而有？』當思惟是時，便生此念：『此有由受而有。』復念：『此受何由而有？』爾時以智觀之：『由愛而有受。』復更思惟：『此愛何由而生？』重觀察之：由痛而有愛。復更思惟：『此痛何由而生？』當作是觀察時：由更樂而有此痛。復重思惟：『此更樂何由而有？』我生此念時：緣六入而有此更樂。時我重思惟：『此六入何由而有？』觀察是時：由名色而有六入。時我復作是念：『名色何由而有？』觀察是時：『復由識而有名色（由往世識陰的熏習成就我執的種子，才會去受生而有此世名色的出生）。此識（這個識陰六識）何由而有？』觀察是時：由行（往世的身口意行熏習成的習性而致死後入胎）生識（就出生了這一世的識陰六識）。時我復作是念：『行何由而生？』觀察是時：行由癡而生（由無明而喜樂熏習身口意行）。無明緣行，行緣識，識緣名色，名色緣六入，六入緣更樂，更樂緣痛，痛緣愛，愛緣受，受緣有，有緣生，生緣死，死緣愁憂苦惱不可稱計。如是名爲苦盛陰所習。」（以上是十二因緣。接著檢查如是觀行是否正確：）

「我爾時復作是念：『由何因緣滅生老病死？』我觀察時：**生**滅，老病死滅。時復生此念：『由何而無生？觀此生原：**有**滅，生則滅。』復念：『由何而無有？』時生此念：『無**受**則無有。』時我生此念：『由何滅受？』觀察是時：**愛**滅，受則滅。復生此念：『由何而滅愛？』重更觀察：**痛**滅，愛則滅。復思惟：『由何而滅痛？』觀察是時：**更樂**滅，則痛滅。復思惟：『更樂何由而滅？』觀察是時：**六入**滅則更樂滅。復觀此六入何由而滅？當觀察時：**名色**滅則六入滅。復觀名色何由而滅？識滅則名色滅。復觀此識何由而滅？**行**滅則識滅。復觀此行何由而滅？**癡**滅則行滅，**行**滅則識滅，**識**滅則名色滅，**名色**滅則六入滅，**六入**滅則更樂滅，**更樂**滅則痛滅，**痛**滅則愛滅，**愛**滅則受滅，**受**滅則有滅，**有滅**則生滅，**生**滅則老病滅，**老病**滅則死滅，是謂名爲**五盛陰**滅。」

「時我復生此念：『此**識**最爲原首，令人致此生老病死，然不能知此生老病死生之原本。』猶如有人在山林中行，逐小徑道，小復前行見舊大道、古昔諸人在中行處，是時彼人便復此道。小復前進，見舊城郭、園觀浴池、皆悉茂盛，但彼城中無有居民。此人見已，還歸本國，前白王言：『昨遊山林，見好城郭，樹木繁茂，但彼城中無有人民；大王可使人民在彼城止住。』是時國王聞此人語，即居止人民；然此城郭還復如故，人民熾盛，快樂無比。諸比丘當知：我昔未成菩薩時，在山中學道，見古昔諸佛所遊行處，便從彼道即知生老病死所起原本；有生有滅，皆悉分別；知生苦、生習、生盡、生道，皆悉了知。有、受、愛、痛、更樂、六入、名色、識、行、癡，亦復如是。」

「無明起則行起，行所造者復由於識；我今以明於識，今與四部之眾而說此本：皆當知此原本所起，知苦、知習、知盡、知道，念使分明。以知六入則知生老病死，**六入滅則生老病死滅**。是故比丘當求方便滅於六入，如是，諸比丘當作是學。」爾時諸比丘聞佛所說，歡喜奉行。】

這就是說，眾生之所以會流轉生死中，痛苦無量，都是由於識陰所熏習、所造業而導致的，因此而愛著識陰所擁有的六入；若是識陰對於自己的無常、生滅、無實，能夠有所瞭解，確認識陰虛妄而實證無我，識陰就不會再執著自己，停止了身口意行而不再造作種種生死業，也不會再愛著自己所有的六入，知道解脫生死的唯一途徑就是滅除全部名色自己；於是識陰相應的無明滅除了，識陰六識不再造作種種行業，就不會再有未來世識陰出生的動力存在了，死後不再去入胎受生，就不會再有未來世的名色出生，就沒有十二處而沒有了六入，就不會有觸、受、愛、取、有，也就不會有世世不停的生死痛苦繼續出現，那就是無餘涅槃。所以進入無餘涅槃時，是必須滅盡五陰的。對於今時嚴重誤會解脫道的大法師與大居士們，我們必須特別指出：進入無餘涅槃時是必須滅盡識陰六識心的，絕不可能容許識陰六識或意識離念靈知存在涅槃中。

識陰及意根等七識滅，名色滅盡了，就稱爲無餘涅槃，有經文爲證：【爾時堅固長者子白佛言：「頗有比丘成就此三神足耶？」佛告長者子：「我不說有數，多有比丘成此三神足者。長者子！我有比丘在此眾中自思念：『此身四大，地、水、火、風，何由永滅？』彼比丘倏趣天道，往至四天王所，問四天王言：『此身四大，地、水、火、風，由何永滅？』長者子！彼四天王報比丘言：『我不知四大由何永滅？我上有天，名曰忉利；微妙第一，有大智慧，彼天能知四大由何而滅？』彼比丘聞已，即倏趣天道，往詣忉利天上，問諸天言：『此身四大，地、水、火、風，何由永滅？』忉利天報比丘言：『我不知四大何由滅？上更有天，名焰摩，微妙第一，有大智慧，彼天能知。』即往就問，又言不知。

如是展轉，至兜率天、化自在天、他化自在天，皆言『我不知四大何由而滅，上更有天，微妙第一，有大智慧，名梵迦夷，彼天能知四大何由永滅。』彼比丘即倏趣梵道，詣梵天上問言：『此身四大，地、水、火、風，何由永滅？』彼梵天報比丘言：『我不知四大何由永滅，今有大梵天王，無能勝者，統千世界，富貴尊豪，最得自在；能造化物，是眾生父母，彼能知四大由何永滅。』長者子！彼比丘尋問：『彼大梵王，今爲所在？』彼天報言：『不知大梵今爲所在，以我意觀，出現不久。』未久，梵王忽然出現。長者！彼比丘詣梵王所，問言：『此身四大，地、水、火、風，何由永滅？』彼大梵王告比丘言：『我梵天王，無能勝者；統千世界，富貴尊豪，最得自在。能造萬物，眾生父母。』時彼比丘告梵王曰：『我不問此事，自問四大地、水、火、風，何由永滅？』長者子！彼梵王猶報比丘言：『我是大梵天王，無能勝者。』乃至『造作萬物，眾生父母。』比丘又復告言：『我不問此，我自問四大何由永滅？』長者子！彼梵天王如是至三，不能報彼比丘四大何由永滅。時大梵王即執比丘右手，將詣屏處，語言：『比丘！今諸梵王皆謂我爲智慧第一，無不知見。是故我不得報汝言：不知不見此四大何由永滅。』又語比丘：『汝爲大愚，乃捨如來，於諸天中推問此事。汝當於世尊所，問如此事。如佛所說，善受持之。』又告比丘：『今佛在舍衛國給孤獨園，汝可往問。』長者子！時比丘於梵天上忽然不現，譬如壯士屈申臂頃，至舍衛國祇樹給孤獨園，來至我所，頭面禮足，一面坐，白我言：『世尊！今此四大，地、水、火、風，何由而滅？』時我告言：『比丘！猶如商人臂鷹入海，於海中放彼鷹飛空、東西南北，若得陸地則便停止；若無陸地，更還歸船。比丘！汝亦如是，乃至梵天問如是義，竟不成就，還來歸我。今當使汝成就此義。』」即說偈言：

何由無四大？地水火風滅？何由無麁細、及長短好醜？

何由無名色？永滅無有餘？應答**識無形**，無量自有光；

此滅四大滅，麁細好醜滅。於此**名色滅**，**識滅餘亦滅**。

時堅固長者子白佛言：「世尊！此比丘名何等？云何持之？」佛告長者子：「此比丘名阿室已。當奉持之。」爾時堅固長者子聞佛所說，歡喜奉行。】（《長阿含經》卷十六第 24 經《堅固經》）

由此聖教中，可以知道一件事實：一切有情眾生的意識種子，都是無量數的，也都是打從出生之時開始就能了別六塵的。由此緣故，佛說此識「無量自有光」（光是了別之意）。當這個識陰自願永遠斷滅以後，就不會再受生於三界中了；既不再受生於三界中，就不會有來世的名等四陰與色陰，來世的識陰就永滅無餘了，其餘的六入、觸……乃至生、老病死等苦也就跟著滅盡了，就不再有生死流轉的痛苦了！所以想要滅除生死流轉的痛苦，只有滅盡識陰一途，使得捨壽後不會再有受生的動力，不會再有來世的五陰出生了，這就是無餘涅槃。

滅除自己五陰全部以後，才是無餘涅槃。可是往往有大法師教導徒眾們說：「**要處處把握自己，要處處保持自己，要時時保持警覺，不要昏沈，讓自己清醒的存在。**」這其實都是我見與我執在作祟，將會使大法師們及徒眾們，在未來世會有無量的後有繼續出生，永遠都不可能實證涅槃。有經文為證：

【是時尊者阿難執拂侍佛，於是尊者阿難叉手向佛，白曰：「世尊！若有比丘如是行：無我、無我所，我當不有，我所當不有；若本有者，便盡得捨。世尊！比丘行如是，彼為盡，得般涅槃耶？」世尊告曰：「阿難！此事不定，或有得者，或有不得。」尊者阿難白曰：「世尊！比丘云何行，不得般涅槃？」世尊告曰：「阿難！若比丘如是行：無我、無我所，我當不有，我所當不有；若本有者，便盡得捨。阿難！若比丘樂彼捨、**著彼捨、住彼捨**者，阿難！比丘行如是，必不得般涅槃。」尊者阿難白曰：「世尊！比丘若有所受，不得般涅槃耶？」世尊告曰：「阿難！若比丘有所受者，彼必不得般涅槃也。」尊者阿難白曰：「世尊！彼比丘爲何所受？」世尊告曰：「阿難！行中有餘，謂有想無想處，於有中第一，彼比丘受。」尊者阿難白曰：「世尊！彼比丘受餘行耶？」世尊告曰：「阿難！如是，比丘受餘行也。」尊者阿難白曰：「世尊！比丘云何行，必得般涅槃？」世尊告曰：「阿難！若比丘如是行：無我、無我所，**我當不有、我所當不有**；若本有者，便盡得捨；阿難！若比丘**不樂彼捨、不著彼捨、不住彼捨**者，阿難！比丘行如是，必得般涅槃。」尊者阿難白曰：「世尊！比丘若無所受，必得般涅槃耶？」世尊告曰：「阿難！若比丘無所受，必得般涅槃。」爾時尊者阿難叉手向佛，白曰：「世尊已說淨不動道，已說淨無所有處道，已說淨無想道，**已說無餘涅槃**。世尊！云何聖解脫耶？」世尊告曰：「阿難！多聞聖弟子作如是觀：若現世欲及後世欲，若現世色及後世色，若現世欲想、後世欲想，若現世色想、後世色想，及不動想、無所有處想、無想想，彼一切想是無常法，是苦，是滅，是謂自己有。若自己有者，是生、是老、是病、是死，阿難！若有此法，**一切盡滅無餘，不復有者，彼則無生、無老病死**。聖如是觀：若有者必是解脫法，若有無餘涅槃者，是名甘露。彼如是觀、如是見，必得欲漏心解脫，有漏、無明漏心解脫，解脫已，便知解脫：生已盡、梵行已立、所作已辦、不更受有，知如眞。阿難！我今爲汝已說淨不動道，已說淨無所有處道，已說淨無想道，**已說無餘涅槃**，已說**聖解脫**。如尊師所爲弟子起大慈哀，憐念愍傷，求義及饒益，求安隱快樂者，我今已作。汝等當復自作，至無事處，至林樹下，空安靜處燕坐思惟，勿得放逸。勤加精進，莫令後悔。」】（中阿含《長壽王品、淨不動道經》）

語譯如下：【是時尊者阿難執持拂子奉侍在佛陀身邊，於是尊者阿難叉手向佛稟白說：「世尊！如果有比丘像這樣子修行：『沒有我、沒有我所，蘊處界我將不會再有了，蘊處界我所有的一切心所法也將不會再有；如果是本來所擁有的一切法，便全部加以捨棄。』世尊！如果比丘的修行就像是這樣子，他是否能滅盡蘊處界我及我所，而在捨壽時可以進入無餘涅槃呢？」世尊告訴他說：「阿難！這件事情並不一定，或者有人可以因此入無餘涅槃，或者有人仍然無法入無餘涅槃。」尊者阿難稟白說：「世尊！比丘這樣子修行，爲什麼還是無法進入無餘涅槃？」世尊告訴他說：「阿難！如果比丘像這樣子修行：『沒有我、沒有我所，蘊處界我將不會再有，蘊處界我所有的一切心所法也將不會再有；如果是本來所擁有的一切法，便全部都**捨棄**。』阿難！如果比丘心中樂於那個捨、心中**執著那個捨**、**住於那個捨中**，阿難！比丘修行若是像這樣子，必定不能得到般涅槃。」尊者阿難稟白說：「世尊！比丘如果有所受，就不能得到般涅槃嗎？」世尊告訴他說：「阿難！如果比丘有所受的話，他必定不能得到般涅槃的。」尊者阿難稟白說：「世尊！那位比丘究竟是有什麼所受呢？」世尊告訴他說：「阿難！諸行之中仍然是有餘行的，是說非想非非想處，於三有中是最高的境界，是那位比丘所受的境界。」尊者阿難稟白說：「世尊！那位比丘因此而領受有餘行嗎？」世尊告訴他說：「阿難！正是這樣，那位比丘因此而成為領受有餘行。」尊者阿難稟白說：「世尊！比丘應該如何修行，必定會得到般涅槃？」世尊告訴他說：「阿難！如果比丘像這樣子修行：『沒有我、沒有我所，蘊處界我將不會再有，蘊處界我所有的一切心所法也將不會再有；如果是本來所擁有的一切法，便全部加以捨棄。』阿難！如果比丘**不樂於那個捨**、**不執著於那個捨**、**不安住於那個捨之中**，阿難！比丘的修行像是這樣子，必定會得到般涅槃。」尊者阿難稟白說：「世尊！比丘如果都無所受，必定會得到般涅槃嗎？」世尊告訴他說：「阿難！如果比丘都無所受，必定會得到般涅槃。」當時尊者阿難叉手向佛，稟白說：「世尊已說清淨的不動法道，已說清淨的無所有處法道，已說清淨的**離知**、**離想**法道，已說無餘涅槃。世尊！如何是聖弟子的解脫呢？」世尊告訴他說：「阿難！多聞的聖弟子們作這樣的觀行：『或者是現世的欲求及後世的欲求，或者是現世的色陰及後世的色陰，或者是現世的五欲覺知、後世的五欲覺知（想亦是知），或者是現世的色陰覺知、後世的色陰覺知，以及第四禪境界中的了知性、無所有處的了知性、非想非非想處的了知性，那些境界中的一切了知性都是無常法，無常即是苦，也是必定會壞滅的，這就是說『自我所擁有』的境界。若是自己所有的，就是生、是老、是病、是死的法，阿難！如果有這些法，將這些法一切全部滅除無餘，永遠不會再有的時候，他就是親證無生、沒有老病死了。聖弟子像這樣子觀察：『如果有這樣的修證時必定就是解脫法，如果因此而有無餘涅槃時，這就是甘露。』他像這樣子觀行、像這樣子親見，必定會獲得遠離欲界漏的心解脫，以及三界有漏、無明漏的慧解脫；解脫了以後，便知道解脫：出生已經窮盡了、清淨行已經建立了、解脫道中應作的事情都已經成辦了、不會再度領受後有了，他確實的知道自己是如此解脫了。阿難！我如今為你已經解說了清淨不動道的道理，已經解說了清淨無所有處道的道理，已經解說了清淨**無知之道**的道理，已經解說了**無餘涅槃**，已經解說了聖弟子的解脫正理。如同尊師所作而為弟子們生起大慈哀，憐憫憶念、哀愍傷感諸弟子，為了使弟子求得正義以及獲得饒益，以求安隱快樂的事情，我如今已經造作了。你們眾人應當要再自己去作，去到沒有事情的處所，去到林樹下面，去空曠安靜的地方燕坐思惟，不可以放逸。應該勤加精進，不要使自己在未來產生了後悔。」】

這意思是說：比丘們修學解脫道時，雖然知道一切法皆應棄捨，才能成就解脫道；所以他們修學俱解脫法門時，證得第四禪，知道那是不動無為，卻能捨棄而不執著；修得空無邊處、識無邊處、無所有處，乃至修得非想非非定時（又名有想無想定、或名有知無知定），知道這是三界有中最微細的境界，也知道應該要捨棄，於是心中便把這個境界相中的覺知心也否定了，捨棄了這個三界有中最高的境界相；但因為他心中還放不下這個捨的作意，認為自己已經捨棄了這個境界，常常記得自己已捨這個境界，使得捨心仍然存在，就無法在捨壽時滅盡自己，無法取證無餘涅槃了！因為他心中還有「捨」的作意時，就表示他心中的**我慢**仍然存在：仍然喜樂於極微細覺知心自我的存在，名為**因我起慢**。由於這個緣故，捨心還在時，覺知心識陰就無法滅盡，所以就會受生到非想非非想天中，就不可能取證無餘涅槃了。這就是五陰中的極微細的識陰意識心未能全部滅盡的現象，因此使得意根繼續存在不滅，無法進入無餘涅槃中。連這種極微細的執著、極微細意識心中的捨都不可以存在，何況是欲界五塵中的離念靈知住在無苦無樂的粗捨中，正是極粗糙的意識**能覺**，也是從來不離**所覺**的粗糙六入，又怎能進入無餘涅槃中呢？而現代的南、北傳佛法大法師們，卻都想要以離念靈知心進入無餘涅槃中，知見是何等的膚淺？但是南傳佛法解脫道的修行者，又有幾人能知道這個事實呢？卻還在盲目的迷信與崇拜呢！

要取證無餘涅槃的人，必須把識陰六識及意根的自我執著全都滅盡，即使細如非想非非想定中的捨心也都不許絲毫的存在，將來捨壽時才能進入無餘涅槃中。若是想要以離念靈知心進入無餘涅槃的人，正是連我見都尚未斷除的凡夫，連初果解脫智慧的見地都還沒有生起，怎有可能取證無餘涅槃呢？這就像是一個貧無立錐之地，而又弱無眷屬的無智人，僭稱自己是大富的國王；不幸的是末法時代的大師們往往總是如此的，數十年來每每看見大師級的佛教界人物，實際上都是未斷我見、未證初果的人，卻說他們已經證得阿羅漢果或三果了；更有藏密外道的上師，在吐血而亡以後卻由徒眾們宣稱是入無餘涅槃，所以就由徒眾們爲他建立涅槃塔，那就是藏密的元音上師。（吐血而亡，本來無可厚非；但因我見未斷，認定意識常住，惡見具存，今仍記載於他的書中而繼續流通；徒眾們卻說他的死亡是入無餘涅槃，所爲極爲僭越，所以要加以評論，以救其眾多徒眾。）

又如未斷我見、未證如來藏而不通般若的證嚴法師，卻在書中暗示說她已是某地的菩薩，妄說諸地的證量；又如未斷我見、未證如來藏而不通般若的印順法師，死前卻容許或授意別人把他的傳記取名爲《看見佛陀在人間》，宣示他已經成佛了！也有大法師在未斷我見、未斷自性見之時，把清楚明白的意識心、把處處作主的遍計執識，妄認爲眞如心；又把六識心的自性誑稱是佛性，不離自性見，卻在演講時公然自稱是聖人，向聽眾們說：「聖人說話是不打誑語的。」要求別人都應相信他。這些都是末法時代凡夫冒膺賢聖的具體事例！有智慧的學佛人，應當理智而謹慎的加以明辨。但是在明辨確認之前，卻必須先建立正知正見，然後才有能力辨明；這時就必須廣閱善知識著作，一一比對經典聖教，驗其所說的眞僞，然後選擇眞正善知識的著作，詳讀以後深入思惟，才有可能建立正知見，才有可能具備分辨眞假善知識的智慧、生起擇法覺分；此後修學佛法時，不論是解脫道或佛菩提道，就不會一生精進勤修的結果卻是唐費光陰與生命。

凡是想要取證解脫果的南傳佛法修學者，必須毫不猶疑的認定：識陰六識及六識的心所法—六識心的我所—六識心的自性功能，都應該全面的否定及滅除，連識陰六識所依、所緣的意根與六塵，也必須否定及滅除，才能取證有餘涅槃，捨壽時才能取證無餘涅槃；否則空說已證有餘涅槃，妄言捨壽時可以取證無餘涅槃，都沒有任何意義，也是自欺欺人之譚。想要實證二乘涅槃的人，必須瞭解識陰及意根等七識滅除的重要性；當這七識全面否定而無絲毫猶豫時，我執才算是眞的滅除了！捨壽時才能取證無餘涅槃。當無明滅盡了，七識心都滅除時，十二因緣支就會跟著全部滅除，不會再有中陰身出現了，死透時就成爲無餘涅槃，誰都無法再找到他了，他眞的出離生死苦了。有經文爲證：

《毘婆尸佛經》卷上有云：【「又復思惟：『名色苦因，云何得滅？』入三摩地諦觀此法：識（識陰六識）滅則名色滅。又復思惟：『此識苦因，云何得滅？』入三摩地諦觀此法：行滅則識滅。又復思惟：『此行苦因，云何得滅？』入三摩地諦觀此法：無明滅則行滅，行滅則識滅，識滅則名色滅，名色滅則六入滅，六入滅則觸滅，觸滅則受滅，受滅則愛滅，愛滅則取滅，取滅則有滅，有滅則生滅，生滅則老死憂悲苦惱滅。如是一大苦蘊而自不生。』」若想要滅除十二有支，不再有生死痛苦的流轉，就必須滅除識陰全部，也必須滅除名與色：滅除識陰六識、意根、心所法的受與想，以及色陰五色根、五塵與法塵。這些全部都滅除了，才能證得有餘涅槃，捨壽時才能捨棄名色全部而進入無餘涅槃。

既然名中的識陰六識及意根，以及識陰心所法的受與想，以及色陰、識陰、受陰、想陰所顯現的行陰都必須滅除，才能取證無餘涅槃，由識陰五遍行、五別境心所法顯現的離念靈知，又怎能獨存而想要進入無餘涅槃的無境界境界中存在？豈非如同無智之人的玄想一般？而印順卻認爲**直覺是常住法、是眞實心**，冀望以直覺入住無餘涅槃之中，而此直覺終究只是識陰的心所法而已，都只是六識心體的自性功能；他想要以六識心的自性（直覺）常住於無餘涅槃，正與自性見外道一模一樣，活脫脫是個自性見外道，連我見都還沒有斷除，正是一個凡夫，卻授意潘煊把他的傳記寫成是**佛陀示現在人間**。這樣欺騙佛門四眾，卻還是有許多人跟隨他的錯誤知見，繼續大妄語及破壞正法——以常見、斷見外道法取代正法。這些盲目追隨的人們，難道都不曾覺得自己很悲哀嗎？

阿含部《般泥洹經》卷一也是如此說的：【識（識陰六識）滅則名色滅，名色滅則六入滅，六入滅則更樂滅，更樂滅則痛滅，痛滅則愛滅，愛滅則受滅，受滅則有滅，有滅則生滅，生滅則老死憂悲苦懣惱，致是具足苦性習有爲，都滅矣！】於《中阿含經》卷二十一亦有同樣的說法：【識（識陰六識）滅則名色滅，名色滅則六處滅，六處滅則更樂滅，更樂滅則覺滅，覺滅則愛滅，愛滅則受滅，受滅則有滅，有滅則生滅，生滅則老死滅。】

《雜阿含經》卷二十二亦如是云：【識（識陰六識）滅則名色滅，名色滅則六入處滅，六入處滅則觸滅，觸滅則受滅，受滅則愛滅，愛滅則取滅，取滅則有滅，有滅則生滅，生滅則老死憂悲惱苦滅。如是、如是純大苦聚滅。】四阿含諸經中，尚有其他數經亦皆如是說。

此處所謂「識滅則名色滅」中的「識」，是說六識心王；這是十二因緣法中所說的識，都是指識陰所攝的六識心。只有在十因緣法中所說的「名色由何生？謂識也」，以及「齊識而還、不能過彼」，這時所說的「識」才是指本識入胎識；因爲意識是不可能出生名色的，也不可能是入胎、住胎的識；意識是本識入胎數月出生五色根以後，才能從本識中出生的有生有滅法。若不是十因緣法中所說的識，而是在十二因緣法中所說的識，都是指識陰六識心，有經文爲證：【「緣無明行者，云何爲行？行有三種：身行、口行、意行。緣行**識**者，云何爲**識**？謂**六識身**：眼識身、耳識身、鼻識身、舌識身、身識身、意識身。緣識名色者，云何名？謂四無色陰：受陰、想陰、行陰、識陰。云何色？謂四大、四大所造色，是名爲色。此色及前所說名，是爲名色。」】（《雜阿含經》卷十二第298經）名則函蓋第七識，這是說七轉識已經具足阿含道中所說的一切心所法故。

修學阿含解脫道的南傳佛法修學者，若能建立一個正知見，就比較能正確的理解北傳的四阿含諸經，或南傳大藏經中的因緣法：凡是**十因緣法**中，探究到**名色從何處生起**的，這時將會探究出一個法界中的眞實道理出來，就是**名色由識生**。這時所說的**識**當然就是本識**入胎識**了！因爲有這個本識入胎以後才能出生**名**與**色**，而識陰六識含攝在名、色的名中；而且甫入胎之際，識陰六識是還沒有出生的，要到入胎後四、五個月，五色根粗具雛形時，極昧略的識陰六識才會偶爾出現一下，不久就又滅失而眠熟了，所以入胎而住的本識當然不是指識陰等六識心。若說入胎識是識陰等六識心，但識陰六識心在初入胎時還沒有出生、還不存在，當然不可能由不存在的自己來出生後時才存在的自己，必定是由另一個本來存在的識，才能藉那個識的入胎而出生了五色根，然後才有可能由祂來出生識陰六識自己，因爲意識無法出生五色根。這是有智慧的人一聽就懂的道理，智慧稍微差一些的人，也可以經由深入思惟而理解這個道理。

佛陀在十因緣法中所探究的是：**識陰六識與色陰是由誰出生的？**探究的結果是**名色由識生**。所以十因緣法中的**識**，當然是指**出生識陰六識**的第八識入胎識了。若不是在十因緣法中所說，而是在十二因緣法中所說的**識**，則「名色緣識、識緣名色」所講的識，當然都是指**識陰**等六識，因爲那時講的都是**識陰六識在世間法中熏習集起的現象**，而第八識入胎識是離見聞覺知的，不可能是在世間法中領受諸法及熏習集起的覺知心，所以十二因緣法中所講的**識緣名色**、**名色緣識**的識，當然都是講識陰六識心。阿含部其餘各處經文中所說的識，只有在探究**名色是從哪裡生起的**，那時所講的**出生名色的識**，才會是本識入胎識，以外都是講識陰等六識心。只要把握住這個原則，對於十**因緣**與十二**因緣**法的正理，對於其他各處所說因緣法的正理，就能很容易而正確的領納、思惟與現觀，我見必定可以斷除。雖然這樣清楚的現觀以後，不必然可以取證阿羅漢果，但是初果的取證確實可能並不困難；證初果後以三縛結來自我檢驗，也是可以自己證實三縛結確實已經斷除了。這就是說，釐清十因緣中的**識**、以及十二因緣中的**識**，是修學阿含道的人必須特別注意的地方。

此外，關於**空**，常常有人誤會：**空無或虛空，具有常住而眞實的法性**。這是嚴重誤會阿含道的凡夫知見，這是誤把**空無**或**虛空**建立為實有法，接著就會因此而認為：**空無或虛空具有眞實自性，可以含藏衆生所造作的一切業種**。然後就誤以為斷滅後的空無不是斷滅空，誤以為虛空或空無具有眞實的自性，免不了會像印順一樣虛妄建立斷滅空為眞如空。然而空無、虛空永遠都不可能成為任何一法的所依，也無能依的功能，永無可能成為業種的所依處。而且空是依物質的邊際來施設為空，所以空無、虛空是色的邊際，阿羅漢們名之為**色邊色**，附屬於色法，當然是無法、沒有任何一法存在，是依物質的邊際而方便施設為空，所以印順的**滅相眞如**才眞正是**性空唯名**。但是阿含諸經所講的本識、入胎識，般若諸經所講的空性，則是眞實有自性、眞實涅槃，是般若所依體，是**眞實法**，也是萬法所依止的**眞實心體**，不是**性空**而**唯有名相**的**虛妄法**。

所謂的虛空，其實是依日月存在的邊際無物處的空無，施設為虛空，所以阿羅漢們說虛空是附屬於色法的**色邊色**。這也是四阿含中早就講過的：【梵志即復問曰：「瞿曇！空何所依住？」世尊答曰：「空無所依。但因日月，故有虛空。」】（《中阿含經》卷四十）所以**斷滅空**或**空無**、**虛空**，都不是佛法修證的標的，也不是佛法中解脫道的眞實意趣。阿含解脫道的眞實意趣是：滅盡蘊處界一切法以後，成為無餘涅槃時，不是斷滅空，而是剩下入胎識無覺無知而獨存，不再受生而永離生與死，不再有三界有所引生的種種痛苦。所以 佛陀在阿含中說涅槃是**眞實**、是**常住不變**。故說蘊處界斷滅後的空無，並不是阿含解脫道中的眞實意趣，因為是斷滅空。

此外，必須將廣義的識陰與狹義的識陰都滅除了，才能實證無餘涅槃的解脫。廣義的識陰，是說苦、樂、憂、喜、捨受的覺知。凡是有受，都是苦惱：【佛告彼曰：「比丘！人有六界聚、六觸處、十八意行、四住處。若有住彼，不聞憂慼事；不聞憂慼事已，意便不憎、不憂、不勞，亦不恐怖。如是，有教不放逸慧，守護眞諦，長養惠施。比丘！**當學最上，當學至寂，分別六界**。如是，比丘！人有六界聚。此說何因？謂地界（界謂功能）、水界、火界、風界、空界、**識界**（入胎識的功能）。……………比丘！若有比丘於此五界（地、水、火、風、空等五界）知其如眞，知如眞已，心不染彼而解脱者，唯有餘識；此何等識？樂識、苦識、喜識、憂識、捨識：比丘！因樂更樂故生樂覺，彼覺樂覺；覺樂覺已，即知覺樂覺；若有比丘滅此樂更樂，滅此樂更樂已，若有從樂更樂生樂覺者，彼亦滅、息、止，知已冷也。比丘！因苦更樂故生苦覺，彼覺苦覺；覺苦覺已，即知覺苦覺；若有比丘滅此苦更樂，滅此苦更樂已，若有從苦更樂生苦覺者，彼亦滅、息、止，知已冷也。比丘！因喜更樂故生喜覺，彼覺喜覺；覺喜覺已，即知覺喜覺；若有比丘滅此喜更樂，滅此喜更樂已，若有從喜更樂生喜覺者，彼亦滅、息、止，知已冷也。比丘！因憂更樂故生憂覺，彼覺憂覺；覺憂覺已，即知覺憂覺；若有比丘滅此憂更樂，滅此憂更樂已，若有從憂更樂生憂覺者，彼亦滅、息、止，知已冷也。比丘！因捨更樂故生捨覺，彼覺捨覺；覺捨覺已，即知覺捨覺；若有比丘滅此捨更樂，滅此捨更樂已，若有從捨更樂生捨覺者，彼亦滅、息、止，知已冷也。

比丘！彼彼更樂故生彼彼覺，滅彼彼更樂已，彼彼覺亦滅；彼知此覺從更樂，更樂本、更樂習、從更樂生，以更樂爲首，依更樂行。比丘！猶如火母，因鑽及人方便熱相故，而生火也。比丘！彼彼眾多林木相離分散，若從彼生火，火數熱，於生數受，彼都滅、止、息，則冷樵木也。如是，比丘！彼彼更樂故，生彼彼覺；滅彼彼更樂故，彼彼覺亦滅；彼知此覺從更樂，更樂本、更樂習、從更樂生，以更樂為首，依更樂行。若比丘不染此三覺而解脫者，彼比丘唯存於捨，極清淨也。】（《中阿含經》卷四十二）

這意思是說，狹義的識陰是指六識心，因為都是根、塵二法相觸所生起的法，所以說是識陰；意識正是意根與法塵二法相觸而生的，當然要攝歸識陰。但因為識陰現起而存在之時，就一定會有心所法現起與運作，就能觸六塵、覺知六塵、領受六塵法中的苦樂境界受、了知六塵中的苦樂捨受，這些都是識陰六識心的功能，正是六識心的自性，意識從來不能自外於其中；將六識的心所法功能都含攝入識陰中時，就成為廣義的識陰了，這是此部《阿含經》中所說。若想要實證有餘涅槃，就必須了知廣義的識陰全部，必須全面否定廣義的識陰，並且識陰對全部的微細自己都不再有所執著，而不只是狹義的識陰。若想要進入無餘涅槃中，就必須全面斷滅廣義的識陰，而不只斷滅狹義的識陰，否則將會仍然保有識陰而不能自己覺知這個事實，最多只能入住非想非非想定，卻自以爲識陰已經滅盡了！但是八萬大劫後仍將會淪墜三途而受苦無量，這也是阿含解脫道的行者中，若已實證四禪、四空定的人必須加以注意的地方。最狹義的識陰，是說微細的識陰，也就是四空定中的識陰，已經沒有五塵與五識陪伴著，只有極細的定境法塵陪伴著意識自己存在，此時的識陰是極微細的，但也應滅除，才能實證無餘涅槃，所以 佛接著開示：

【「比丘！彼比丘作是念：『我此清淨捨，移入無量空處。』修如是心，依彼、住彼、立彼、緣彼，繫縛於彼。『我此清淨捨，移入無量識處、無所有處、非有想非無想處。』修如是心，依彼、住彼、立彼、緣彼，繫縛於彼。比丘！猶工煉金上妙之師，以火燒金，鍛令極薄；又以火煅，數數足火熟煉令淨，極使柔軟而有光明；比丘！此金者，於金師以數數足火熟煉令淨，極使柔軟而有光明已，彼金師者隨所施設，或綖繒綵、嚴飾新衣，指鐶、臂釧、瓔珞、寶鬘，隨意所作。如是，比丘！彼比丘作是念：『我此清淨捨，移入無量空處。』修如是心，依彼、住彼、立彼、緣彼，繫縛於彼。『我此清淨捨，移入無量識處、無所有處、非有想非無想處。』修如是心，依彼、住彼、立彼、緣彼，繫縛於彼。彼比丘復作是念：『我此清淨捨，依無量空處者，故是有爲；若有爲者，則是無常；若無常者，即是苦也！』若是苦者，便知苦；知苦已，彼此捨，不復移入無量空處。『我此清淨捨，依無量識處、無所有處、非有想非無想處者，故是有爲；若有爲者，則是無常；若無常者，即是苦也。』若是苦者，便知苦；知苦已，彼此捨，不復移入無量識處、無所有處、非有想非無想處。比丘！若有比丘於此四處以慧觀之，知其如眞，心不成就、不移入者，彼於爾時不復有爲，亦無所思：謂有及無。彼受**身最後覺**，則知受身最後覺；受**命最後覺**，則知受命最後覺；身壞命終，壽命已訖，彼**所覺**一切，滅、息、止，知至冷也。

比丘！譬如燃燈，因油因炷。彼若無人更增益油，亦不續炷，是爲前已滅訖、後不相續，無所復受。如是，比丘受身最後覺，則知受**身最後覺**；受命最後覺，則知受**命最後覺**；身壞命終，壽命已訖，彼**所覺**一切，滅、息、止，知至冷也。比丘！是謂比丘第一正慧，謂至究竟滅訖，漏盡比丘成就於彼，成就第一正慧處。比丘！此解脫，住眞諦，得不移動。**眞諦**者謂**如**法也，妄言者謂虛妄法。比丘！成就彼第一眞諦處比丘，彼比丘施、說施，若本必有怨家，彼於爾時放捨、吐離、解脫、滅訖；比丘！是謂比丘第一正惠施，謂捨離一切世，盡、無欲、滅、息、止，比丘成就於彼，成就第一惠施處。比丘！彼比丘心，爲欲、恚、癡所穢，不得解脫；比丘！此一切婬、怒、癡盡，無欲、滅、息、止，得第一息；比丘成就彼者，成就第一息處。

比丘！『我』者是自舉，『我當有』是亦自舉，『我當非有非無』是亦自舉，『我當色有』是亦自舉，『我當無色有』是亦自舉，『我當非有色非無色』是亦自舉，『我當有想』是亦自舉，『我當無想』是亦自舉，『我當非有想非無想』是亦自舉；是貢高、是憍傲、是放逸；比丘！若無此一切自舉、貢高、憍傲、放逸者，『意』謂之息。比丘！若意息者，便不憎、不憂、不勞、不怖；所以者何？彼比丘成就法故，不復有可說憎者；若不憎則不憂，不憂則不愁，不愁則不勞，不勞則不怖；**因不怖，便當般涅槃**：生已盡，梵行已立，所作已辦，不更受有，知如眞。」

說此法已，尊者弗迦邏娑利遠塵離垢，諸法法眼生；於是尊者弗迦邏娑利見法得法，覺白淨法，斷疑度惑，更無餘尊；不復由他，無有猶豫；已住果證，於世尊法得無所畏。即從坐起，稽首佛足，白曰：「世尊！我悔過！善逝！我自首：如愚如癡，如不定，如不善解，不識良田，不能自知。所以者何？以我稱如來、無所著、等正覺爲**君**也。唯願世尊聽我悔過，我悔過已，後不更作。」

世尊告曰：「比丘！汝實愚癡，汝實不定，汝不善解，謂稱如來、無所著、等正覺為**君**也。比丘！若汝能自悔過，見已發露，護不更作者，比丘！如是則於聖**法**、**律**中益而不損；謂能自悔過，見已發露，護不更作。」佛說如是，尊者弗迦邏娑利聞佛所說，歡喜奉行。】（《中阿含經》卷四十二）

由此開示的確實理解，才能了知阿羅漢心中是沒有任何一法、任何一想、任何一知的，連心中已捨非非想定的**捨想**——**已捨棄非想非非想定中的捨作意**——都已經不存在了！絕無任何一法掛懷於心中，何況還會否定如來藏、還會排斥大乘法？這才是眞實阿羅漢。

又：一切粗細的識陰悉皆滅除，才是眞正的無餘涅槃，有經文為證：【「復次，比丘思量正盡苦，究竟苦邊時，思量『名色何因、何集、何生、何觸？』知彼名色『識因、識集、識生、識觸』，彼識（識陰六識）欲滅無餘，則名色滅。彼所乘『識滅道跡』如實知，修習彼向、次法，是名比丘向正盡苦，究竟苦邊，所謂識滅。」】（《雜阿含經》卷十二第292經）這意思是說，以累世以來的識陰對世間法的熏習為因，才會有此世及未來無量世的識陰出生；由於識陰的熏習而造作了種種善惡業，才會有識陰種子的集起；藉著世世識陰的邪見熏習而生身口意三行，於是深固的認定色陰、識陰等自己是眞實的，所以會有識陰不斷的出生；藉著世世識陰的存在，才能對六塵萬法有所觸知與領受，使識陰的自性繼續存在；所以識陰生起與存在的因、集、生、觸，都是由世世識陰的邪見、熏習、集起及造作而引生出來的；知此，就懂得要將識陰滅除；如果識陰自己願意永遠不起，就不會在死後去入胎，就不會有來世的名色再出生，成爲無餘涅槃。

眞正修學解脫道的人，對於識陰——特別是意識離念靈知——不該繼續存在而應永滅的道理，對於識陰永滅後的境界，對於識陰應該如何滅除的方法，都應該詳細的加以思惟、觀察、了知，然後切實修習而滅除識陰，使識陰永滅而不會再起現行，於是無餘涅槃就可以實證了！若是對於識陰的全部內容、識陰滅除後的狀況、滅除識陰的方法……等等，都心存抗拒或不信受，期望要將識陰或意識離念靈知繼續保留著，那就是凡夫，正是我見、常見者。

若能對於「識滅道跡」已如實知，就可以名爲二乘菩提中的見道初果人；若能進而修習「彼識滅道跡」，他就是「修習彼『向法、次法』」的人，正是修習那個**識滅道跡**而趣向涅槃法的人，也是繼續進修一切與意識滅除方法有關的次要諸法的人，他正是被 佛陀稱爲「向識滅道跡、向正盡苦」的阿含道中的修道者，他就是解脫道中的二果與三果人；若已對識滅道跡切實修行而斷盡識陰的自我執著了，他就是被 佛陀稱為「究竟苦邊」的四果聖人，捨壽時即能取證無餘涅槃：滅盡識陰六識覺知心及第七識意根，不再受生於三界中。

由此緣故，平實對阿含道的修學者大聲疾呼：唯有滅盡五陰的法義，才是解脫道的正道。若有人想要繼續保持識陰中的意識覺知心永住不滅，就是未斷常見的凡夫。也要在此對大乘參禪者呼籲：若所證的心非屬五陰所攝的心，是與意識同時同處而且無始以來就本自清淨的心，才是眞悟。若是想要繼續保有識陰自己：想要繼續保持離念靈知心的存在，或想要使意識覺知心永存，都是對佛菩提道不瞭解的凡夫。若所證的心是五陰所攝的心，是常常不淨而必須修行以後才變成清淨的心，那是緣生而會轉變的意識心，正是對大乘佛菩提的見道仍未瞭解的凡夫。

譬如《增壹阿含經》卷十六：【世尊告曰：「云何比丘！汝等豈非欲離生死、求無為道，故作道乎？然五陰之身實不可保。」諸比丘對曰：「如是，世尊！如世尊教，我等族姓子所以出家學道者，以求無為道、滅五陰身，是以學道。」】所以，眞修解脫道的一切大師與學人們！請您對這一節及上一節中的經文佛語以及解釋、說明，詳實的加以比對及深入理解、現觀吧！您出家、學道以後，經由選擇而趣向解脫道，不是趣向佛菩提道，其目的無非就是求證涅槃而滅除三界生死苦。

如今舉示經文及解釋了阿含解脫道的正理以後，請您以後別再落入識陰之中，別再落入意識心中；請您對識陰六識滅除的境界，對識陰六識滅除的方法，以及想要達到識陰完全滅盡時，所應修學的種種次要方法，都應加以理解、思惟、觀察以後，付之於實行吧！也請您改變以往錯誤的知見，回歸到阿含道的正確知見上來，依照 佛陀聖教中的開示，不違佛說而教導學人滅除五陰吧！也請您如實履踐阿含道所說的滅除五陰的法義，也率領座下弟子四眾具足觀行五陰的虛妄，將滅除五陰而證涅槃的正見教導給座下弟子吧！那麼您與座下弟子都將可以在今生之中，於解脫道上至少得以取證初果，平實在這裡預先向您恭賀道喜了！

第三節　無餘涅槃界

一般而言，二乘聲聞法中的涅槃都說有二：有餘及無餘。有餘涅槃是說仍有微苦餘存，或說仍有思惑尚未斷盡而殘餘著，仍須再受生於三界中一次，故名有餘；或時說爲有餘依涅槃，則是說入滅之前尚有微苦作爲阿羅漢覺知心的所依，故名有餘依涅槃；或說阿羅漢入滅前尚有色身及覺知心餘存，作爲入滅前的所依苦法，故名有餘依涅槃。無餘涅槃是說已經入滅，意識與意根都不復存在了，名與色都滅盡無餘了，一切法都不再生起了，所以名爲無餘涅槃；或說入滅後已無寒熱等苦作爲所依，故說是無餘涅槃；或說思惑已滅盡，已無思惑作爲後世的所依，名爲無餘涅槃。所以有餘與無餘涅槃的義理，有著較一般人所知的更爲廣泛的意涵。由此法理，所以斷五下分結的三果人，也可以說是已證有餘涅槃的聖人，譬如《增壹阿含經》卷七說：

【「彼云何名爲**有餘涅槃界**？於是比丘滅**五下分結**，即彼般涅槃，不還來此世，是謂名爲有餘涅槃界。彼云何名爲無餘涅槃界？如是比丘盡有漏，成無漏，意解脫，智慧解脫，自身作證而自遊戲：生死已盡，梵行已立，更不受有，

如實知之，是謂爲無餘涅槃界。」】

語譯如下：【「那個境界爲什麼說是有餘涅槃界呢？於是，那位比丘滅除了五種下分結，就往生到那邊，捨壽時般涅槃，不會再還來這個人間了，這就名爲有餘涅槃界。那無餘涅槃界爲什麼說是無餘涅槃界呢？像這樣修行的比丘，滅盡一切有漏法，成就了無漏境界，意識已證得解脫，智慧出生而獲得解脫，自己親身作證而自己遊戲於這裡面：生死已經窮盡，清淨行已經建立，都不會再領受後有了，如實的證知這個境界與道理，就是我所說的無餘涅槃界。」】

在這一段經文中所說的有餘與無餘，是從五陰執著的煩惱是否已經完全滅盡來說的；不是從捨壽時滅除了一切名與色而說是無餘涅槃，也不是從捨壽前仍有名與色或寒熱等苦的餘存而說爲有餘涅槃。意思是，只要還有思惑煩惱尚未斷盡，死後必須再受生於色界天，才能在天界取無餘涅槃，就依在人間時尚未斷盡思惑而稱爲有餘涅槃；所以三果人是已經親證有餘涅槃的，因爲他們捨壽後往生去色界天時，可以在那裡取無餘涅槃，而不能在此世捨壽時直接取證無餘涅槃，所以說他們有餘煩惱思惑未斷，但已有能力在往生天界後取證無餘涅槃，故名有餘涅槃。若是已經斷盡思惑煩惱，捨壽時不再受生於天界才取涅槃，可以在死時直接取涅槃，已無任何思惑煩惱餘存，所以就說四果人已證得無餘涅槃，不必等到死後滅盡五陰、十八界法，才說是取證無餘涅槃。換句話說，三果人所證也是有餘涅槃；這與當前佛教界一般大師們獨取「阿羅漢方證有餘涅槃」的說法有所不同，但是二種說法都沒有錯誤，您對此應該有所了知。

亦如《雜阿含經》卷二十七說：**【「此七覺分修習多修習，當得二果：得現法智有餘涅槃及阿那含果。」】**現法智是阿羅漢所得，可以在現法五陰身中捨壽時直接進入無餘涅槃，但是這位阿羅漢在生前是被稱呼為已證有餘涅槃的。若是七覺分修習多修習以後，不能證得現法智有餘涅槃，就是證得三果，要往生天界以後，再於天界中取涅槃；這時就不說三果人所證是有餘涅槃，而是以阿羅漢捨壽前名為有餘涅槃，捨壽後滅盡寒熱等苦而名為無餘涅槃。所以有餘涅槃與無餘涅槃，有時會出現不同的方便說法。

但是不論如何，這二種涅槃都不是斷滅境界，所以阿含部許多經典中都說阿羅漢入無餘涅槃**界**，而不是只說入無餘涅槃；而且世尊有時也說涅槃是眞實、常住不變，當然滅盡五陰以後不是斷滅空；因此而說，無餘涅槃中，有「**界**」不滅，名為無餘涅槃**界**，有經文為證：

【聞如是 一時佛在舍衛國祇樹給孤獨園。爾時世尊告諸比丘：「有此二法涅槃界，云何爲二？有餘涅槃界、無餘涅槃界。彼云何名爲有餘涅槃界？於是比丘滅五下分結，即彼般涅槃，不還來此世，是謂名爲有餘涅槃界。彼云何名爲無餘涅槃界？如是比丘盡有漏，成無漏，意解脫，智慧解脫，自身作證而自遊戲：生死已盡，梵行已立，更不受有，如實知之，是謂爲無餘涅槃界。此二涅槃界，當求方便至無餘涅槃界。如是，諸比丘！當作是學。」爾時諸比丘聞佛所說，歡喜奉行。】（《增一阿含經》卷七）

此處經文中說**界**有二：有餘涅槃界、無餘涅槃界。所以，無餘涅槃中並非斷滅空，而是仍然有其功能存在的。只是因爲意根已經滅除了，沒有意根作前導，所以本識出生名色的種種功能不再現起了，因此不再生起名、色，也就不能藉名、色來出生一切法了，但是本識的界——祂的功能——種子並未斷滅，而是仍然保存在本識中的，所以無餘涅槃中仍然有界。界即是種子，又名功能差別；因爲功能有所差別，故有界限不同，故將功能差別名之爲界。所以二乘聖人所入的無餘涅槃中仍然有界存在，並不是斷滅空，不可以像印順及宗喀巴一樣說無餘涅槃中是斷滅空，然後恐怕別人排斥他們是斷見外道，又建立意識的粗心或細心作爲常住法，而說意識心常住不滅、所以涅槃不是斷滅空，但印順有時卻說意識細心是三世聯貫者，成爲常住法，都已是自相矛盾的虛妄想。所以，一種涅槃的說法，有時會有方便說，要觀察前後經文的說法來判定，不可依自己的情解妄想就隨意亂說。有餘涅槃有時是說思惑雖已斷盡，但是尚未進入無餘涅槃以前，仍有名色作爲所依，也仍有寒熱……等微苦作爲生前的所依，所以捨壽之前被稱爲有餘依涅槃。有時則是說思惑尚未斷盡的三果人，仍不能在此世捨壽時取證無餘依涅槃，所以三果人所證的果位有時不許被稱爲有餘依涅槃，而將有餘涅槃定位爲四果人捨壽前的果報境界，所以《雜阿含經》卷二十七中說：【爾時世尊告諸比丘，如上說。差別者：「此七覺分修習、多修習，當得二果：得現法智**有餘涅槃**，及阿那含果。」】只說已得現法智的阿羅漢入滅之前是有餘涅槃，而不說三果人也是有餘涅槃，只說是得阿那含果。

但是在《雜阿含經》卷二十七中，佛說三果人也是得涅槃的，只是不稱爲無餘涅槃，是以有餘之法而名之爲**中般涅槃**……等五種涅槃，所以合名有餘涅槃界。有經文爲證：【「若比丘修習此七覺分，多修習已，當得七果。何等爲七？謂現法智有餘涅槃 ⑴ 及命終時 ⑵，若不爾者，五下分結盡，得中般涅槃 ⑶。

若不爾者，得生般涅槃⑷。若不爾者，得無行般涅槃⑸。若不爾者，得有行般涅槃⑹。若不爾者，得上流般涅槃⑺。】這是說，第一種及第二種是阿羅漢所證，在阿羅漢捨報前是有餘涅槃，捨報後是入無餘涅槃。後面的第三種至第七種人，是說三果人所得涅槃有五種不同，第一種是中般涅槃；在捨壽時，身壞命終，他的色界天中陰身生起了以後，因爲他的根性極猛利的緣故，五上分結已極微薄，所以在初生起色界天相應的中陰身以後，隨即自省而得到無漏道的智慧力，當時就進前斷除五上分結而般涅槃；也有人會在轉入第二個色界天相應的中陰身境界終了時，才斷盡我慢結使而滅盡自己、取證無餘涅槃，都是在中陰階段所取的涅槃，故名爲中般涅槃。

第二種三果人是生般涅槃，這是說三果人身壞命終後，他即將往生於色界天，所以他的色界天中陰身生起了；接著他就往生色界天中，不需觀行，不久便得無漏道的力量，知道自己是我慢尚未斷盡，所以進斷我慢結使而般涅槃，故說是生般涅槃；這是因爲他較晚發覺我慢，故須生到四禪天才能發覺。

第三種三果人是無行般涅槃，他才剛剛生到色界不久，便對自己爲何不能滅盡、爲何仍會生到色界天中，起心探究而稍作觀行，獲得無漏道的功德力，進斷五上分結以後，盡其天壽而安住，在天界捨棄天壽時方才進入無餘般涅槃界中，名爲無行般涅槃。這是依於無行道，以無勤行及無勤作意修習止息的加行道，自然而然斷盡五上分結，可以在色界天中隨時進入無餘般涅槃界。

第四種三果人是有行般涅槃，又名勤行般涅槃，當阿那含人在人間身壞命終，他所有的色界天中陰身現起以後，隨即往生色界天中；然後依於有行之道，加上勤行以及勤行作意，專修不停息的加行道，深入觀察五上分結，久之進斷五上分結而成爲慧解脫阿羅漢，等到捨壽時就在色界天上般涅槃。這是說他在色界天中，依於有行道，以有勤行以及有勤作意，一世努力不停息的進修加行道，捨壽前才能進斷五上分結而般涅槃的緣故。也有阿羅漢如此說：由於這種三果人，依於有爲緣定，進斷五上分結而般涅槃的緣故。

第五種三果人是上流般涅槃，或稱上流處處般涅槃；這是說，這一類三果人，在人間身壞命終時，他的色界天中陰身生起以後，就往生於色界初禪天中出生，初禪天中捨壽時仍不能斷除五上分結，必須再往生二禪天或其餘色界天中，才能具足觀行而斷除五上分結，捨壽後入無餘涅槃。也有阿羅漢這麼說：由於這種三果人，依於諸天境界的觀行，進斷五上分結而入無餘涅槃界的緣故，所以說是上流般涅槃。但是上流般涅槃的比較正確說法，是有一種三果人證德較差，必須上流處處受生之後才能般涅槃的，這是較爲遲鈍的三果人。

譬如有一種三果人，不能深入瞭解五上分結的內容，即使在人間時已經證得世俗法的第四禪，但是在即將命終時卻退入第三禪中，乃至捨壽時退入初禪中，在初禪境界中臨命終時，由於完全不知五上分結的內容，所以生起部分造作的心行而增長了異熟種，使得異熟種出生了，於是身壞命終後，他就生起初禪天中陰身，隨即往生色界初禪天的梵眾天中。出生於初禪天以後，未壽終之前重新現起世俗法的第二禪功德，在初禪天臨命終時仍不能斷除五上分結，所以心中有所造作而增長異熟種，出生了異熟種，所以在初禪天中身壞命終時，他的二禪天中陰身就生起了，隨即往生色界的二禪光音天中。出生在二禪天以後，命終之前又發起世俗相應的第三禪功德，而不是斷除五上分結，因此而在二禪天臨命終時心生造作而增長異熟種，出生了異熟種，所以在二禪天身壞命終時，三禪天的中陰身生起了，就往生到色界遍淨天中。出生到三禪天以後，又現起世俗法中的第四禪功德，臨命終時又因心中造作而增長異熟種，出生了異熟種以後，身壞命終時，四禪天的中陰身就出生了，於是往生色界的廣果天中；出生在四禪天以後，又進入下品雜修的世俗第四禪境界中；臨命終時起心造作而增長異熟業種，出生了異熟業種以後，身壞命終，他的色界天中陰身生起了，就往生色界四禪天的無煩天中。出生於無煩天以後，又進入中品雜修的世俗第四禪境界，臨命終時又因心中的造作而增長異熟業種，出生了異熟業種以後，身壞命終，他的色界天中陰身又生起了，於是就往生去色界的無熱天中。出生在無熱天以後，又生起了上品雜修的世俗第四禪功德，於是臨命終時心中造作而增長了異熟業種，出生了異熟業種以後，身壞命終，他的色界天中陰身又生起了，於是往生色界的善現天中。出生到善現天以後，又雜修禪定而獲得上勝品的世俗第四禪功德，臨命終時又因爲心中的造作而增長了異熟業種，出生了異熟業種以後，身壞命終時，他的色界天中陰身又生起了，就往生於色界的善見天中。出生以後又因有進入上上品最極圓滿的雜修世俗第四禪境界，後來臨命終時又因心中的造作而增長異熟業種，出生了異熟業種以後，身壞命終時，他的色界天中陰身生起了，就往生色界的色究竟天中。出生到色究竟天以後，才能獲得無漏道力，進斷最後一分的五上分結，我慢斷盡，才能進入無餘依般涅槃界，這就是上流處處般涅槃的最鈍根三果人。

此外，三果人中的第五類上流般涅槃，也可以歸類爲二種人：第一種三果人是行於色界境界而般涅槃，第二種人則是行於無色界而般涅槃，都是上流而般涅槃。若是行於色界而般涅槃的人，可能在二、三、四禪天的任何一處取涅槃，但以色究竟天爲最遲鈍者最終取無餘涅槃的地方，不可能超過色究竟天。若是行於無色界的三果人，是在人間時已得無色界定，死後或於空無邊處、或於識無邊處取涅槃，但是最多只能推遲到非想非非想處天，作爲最終取證無餘涅槃的地方，不可能超過非非想處天。

無餘涅槃的種種取證，都只是三果與四果人的取證，都不涉及初果與二果人；所以初果到二果，都不可以說是已證有餘涅槃，因爲他們都還沒有證得**心解脫**，都還不能超過欲界境界，不能中般、生般乃至上流般涅槃，都必須再還來人間，所以不能說是已得有餘涅槃的聖者。必須在二果中，發起了初禪而不退失初禪時，觀察五種下分結的內容而一一斷除之，才能超過欲界而獲得**心解脫**，才算是已經斷除五下分結而取證三果了，這時才可以說是已得有餘涅槃的聖者。斷我見者若是未得初禪而不退失，就不可以說是已證三果。所以初果人與二果人都不可以自稱已證有餘涅槃，因爲依據 佛陀的開示，只有到三果時才可以說是已證涅槃；這已是二乘法中對有餘涅槃最爲寬廣、最爲寬鬆的定義，已不同於「阿羅漢才證得有餘涅槃」的一般說法了！

於人間證得無餘涅槃時，在欲界天法界中，特別是在他化自在天中，都會有大震動的，但是人間卻沒有什麼人會感覺到。若是諸佛在人間入涅槃時，人間大地都會大震動；這種震動並非地震，而是證量較高的人，以及有緣人都會感覺得出來的。譬如平實在正覺講堂說法講經時的開經偈，在修改後初次講經誦唸開經偈時的法座震動一般，也有人當時感覺到整座大樓正在搖晃，但是大多數人是不會感覺到的。所以《長阿含經》卷二云：【「復次，阿難！如來於無餘涅槃界般涅槃時，地大振動。」】正是這個道理。

但是無餘涅槃中並不是斷滅境界，而是仍有本識及所執藏無漏有爲法的種子存在著，或如阿羅漢的習氣種子被本識執持而存在著，所以仍有種子的自心流注而不會再出現於三界中，因爲已無意根的作意來作前導的緣故。除非阿羅漢們入無餘涅槃前，曾聽聞佛說成佛的極殊勝處，當時心中有所嚮往，才有可能在入涅槃後的無量萬億劫之後，使得意根種子相應而再度使意根現行了，當然就會促使本識再度受生於三界中，就會開始了菩薩道的歷程。若是入涅槃前聽聞了以後，並無絲毫的喜樂之心，就不可能因爲自心中的種子流注而再受生於三界中，那就是蘊處界等一切法永滅了，唯餘本識執持異熟種子獨存，不再流注異熟法種出來，永遠不再於三界中出現了。正因此等功能差別故，所以無餘涅槃才會被 佛陀稱爲界，因爲不是斷滅成爲空無的緣故。所以有餘涅槃有其功德上的不同，而無餘涅槃也是有界的，不是斷滅空無而使一切功德滅失了的，無餘涅槃位中的本識仍然是收藏著一切功能差別種子的，不是斷滅空。

《增壹阿含經》卷三十一則云：【「若世尊賢聖弟子眼見色已，不起染著，無有污心，即能分別此眼是無常之法，苦、空、非身之法。六情亦復如是，不起染污心，分別此六情無常、苦、空、非身之法。當思惟此時，便獲二果：於現法中得阿那含、若阿羅漢。猶如有人極飢，欲修治穀麥，揚治令淨而取食之，除去飢渴；賢聖弟子亦復如是，**於此六情，思惟污露不淨，即成道跡，入無餘涅槃界**。是故比丘！當求方便，滅此六情。」】這意思是說：對於眼等六識所面對的六塵而生起的種種情懷與貪愛，都應該滅盡，才能發起初禪而離開欲界生，進入三果而在捨壽後以中般涅槃取證無餘涅槃。這就是 佛對某些初果或二果人說只要滅盡貪欲就可以取證無餘涅槃的道理，屬於爲人對治悉檀；然而取證無餘涅槃時，不可以作斷滅想；否則絕不可能實證無餘涅槃的，這個知見，是一切修學阿含道的佛弟子都應該注意的。

《增壹阿含經》卷三十三說：【「盡有漏，成無漏，於現法中而自娛樂：生死已盡，梵行已立，所作已辦，更不復受胎，如實知之。於此無餘涅槃界而般涅槃，是謂此人已渡彼岸者也。」】換句話說，渡到彼岸時，一定是有一個法在彼岸；若是斷滅空，怎能說是渡到彼岸呢？應該說是滅盡一切法而成為斷滅空了。而且世尊常常說是無餘涅槃界，不單只是說無餘涅槃四字，也不曾說過無餘涅槃是斷滅空，而且常常說涅槃是眞實與無為，也是常住不變，所以印順不該以一切法緣起性空的斷滅空、一切法空來解釋作眞如或涅槃。

又《增壹阿含經》卷三十七云：【爾時須拔白佛言：「我今聞世尊夜半當取般涅槃，唯願世尊先聽我取涅槃，我不堪見如來先取滅度。」爾時世尊默然可之，所以然者，過去恒沙諸佛世尊，最後取證弟子先取般涅槃，如來後取滅度，此是諸佛世尊常法，非適今日也。是時須拔見世尊已可之，即在如來前，正身正意、繫念在前，於無餘涅槃 界 而取滅度。是時此地六變振動，爾時世尊便說此偈：一切行無常，生者必有死；不生則不死，此滅為最樂。】

尚有多部阿含的經典中都說無餘涅槃界，既言無餘涅槃界，則知無餘涅槃中非是斷滅空、非是虛無頑空，所以《中阿含經》卷三十四也如此說：【「如來從昔夜覺無上正盡之覺，至于今日夜，於無餘涅槃界，當取滅訖。於其中間，若如來口有所言說，有所應對者，彼一切是眞諦，**不虛、不離於如**。」】這也是說**涅槃不是虛無，涅槃不離於如**，可見涅槃雖是滅盡蘊處界，但不是斷滅空。

在別的阿含部經典中也曾說到涅槃界：【「戒清淨義者，是受入之貌；然如來說，使除受入。心清淨義，亦是受入之貌，然如來說除受入。乃至知見之義亦是受入，如來說除受入，乃至涅槃：如來所，得修梵行。若當戒清淨，於如來所，得修梵行者，凡夫之人亦當取滅度。所以然者，凡夫之人亦有此戒法。世尊所說者，以次成道，得至**涅槃界**；非獨戒清淨，得至滅度。猶如有欲上七重樓上，要當以次而至；戒清淨義亦復如是，漸漸至心，由心至見；由見至無猶豫；由無猶豫，淨至於行跡；由淨行跡，得至於道；由於淨道，得至知見；由淨知見，得至涅槃。」】（《增一阿含經》卷三十三第10經）這段經文中也是說涅槃界，不是單說涅槃二字；所以阿含部聲聞佛法中，在在處處都說無餘涅槃不是斷滅空、不是空無或虛無，也不是虛空，所以才說是界。界仍存，當然就不是斷滅法；所以無餘涅槃中的這個界，當然是指本識及其含藏的一切種子。

四阿含諸經中如是說「無餘涅槃」有「界」獨存者，比比皆是，今猶可稽，端在學人讀得懂或讀不懂罷了！由此證知無餘涅槃不是斷滅境界，不是蘊處界滅盡後的空無斷滅相。所以印順所主張的「滅相不滅」，其實只是蘊處界的斷滅空，也只是意識覺知心中建立的兔無角法，並不是實相法，而是虛相法。雖然，兔無角是不可推翻的，但是兔無角的想法只是依牛有角而相待施設建立的，絕無實質。同理，蘊處界的滅相，也是依蘊處界有而建立的；若沒有蘊處界有，又怎能施設蘊處界的滅相？而說滅相是不會再滅的？把實無的滅相，把依他而建立的滅相，再建立為般若法義中的心眞如，也眞是太會想像了！這就如同愚人把財物毀壞而成為空無以後，再將空無加以建立，說空無是不可再被毀壞的；亦如愚人把手裡的鈔票放火燒了，卻向欲奪錢財的惡人說：「鈔票是無常的，你儘管來搶吧！我已經把無常的鈔票燒光了，這個燒光了的法相，你是搶不走的，燒光了的法相是我眞實擁有的，是不可被壞滅的。」這其實只是斷滅空，而印順正是這樣的愚人。但是印順自己卻不知道滅相不滅的建立，已經墜入兔無角的戲論妄想中了！

所以蘊處界的滅相絕對不可說是眞如，因爲滅相正是斷滅空的緣故，不是依常住法而建立，反而是依無常的蘊處界而建立的斷滅空，當然不可說爲眞實法、實相法，絕對不能與涅槃的實證相應。而且滅相是依蘊處界未滅之前而施設的法，在未來入無餘涅槃而滅盡蘊處界時，又如何能有滅相繼續存在呢？因爲滅相所依的蘊處界已經不存在了，當然蘊處界的滅相也就跟著滅失了！這當然不可說是實相法。實相法一定是有眞實法性存在，才可以依其眞實存在而如如不動於世間、六塵萬法，才能說是眞實與如如。滅相既然是無法，當然不可以說是眞實而如如的，所以印順不可以主張說：**蘊處界斷滅後的滅相不會再斷滅了，這就是眞如**。所以，無餘涅槃絕對不是印順想像中的斷滅空，而是有**界**實存的；這個界，正是入胎識、本識的功能，即是大乘般若經中所說的無心相心、無住心、非心心、不念心、菩薩心、佛心、眾生心的功能；亦即是阿含諸經中所說的入胎識、出生名色的識、無餘涅槃中的本際、如來藏，南傳大藏經中說的愛阿賴耶、樂阿賴耶、欣阿賴耶、喜阿賴耶；聲聞部派佛教說的有分識、不可說我、本識、窮生死蘊；亦即是方廣唯識諸經中說的如來藏、阿賴耶識、異熟識、無垢識、心、所知依……等名所說的第八識心體的功能。

阿羅漢們入無餘涅槃之後，當然是由他們的如來藏本識獨存，但因只斷我執而證得五陰眾生空，故名已證生空眞如；但是這個已證生空眞如，是從菩薩智慧的立場來看待時才可以講得通的；這是因爲菩薩能現觀阿羅漢們滅除蘊處界而入無餘涅槃時，他們的第八識獨存而繼續保持眞如法性；因爲他們未捨壽前的第八識已斷除異熟種子的現行，故說已證生空眞如。然而阿羅漢們對這個道理，雖能聽得懂，仍是無法現觀的，只能相信佛陀的開示：無餘涅槃中有**界**不壞，名爲**本際**，因此而在捨壽時毫無猶豫的滅除蘊處界自己全部，成爲無餘涅槃界。但阿羅漢們其實是不曾證得第八識心體的，所以親證生空眞如的說法，是從菩薩對阿羅漢們所證涅槃的現觀來說的，不是由阿羅漢們自己所證的涅槃境界現觀出來的。既然涅槃中眞實有**界**——本識及所含藏的種子——獨存，當然就不是斷滅法。印順臆想猜測的涅槃，是與此完全不符的。

二乘聖人所修的阿含道，是著重於解脫三界生死的，他們不必親證法界萬法的眞實相，不必親證萬法之所從來，只須信受佛語，相信有一個本識出生了蘊處界，而捨壽時滅盡蘊處界後將會由這個本識獨存，故非斷滅空，這就足夠阿羅漢們放心的滅除全部自己，所以不必以親證如來藏作爲修行的法事，只需斷除我見及我執就夠了。但這是禪宗六祖所斥的**將滅止生**，是以蘊處界滅盡後不再出生來世的蘊處界而說為無生，不是「大乘法中所證的**本來無生**所以不必修滅」的**心眞如**妙法。只有親證本識**心眞如**時，經由現觀而確認其眞實存在，確認其能生萬法，確認二乘的有餘及無餘涅槃也是依祂而施設的，這樣才能說是證得眞如法。證眞如之事，在四阿含中其實已經有所敘述了，雖然說得極簡略與粗淺；由此可見四阿含中的雜阿含與增一阿含，本來即是解說心眞如的大乘經，但是被二乘聖人結集以後卻只成為敘述二乘解脫道的法義了！可是其中仍然可以處處看出大乘法的端倪，除非沒有種智而無力觀察。今有經文為證：

【是時尊者難陀便作是念：「此是魔行天人。」覺知此已，復以偈報曰：「我昔有此心，婬泆無厭足；為欲所纏裹，不覺老病死。我度愛欲淵，無污無所染；榮位悉是苦，獨樂**真如法**。我今無諸結，婬怒癡悉盡；更不習此法，愚者當覺知。」爾時，彼魔行天人聞此語，便懷愁憂，即於彼沒不現。】（《增壹阿含經》卷七）

又如《雜阿含經》卷十九也曾說到**眞如法**，但仍以二乘小法的四念處無常空法來解釋眞如法；這都是因為二乘聖人對大乘的眞如法無所證的緣故，所以聽聞大乘眞如法時不能成就念心所，當然只能針對他們所能憶持的解脫道法義來結集了！有經文為證：「時尊者阿那律獨一靜處，禪思思惟，作是念：『有一乘道，淨眾生，離憂悲惱苦，得**真如法**，所謂四念處。何等為四？身、身觀念處，受、心、法，法觀念處。若於四念處遠離者，於賢聖法遠離；於賢聖法遠離者，於聖道遠離；聖道遠離者，於甘露法遠離；甘露法遠離者，則不能脫生、老、病、死、憂、悲、惱苦。若於四念處信樂者，於聖法信樂；聖法信樂者，於聖道信樂；聖道信樂者，於甘露法信樂；甘露法信樂者，得脫生、老、病、死、憂、悲、惱苦。』爾時尊者大目揵連知尊者阿那律心之所念，如力士屈伸臂頃，以神通力於跋祇聚落失收摩羅山，恐怖稠林禽獸之處沒，至舍衛城松林精舍尊者阿那律前現，語阿那律言：「汝獨一靜處，禪思思惟，作是念：『有一乘道，令眾生清淨，離生、老、病、死、憂、悲、惱苦，得**真如法**，所謂四念處。何等為四？身、身觀念處，受、心、法，法觀念處。若於四念處不樂者，於賢聖法不樂；聖法不樂者，於聖道不樂；不樂聖道者，於甘露法亦不樂；不樂甘露法者，則不能脫生、老、病、死、憂、悲、惱苦。若於四念處信樂者，樂賢聖法；樂賢聖法者，樂於聖道；樂聖道者，得甘露法；得甘露法者，得脫生、老、病、死、憂、悲、惱苦』耶？」尊者阿那律語尊者大目揵連言：「如

是，如是。」】（《雜阿含經》卷十九第 535 經）

這就是二乘聖人結集 佛在第二轉法輪時期所說大乘法的經典，仍然可以尋得大乘眞如法的蛛絲馬跡；但是他們對大乘八識心王妙法未曾親證，所以不能對般若實相法義生起勝解，當然就無法對大乘如來藏眞如妙法具足念心所，一定無法記憶 佛所說的大乘如來藏眞如法，結集之後當然就把大乘的眞如法變成二乘解脫道的法義了；這其實是無可避免的，所以他們說出來的**眞如法**，只能成爲二乘法中的四念處法了：【尊者大目犍連語尊者阿那律言：「云何名爲**樂四念處？」「尊者大目犍連！若比丘身、身觀念處，心緣身，正念住，調伏、止息、寂靜，一心增進。如是，受、心、法念處，正念住，調伏、止息、寂靜，一心增進。尊者大目犍連！是名比丘樂四念處。」**時尊者大目犍連即如其像三昧正受，從舍衛國松林精舍門，還至跋祇聚落失收摩羅山，恐怖稠林禽獸之處。】

這已變成與眞如法義不相干了！依二乘聖人所說的眞如法義來修學四念處的結果，是捨報時滅盡蘊處界等法，成爲空無，仍然不知滅盡蘊處界而成爲無餘涅槃時，眞實而如如不動的**心眞**如何在，怎能說是眞實而如如的眞如法呢？必須是如同諸菩薩一樣依 佛所說而親證涅槃中的本識了，才能現觀本識在三界萬法中一向是眞實存在、有眞實能生萬法的法性，而且一直對三界萬法如如不動、從無愛憎，這樣才能說是實證**眞如法**。然而阿羅漢們所說的眞如法，卻是不知也不證本識的四念處觀勤修以後的滅盡蘊處界的五陰眾生空，未證本識的眞如法性，怎能說是已證眞如法？故二乘聖人這樣結集眞如法並不恰當。

當解脫道行者修學二乘法而斷盡我執，進入無餘涅槃界時，五蘊、十二處、十八界悉皆滅盡，已成爲一**切法空**的斷滅境界，如何可以說是眞實而如如？焉可說爲眞如法？常常有二乘凡夫不解佛陀一**乘道**的眞實義，當他們聽聞了佛說的一乘道時，總是認爲滅盡蘊處界後的空無境界即是**眞如法**，一向都如此解釋。但是，在聲聞佛法阿含道中，佛陀一向不許比丘以一**切法空**作爲佛法之修證，否則就不能稱爲眞如法了！這也是有聲聞佛法經文可以證明的：

【爾時世尊答曰：「阿難！彼，我所說，汝實善知、善受、善持，所以者何？我從爾時及至於今，多行空也。阿難！如此鹿子母堂，空無象、馬、牛、羊、財物、穀米、奴婢，然有不空：唯比丘眾。是爲阿難：若此中無者，以此故，我見是空；若**此有餘者**，**我見真實有**，阿難！是謂**行真實空**，**不顚倒也**。阿難！比丘若欲多行空者，彼比丘莫念村想，莫念人想，當數念一無事想：彼如是知：『空於村想、空於人想，然有不空，唯一無事想；若有疲勞因村想故，我無是也；若有疲勞因人想故，我亦無是。唯有疲勞：因一無事想故。』若彼中無者，以此故，彼見是空；若彼有餘者，彼見眞實有。阿難！是謂行眞實空，不顚倒也。…………阿難！若過去諸如來、無所著、等正覺，彼一切行此眞實空，不顚倒，謂漏盡、無漏，**無為心**解脫。阿難！若當來諸如來、無所著、等正覺，彼一切行此眞實空，不顚倒，謂漏盡、無漏，**無為心**解脫。阿難！若今現在我如來、無所著、等正覺，我亦行此眞實空，不顚倒，謂漏盡、無漏，**無為心**解脫。阿難！汝當如是學：我亦行此**眞實空，不顚倒**，謂漏盡、無漏，**無為心**解脫。是故，阿難！當學如是。」佛說如是，尊者阿難及諸比丘聞佛所說，歡喜奉行。】（中阿含卷四十九《小空經》）

這意思是說，如同「鹿子母堂中，空盡象、馬、牛、羊、財物、穀米、奴婢以後，仍有不空的比丘眾」，因爲空盡牛羊諸法之後而說爲空，但這個空中實有不空的，就是比丘眾不空。同理，空盡蘊處界及一切心所法以後，說爲證空、證無我法；但是空盡蘊處界及一切心所法後，雖說是證空了，但是卻眞實有不空的法，就是本識入胎識仍存，是涅槃的本際仍存。所以 佛說：「若此中無者，以此故，我見是空；若**此有餘者，我見真實有**，阿難！是謂行**真實空，不顛倒也**。」這個境界就是無漏心的解脫，這個無漏心指的正是本識入胎識。因爲：空掉蘊處界及一切心所法以後，絕不能說還有識陰所攝的意識心實住於解脫境界中，也不能說蘊處界的滅相就是解脫心、無漏心，不可如印順一樣說是**滅相住於無餘涅槃之中**，因爲滅相是無法，是不能住於眞實法、實體法、常住不變法的無餘涅槃中的。

是故，阿含聲聞道的修行者，應當先空去五陰所擁有的我所外法；外法空已，再空掉識陰的一切有漏心行；有漏心行空盡已，滅除了蘊處界，意識心當然也滅盡了，那時的無餘涅槃境界中，當然是**無爲心**所住的解脫，所以無餘涅槃中眞實不空；所以 佛陀才會說：蘊處界滅盡而無一法存在時，說之爲無、爲空；但是滅盡蘊處界之後，實有不空的本識獨存，就說之爲實、爲不空、是無爲**心**。故說無餘涅槃境界中固然滅盡了五蘊、十八界萬法，但是其中並非斷滅空；所以無餘涅槃中不是印順所講的斷滅空無的**滅相**，更不是他妄將蘊處界滅後的**滅相**所判爲的眞如法，因爲滅相不是眞實法故，也不是如如法故，不可說爲眞如法。只有第八識如來藏自住境界，才是眞實而且如如之法故。若是蘊處界滅盡後的斷滅空，無論是過去、現在、未來諸佛示現於人間，或是未來無量阿僧祇劫以後印順成佛時，都同樣不會允許徒眾說爲**眞如法**的。

無餘涅槃界，其實就是本識眞如——如來藏異熟識——此涅槃界雖是眞實之如，然而此眞如者，絕非印順所言的**蘊處界滅盡後的滅相**。印順作如是言：**心生已必滅，滅相不滅，故名眞如**。（詳見印順著《空之探究》頁 172）然而此說實有大過，已如前來略說，佛弟子眾都應知之，不應對印順的邪說繼續迷信與盲從；否則一世所修阿含解脫道，或如一世所修般若實相中觀正理，都將無所證，亦將成爲破法共業者：**是以常見、斷見法，取代佛教正法**。一切佛門大師與學人，對此都不可不嚴謹看待之。

無餘涅槃界，是不生、不住、不異、不滅之法，絕不是印順所說曾生之蘊處界，在後來滅盡以後的空無斷滅相；那只是曾生而有滅的虛相法，不是般若正理所說的本來無生、永遠無滅的常住法，不是般若正理所說的能生名色的萬法根源實相心體的常住法，所以他的著作中所說的道理，都不是佛法，都是偏斜之見；所以 佛陀在四阿含中曾如是開示：【「**而彼比丘猶有疑惑猶豫，先不得得想、不獲獲想、不證證想；今聞法已，心生憂苦、悔恨、矇沒、障礙；所**

以者何？此甚深處，所謂『緣起倍復甚深難見』，所謂一切取離、愛盡、無欲、寂滅、涅槃。如此二法，謂**有為**、**無為**；有爲者，若生、若住、若異、若滅；**無為**者，**不生**、**不住**、**不異**、**不滅**。是名比丘『諸行苦寂滅涅槃』：因集故苦集，因滅故苦滅，斷諸逕路，滅於相續；**相續滅滅**，**是名苦邊**。比丘！彼何所滅？謂有餘苦。彼若滅**止**、清涼、息沒，所謂一切取滅、愛盡、無欲、寂滅、涅槃。」佛說此經已，諸比丘聞佛所說，歡喜奉行。**】**（《雜阿含經》卷十二第 293 經）

在這段經文中，佛已經明說：有爲法都是生、住、異、滅的，是應該、也是可以滅盡的，講的正是蘊處界及其心所法，當然包括印順認爲常住不滅的意識細心在內，也包括他所「悟」的意識心所法的功能——直覺——在內，全屬生滅法、有爲法。但**無爲法**卻是不生、不住、不異、不滅，除了能出生蘊處界的本識以外，別無無爲法可說、可證；除了這個入胎識是不生、不住、不異、不滅的，以外都無任何一法可以是不生、不住、不異、不滅。這個入胎識，心性從來清淨而不會被六塵萬法所動搖，所以心性是不會變異的；祂又是世世出生名與色等蘊處界法的心，是能生的心而不是被生的心，所以是常住而不生的；又因爲從來不曾有生，所以也永遠不會有滅，所以是不滅的；而祂從無始以來，恆離六塵中的見聞覺知，所以對六塵境界都是不動其心的，所以是無爲法；祂正是不住於六塵萬法的心，這樣的清淨心性才能安住於母胎中，才能如如不動的久住於母胎中，才能安住於無餘涅槃的無六塵境界中而無煩悶；祂是能出生世世蘊處界萬法的，不是臆想而建立的唯名相法，所以是眞實的。

依止於這個不生、不住、不異、不滅而常住、眞實的清淨心以後，菩薩的覺知心是清淨、清涼、息滅、寂靜、無欲的；而這個本識清淨心的清淨涅槃，是在滅盡蘊處界之前就可以親證而現觀到的，也是本來就已如此的眞實、清淨的心性，不是經由修行才使祂變成如此的，所以菩薩未入無餘涅槃前，就已經現觀這個本識的本來自性清淨涅槃了，已經了知無餘涅槃中正是由祂獨存的無境界境界了！所以菩薩們對有爲與無爲，都是清楚了知的；這樣具足了知有爲與無爲以後，才能說是已經親證眞如法的賢聖。但這不是二乘聖人所能了知的，因爲二乘聖人是未能、也是不必實證這個本來清淨心的。

佛陀對於後代學佛人將會如同印順一般虛妄建立**滅相不滅**的錯誤觀念，已經在聲聞佛法阿含部經典中預先建立而加以破斥了：「因集故苦集，因滅故苦滅，斷諸逕路，滅於相續；**相續滅滅**，是名苦邊。」相續滅已經滅除了，是說：

相續法的五苦陰滅盡後的滅相也已經滅除了。所以滅相是必須滅除的，不可以建立爲常住不滅法。如同前面章節所舉經文說：證得非想非非想定的比丘，聽聞佛陀或阿羅漢開示後，知道應捨棄非想非非想定中的覺知心與定中的捨受，才能實證無餘涅槃；但是卻住於捨心的作意中，於是覺知心意識就不得不繼續存在，就無法實證無餘涅槃了。如今印順也是一樣，在蘊處界滅盡以後，自己已經不存在了，正是斷滅蘊處界而入無餘涅槃了，他卻恐怕斷滅而又重新建立一個滅後的滅相常住不滅，如同緊抱著捨心不放的比丘一樣；如此，他未來世中縱使有一天眞的知道應該滅除五苦陰，也已證得非想非非想定了，他也將如同那位比丘一樣緊緊抱著蘊處界滅後的滅相，不肯**相續滅滅**，那麼他那時將會受生到非非想天中，捨壽後繼續輪迴。由此緣故，佛陀特別指出：「**相續滅滅，是名苦邊。**」是說一切解脫道的修行者，都必須了知相續的五苦陰滅盡了以後，這個五苦陰的相續滅除了，就是一切法的滅相；但是連這個滅相的認知或作意，也是必須滅除的，才是眞實的滅度，所以佛說**相續滅滅**，說這樣子才是已經到達眾苦的邊際了。但印順卻又把**相續滅**已的**滅相**緊緊抱持著，並且建立爲常住不滅的法，這與**相續滅的滅相也必須滅除**的聖教，是完全相悖的，縱使已證非非想定，他也將會繼續生起意識粗細心而不斷的輪迴。

從經文中的種種說法，很清楚的旁證出來：雜阿含與增一阿含本來就是大乘經典，所以處處隱有大乘法的影子；但是被二乘人聽聞而結集出來以後，卻成為解脫道而不是佛菩提道的經典了！這眞是無可奈何！所以菩薩們在第一次結集完成而誦出時，聽聞他們結集出來的結果，要求改正而不被接受，只能當場表示：「吾等亦欲結集。」當然一定會有第一次結集後隨即開始的般若、方廣、唯識系諸經的結集了！可以預料的是，這個千人窟外結集絕不會被聲聞人所承認，所以不會被記入第二次七百結集聲聞戒的律典中。由經文中有為與無為的法義來看，也可以證實**無餘涅槃界**絕對不是斷滅空，絕對不是印順主張的**將滅止生**的**斷滅空無**的虛相法，也不是印順所說的滅相不滅的**意識作意法**。

對於有為與無為，印順法師的知解顯然是違反 佛說的，而且他是斷取其中數句而不肯全文引證出來的，這樣斷章（斷句）取義而攝取少數文字表面的意思來作為 佛的意思，是與事實大相違背的，也是阿含佛法中所有阿羅漢們一致認定的**謗佛**行為。這也有他在書中所說的文字為證：【「這樣，甚深法有二：緣起甚深，涅槃甚深，如『雜阿含經』卷一二（大正二・八三下）說：「此甚深

處，所謂緣起。倍復甚深難見，所謂一切取離，愛盡，無欲，寂滅，涅槃。如此二法，謂有為、無為」。】（《空之探究》p.8）

印順胡亂套用甚深法有二的佛意，把《雜阿含經》卷十二所說的「甚深法有二」的「有爲與無爲」，套在另一部經典所說的二法中：變成「緣起甚深、涅槃甚深」等同「有爲、無爲」了！然後又將 佛對有爲所定義的「若生、若住、若異、若滅」刻意省略，亦將 佛對無爲所定義的「不生、不住、不異、不滅」也加以省略，使有爲與無爲成爲他所說的「緣起甚深、涅槃甚深」的二法，就漂亮的迴避了無爲法的「不生、不住、不異、不滅」正理，也就不必從入胎識的「不生、不住、不異、不滅」來解說聲聞佛法了。當學人們閱讀他的著作時，基於對印順的法師身分而認爲他不可能會有不誠實的行爲，總是會信受他的引證，所以通常都不會對他所引證的經文產生斷句取義的懷疑，不會再去核對經典原文，就會相信他的說法是有道理的，因爲他有「經文」爲證；卻從來都沒有想到他會把這部經中的文字剪下來，套用到別部經的文字中，來曲解 佛陀的本意。但這類移花接木的行爲，是他常作的事情。

當他這樣移花接木以後，就可以說：「有爲是緣起甚深，無爲是涅槃甚深。」

其實　佛陀的意思根本不是如此，而緣起甚深及涅槃甚深的原來經文中，也都是依無爲法的入胎識來說的，這也是仍有阿含部的經文可以現前證實的，也已經在前面的章節中舉證過了。而有爲的五苦陰「若生、若住、若異、若滅」，與無爲的「不生、不住、不異、不滅」，卻是從來就依「不生、不住、不異、不滅」的入胎識講的，這是聲聞佛法阿含諸經中的聖教，卻是印順從來都不樂意相信的佛語聖教，所以他常常暗示說：阿含部的經文（他稱爲原始佛法）也不一定是正確的，只有親從佛聞的法義（根本佛法）才是正確的。所以在他的書中處處可以看見的現象是：他對聲聞佛法四阿含諸經的取材，不是全面性、普遍性的取材，而是依照他自己的藏密應成派中觀的看法來做局部取材的，所以他心中不像平實是全面信受四阿含諸經中的佛語聖教，他只有部分取信。

而且，在四阿含中，　佛所說的緣起甚深的道理，其實都是圍繞著入胎識來講的；而緣起法中最主要的聖教則是說到名色的根本，是說到名色之所由來的入胎識，印順書中卻是自始至終都刻意忽略不提，只是單說緣起的甚深，從來不說緣起法是由入胎而住的本識出生的；他是單把緣起法套用在有爲與無爲法相上來，把因緣法中所說的無爲法眞實、常住、不生、不滅等聖教割棄，這都是很不誠實的作爲。今有緣起法中的佛語聖教爲證：**【「若有問者：『名色有何緣？』當如是答：『緣識也。』當知所謂緣識有名色。阿難！若識不入母胎者，有名色成此身耶？」答曰：「無也！」「阿難！若識入胎即出者，名色會精耶？」答曰：「不會。」「阿難！若幼童男、童女識，初斷壞不有者，名色轉增長耶？」答曰：「不也。」「阿難！是故當知，是名色因、名色習、名色本、名色緣者，謂此識也。所以者何？緣識故則有名色。」】**（《中阿含經》卷二十四）

這是明說名色是從入胎識來的，也是明說一切緣生法都是從入胎識來的，也是明說緣起性空的解脫道其實是建立在入胎識上的，也是明說無餘涅槃是建立在入胎識上的；若是沒有這個入胎識的存在，若是沒有入胎識的入胎而出生了名色等五陰十八界法，何能有蘊處界的存在？又何能有蘊處界滅後的二乘無餘涅槃？豈不是說無餘涅槃就是斷滅空？所以這部緣起甚深法義經典中的最重要部分，正是入胎識出生名與色的這一段經文開示；然而印順卻刻意的剪棄這一部經文中最重要的法義，把萬法本源的**入胎識出生了名色而有萬法**的佛語聖教捨棄，將**入胎識出生了名色以後才有的蘊處界緣起性空**的聖教刻意省略。他這樣將「萬法從入胎識而藉緣生起」的緣起甚深義、根本義完全省略以後，再把緣起甚深義轉接到另一部經文中的有爲與無爲二法甚深的法義上來，再把另一部經文中所說無爲法不生、不住、不異、不滅的佛語剪掉。這樣移花接木的結果，就使得佛陀所說的緣起甚深義及涅槃非斷滅境界的甚深義，都被他模糊焦點了，使得佛陀特地說明緣起法是依入胎識而建立的本意消失了，就使他的解脫道即是緣起性空，般若即是性空唯名戲論的主張成立了！也使得緣起甚深義變成無爲與有爲而離開萬法本源的入胎識了，所以他的蘊處界滅後的涅槃就成爲斷滅空了，才又不得不另行建立滅相不滅的臆想法，來彌補法理上不可避免的斷滅空本質。但是這樣子曲解佛語聖教及移花接木的結果，對他自己、對他的隨學者，究竟有什麼好處呢？完全沒有！他這樣做的目的眞是令人費解，若用較爲婉轉的說法，就只能說他別有用意了！這個用意，由有智慧的您來判斷就會了然於心的。

復次，佛說「滅有、歸本」，「謂之無爲」，但印順法師所言蘊處界滅盡後的斷滅空，絕不能說是無爲，也不能說是歸本，無本可歸故。譬如經中記載：【須拔曰：「何謂無爲之道乎？」佛言：「滅有、歸本，不復生死，謂之無爲也！」】（《佛般泥洹經》卷下）所以有爲與無爲，並不是他說的緣起甚深義或是涅槃甚深義，而是說滅有、歸本以後，成爲入胎識獨存的境界，佛把這個境界命名爲無餘涅槃；說的是滅掉蘊處界三界有，還歸於本心入胎識，由此而不會再有三界名色的生死了，這樣才是眞正的無爲，才是眞正的歸本而實取無餘涅槃。而這個無餘涅槃中的不滅心，正是入胎識，以這個入胎識的不生、不住、不異、不滅，才能說無餘涅槃不是斷滅境界，不是空無境界；也因爲有這個入胎識的出生蘊處界，才能有緣起性空的解脫道可以知、可以修、可以實證。若不是有這個入胎識能入胎而出生蘊處界及心所法，又怎能有聲聞道中所說的萬法緣起性空及解脫道法義呢？所以說，無餘涅槃中有界，不是無法的空無，也不是斷滅空。而入胎識無始以來不曾有生，祂在人間時也是不住於三界萬法六塵中的；祂的心性也是從來都如此，不會、也不曾剎那改變過的，所以是不異。正因爲祂不生不滅的常住性，所以說涅槃是無爲、是眞實，這才是佛陀聲聞佛法聖教中開示的眞正義理，不是印順建立的滅相空無可以說是不滅的眞實法。

又，若同樣是進入無餘涅槃界時，三乘聖人所住的境界並無差別。先依教證而說，譬如經云：【梵志瞿默目揵連即問曰：「阿難！若如來、無所著、等正覺解脫，及慧解脫、阿羅訶解脫，此三解脫有何差別？有何勝如？」尊者阿難答曰：「目揵連！若如來、無所著、等正覺解脫，及慧解脫、阿羅訶解脫，此三解脫無有差別，亦無勝如。」】（《中阿含經》卷三十六）次依道理而說，這道理其實是很容易理解的：若大乘菩薩與二乘聖者都入無餘涅槃界時，其中境界當然不會有所差別，因為同樣都是本識如來藏心體獨存的緣故，三乘聖人若在其中時，所有的蘊處界當然都是同樣滅盡無餘的，當時既然同是如來藏心體獨存的境界，一定同樣是沒有意識心與意根，同樣是沒有六塵而離六塵見聞覺知的境界，同樣不會於任何一法有思量的心行。如來藏入胎識也同樣不會生起返觀自己的心行，都同樣是絕對寂靜、絕對無我的絕待境界，而三乘菩提智也都不會再生起了，所以三乘聖人在無餘涅槃中就全無差別了。但是大乘菩薩們雖然能證無餘涅槃，卻都刻意不證，繼續受生人間而行菩薩道的。講過無餘涅槃界以後，您應該已經可以不再畏懼無餘涅槃的實證了，可以不再畏懼無餘涅槃的滅盡蘊處界境界了，應該可以願意滅盡自己而取證涅槃了！但取證涅槃的首要條件就是斷我見、斷三縛結而實證初果，這究竟要以什麼條件、以什麼基礎、以什麼身分來實修及現觀，才可能取證呢？這就得要進入下一節中來談了！

第四節　三歸五戒是證初果解脫之基本要件

三歸五戒是證得解脫果的基本條件，特別是取證初果。也許有人不太相信這個說法，因爲有些外道，譬如一貫道的道親們，他們是以攝取佛法而用來尊崇欲界天神老母娘的，他們這個想法是不可能會改變的。但是有一個問題一直都會存在著：當他們仍未斷除我見時，一定仍然會歸依老母娘的；可是當他們詳讀了此一套書而切實去作觀行以後，未來有一天假使確實斷除我見時，他們一定會起心動念去檢查老母娘所說的法（不論老母娘的法是由天才或點傳師假藉她的名號而假裝是降乩寫出來的，或是眞的由鬼神假藉佛菩薩名號降乩而在沙盤上寫出來的），那時他們都會發覺到一件事實，那就是老母娘從來都不曾斷除我見，不論他們追溯到多麼久遠以前的一貫道典籍，乃至此書出版前不久的一貫道典籍，都是在未斷我見的情境下所寫出來的「佛法」。到那時，他們究竟還要不要歸依於未斷我見的老母娘呢？是要以初果聖者的身分繼續歸依未斷我見的凡夫老母娘呢？還是應該重新思考自己的歸向呢？這是所有閱讀平實著作的一貫道道親們都不能逃避的事實。到那時，還是得要歸依佛門三寶、歸依大乘勝義菩薩僧寶、歸依大乘如來藏勝義正法，否則就顯示他們的見取見仍然未斷，我見仍然未能斷盡而只是一個尚未進入初果向的凡夫而已，因爲他們對自己的現觀仍然無法眞實確信而領受。所以說，取證初果者的首要條件是佛門中的三歸五戒，不論是先斷我見以後才歸依佛門，或是先歸依佛門而後才斷我見，結果都是要歸依佛門三寶才可能是眞正的初果人。

至於一般學佛人，爲何要說歸依三寶是斷我見而證初果的首要條件呢？且舉經文中有關白衣學法的聖教事例來說明，因爲在**聲聞法**中，凡是尚未在佛門中出家者，都在白衣之列，所以外道也是白衣之屬：【尊者舍梨子及眾坐已定，世尊告曰：「舍梨子！若汝知**白衣**聖弟子，善護行**五法**及得**四增上心**，現法樂居，易、不難得。舍梨子！汝當**記別**：『聖弟子地獄盡，畜生、餓鬼及諸惡處亦盡，得須陀洹，不墮惡法，定趣正覺；極受七有，天上人間七往來已，而得苦邊。』舍梨子！云何白衣聖弟子善護行**五法**？白衣聖弟子者，**離殺**、**斷殺**，棄捨刀杖，有慚有愧；有慈悲心，饒益一切乃至昆蟲，彼於殺生淨除其心；白衣聖弟子善護行，此第一法。復次，舍梨子！白衣聖弟子**離不與取**、**斷不與取**，與而後取，樂於與取；常好布施，歡喜無悕，不望其報；不以偷所覆，常自護已，彼於不與取淨除其心；白衣聖弟子善護行，此第二法。復次，舍梨子！白衣聖弟子**離邪淫**、**斷邪淫**，彼或有父所護、或母所護、或父母所護、或兄弟所護、或姊妹所護、或婦父母所護、或親親所護、或同姓所護，或爲他婦女，有鞭罰恐怖，及有名雇債至華鬘親，不犯如是女；彼於邪淫淨除其心，白衣聖弟子善護行，此第三法。復次，舍梨子！白衣聖弟子**離妄言**、**斷妄言**，眞諦言，樂眞諦，住眞諦不移動；一切可信，不欺世間，彼於妄言淨除其心，白衣聖弟子善護行，此第四法。復次，舍梨子！白衣聖弟子**離酒**、**斷酒**，彼於飲酒淨除其心，白衣聖弟子善護行，此第五法。」

「舍梨子！白衣聖弟子云何得**四增上心**，現法樂居，易、不難得？白衣聖弟子**念如來**：彼如來、無所著、等正覺、明行成，爲善逝、世間解、無上士、道法御、天人師，號佛、眾祐。如是念如來已，若有惡欲即便得滅；心中有不善、穢污、愁苦、憂慼，亦復得滅；白衣聖弟子攀緣如來，心靖得喜；若有惡欲即便得滅，心中有不善、穢污、愁苦、憂慼，亦復得滅；白衣聖弟子得第一增上心，現法樂居，易、不難得。」

「復次，舍梨子！白衣聖弟子**念法**：世尊善說法，必至究竟，無煩無熱，常有不移動。如是觀、如是覺、如是知、如是念法已，若有惡欲即便得滅，心中有不善、穢污、愁苦、憂慼亦復得滅。白衣聖弟子攀緣法，心靖得喜，若有惡欲即便得滅；心中有不善、穢污、愁苦、憂慼亦復得滅。白衣聖弟子得此第二增上心。」

「復次，舍梨子！白衣聖弟子**念眾**：**如來聖眾**善趣正趣，向法、次法，順行如法；彼眾實有阿羅訶、趣阿羅訶，有阿那含、趣阿那含，有斯陀含、趣斯陀含，有須陀洹、趣須陀洹，是謂四雙八輩。謂如來眾成就尸賴，成就三昧，成就般若，成就解脫，成就解脫知見；可敬可重，可奉可供，世良福田。彼如是念如來眾，若有惡欲即便得滅；心中有不善、穢污、愁苦、憂慼亦復得滅。白衣聖弟子攀緣如來眾，心靖得喜，若有惡欲即便得滅；心中有不善、穢污、愁苦、憂慼，亦復得滅。白衣聖弟子是謂得第三增上心，現法樂居，易、不難得。」

「復次，舍梨子！白衣聖弟子自念**尸賴**：此尸賴不缺不穿，無穢無濁，住如地不虛妄，聖所稱譽，具善受持。彼如是自念尸賴，若有惡欲即便得滅；心中有不善、穢污、愁苦、憂慼，亦復得滅。白衣聖弟子攀緣尸賴，心靖得喜，若有惡欲即便得滅，心中有不善、穢污、愁苦、憂慼亦復得滅。白衣聖弟子是謂得第四增上心，現法樂居，易、不難得。舍梨子！若汝知白衣聖弟子善護行此五法，得此四增上心，現法樂居，易、不難得者，舍梨子！汝記別白衣聖弟子：『地獄盡，畜生、餓鬼及諸惡處亦盡，得須陀洹；不墮惡法，定趣正覺，極受七有：天上人間七往來已，而得苦邊。』」】（《中阿含經》卷三十）

佛陀教導舍梨子尊者，可以爲專修聲聞解脫道的白衣弟子授記：「必證初果，永不墮三惡道中，極盡七有人天往來以後，得出三界生死苦。」而授記的前提是：已經先受**三歸**及**五戒**，並且常常念佛、念法、念僧眾、念戒行。聲聞法中的白衣弟子受持三歸五戒時，名爲具足五法；三歸五戒以後常念三寶、念戒行，名爲四增上心。凡是具足此三歸、五戒、四增上法而不缺、不穿、不壞者，修學解脫道時若有眞正善知識，所教導的知見是正確無誤者；而其自身聞熏正知見後的思惟，亦是如理作意而不依歸外道、天神所說者，此生必定得證初果，佛說這位聲聞法中的白衣聖弟子必定可以現**法樂居**，而且是易、不難得。意思是說，受持正確聲聞教法的白衣弟子，若想證得佛法中的初果功德，但是卻不肯受持三歸五戒，不肯常念三寶及清淨自己所受持的五戒，就無法得住於初果功德中，不可能現法樂住，也必定會遠離初果的實證功德；因爲他們將會在心中不斷的掙扎，所以一定是難、不易得。若能依如上教導而受持三歸、五戒，而且奉行四種增上心的人，在他被教導的解脫道法義正確無誤的情況下，必定可以在初果功德中現法樂居，而且是輕易可得而不難得的。這是一貫道中修學佛法而閱讀平實著作的道親們，都必須特別注意的一點，畢竟解脫道實證比眼前的世間利益來得重要；若是想要實證大乘佛法，則未來無量世的菩薩道實證果實，更是遠比眼前短短一世的世間利益重要。有智慧的道親們！不論您是天才或點傳師、經理，請特別注意這一點，以免修學佛法時自損、損人。

若是以盜法心態而修習佛法，心中不肯歸命佛門三寶，仍然維持原來一貫道的精氣神三寶作爲所歸，仍然維持原來欲界天神的老母娘作爲所歸，不念佛、法、僧眾，也不念持佛門五戒，終究會在心中不斷生起苦惱，一直掙扎抗拒：明知老母娘未斷我見，只是一個欲界天中的凡夫；明知精、氣、神是由於名與色的存在而有的虛妄法，是有生有滅的法，是由名與色而出生的有生有滅法，不可歸依；但是卻因爲多年來熏習的緣故，而被道親間的情執所困，所以仍然想要繼續歸依老母娘及精氣神，於是心中必然不斷與初果智慧互相抗衡，不斷地掙扎而不能休止，他將不可能在斷我見、斷三縛結的現法中樂居的，一定是在現法中苦居的。以苦居之故，於是初果功德不復現前，唯有知見而不得初分解脫的功德受用；在此情況下，平實名之爲盜法者，說他們不是眞正初果人；因爲他們將不會有初果人的絲毫功德受用。

縱使一貫道的天才、點傳師、經理中，能有人因爲閱讀這一套書籍而確實斷除了我見、斷除了三縛結，他若不能轉而歸命佛門三寶，仍歸命於一貫道的精氣神三寶無常之法，則他對於初果的實證，是有所偏斜的，將不可能是眞的實證，因爲他對蘊處界及蘊處界的我所法，還沒有觀行清楚，所以才會繼續將蘊處界所生的精氣神我所，誤認爲是自身中可以常住的法，這就是繼續歸命於無常的名色所生法，絕對不符合初果人的**自歸依**。假使有一貫道的點傳師或天才、經理，在閱讀平實此書以後，自作觀行而自認爲已證初果，但卻繼續歸依老母娘，這已顯示他對初果人所證的**無我現觀**是大有偏失的，是還沒有完成無我現觀的；導致他的三縛結還沒有斷除；所以對老母娘的已斷或未斷我見、已斷或未斷三縛結，仍然無法檢視清楚，他當然是尚未斷疑見的，顯見他對老母娘的已斷或未斷我見一事，心中仍有疑結存在。這也顯示他的戒禁取見還沒有斷除，所以對於老母娘施設戒禁時不能如理作意的依照解脫道的精神來施設，故不能認清她施設的戒法與解脫生死無關的事實;也就是說他對老母娘還沒有斷除戒禁取見的事實,仍然無智慧加以觀察,所以他自身確實是還沒斷除戒禁取見的。如是,我見未具足斷,疑見未具足斷,戒禁取見也未具足斷,初果見地的功德尚未獲得,怎能說他是已斷三縛結的初果人呢?

老母娘所施設的禁戒與所說的法義,都與眞正的解脫生死無關;假使他對老母娘的本質及精氣神的本質都已判斷正確了,才能說他是眞正的初果人,那麼他將絕對不會再以老母娘及精氣神三「寶」來作**自歸依**。此後,他將一定會以佛陀、佛法、二乘僧眾(或在將來迴心大乘後以大乘勝義僧)作爲歸命的對象,也將以三結的斷除作爲**自歸依**,將永遠不會再認一貫道的精氣神及老母娘爲所歸命的對象了,這樣就表示他已經確實斷除三縛結了,此時才可以說他是眞正的初果人。若不如此,他以親證初果見地的智慧而演說佛法時,他也將招致一貫道的道親們猛烈攻擊,因爲他說的法義與「老母娘」所說完全不同,這會成爲不可避免的事,所以佛教中的三歸五戒是一切想要親證解脫的道親們都必須注意的重要事項。

第五節 非僅以戒淨一法能證涅槃

雖然持守五戒的事，對修證聲聞解脫的佛弟子來說，是極爲重要的事項；然而戒只是修證無漏法之基礎，但非無漏法之正因，不可只因有在持守五戒了，就認爲一定可以證得初果的見地。有經文爲證：【滿願子報曰：「戒清淨義者，能使心清淨；心清淨義者，能使見清淨；見清淨義者，能使無猶豫清淨；無猶豫清淨義者，能使行跡清淨；行跡清淨義者，能使道清淨；道清淨義者，能使知見清淨；知見清淨義者，能使入涅槃義，是謂於如來所，得修梵行。」舍利弗言：「汝今所說義，何所趣向？」滿願子言：「我今當引譬喻解此義，智者以譬喻解此義，智者自寤。猶如今日波斯匿王，從舍衛城至婆祇國，兩國中間布七乘車；是時，波斯匿王出城先乘一車至第二車，即乘第二車，復捨第一車；小復前行，乘第三車而捨第二車；小復前行，乘第四車而捨第三車；小復前行，乘第五車而捨第四車；又復前行，乘第六車而捨第五車；又復前行，乘第七車而捨第六車，入婆祇國；是時，波斯匿王以至宮中，設有人問：『大王今日爲乘何等車來至此宮？』彼王欲何報？」舍利弗報言：「設當有人問者，當如是報曰：『吾出舍衛城，先乘第一車至第二車，復捨第二車乘第三車，復捨第三車乘第四車，復捨第四車乘第五車，復捨第五車乘第六車，復捨第六車乘第七車至婆祇國。』所以然者，皆由前車至第二車，展轉相因，得至彼國。設有人問者，應當作是報之。」滿願子報曰：「戒清淨義，亦復如是。由心清淨，得見清淨；由見清淨，得至除猶豫清淨；由無猶豫義，得至行跡清淨；由行跡清淨義，得至道清淨；由道清淨義，得至知見清淨；由知見清淨義，得至涅槃義，於如來所，得修梵行。所以然者，戒清淨義者，是受入之貌，然如來說使除受入；心清淨義亦是受入之貌，然如來說除受入；乃至知見之義亦是受入，如來說除受入；乃至涅槃，如來所，得修梵行。若當戒清淨，於如來所，得修梵行者，凡夫之人亦當取滅度；所以然者，凡夫之人亦有此戒法。世尊所說者，以次成道，得至涅槃界。非獨戒清淨，得至滅度。猶如有欲上七重樓上，要當以次而至；戒清淨義，亦復如是，漸漸至心，由心至見，由見至無猶豫，由無猶豫淨至於行跡，由淨行跡得至於道，由於淨道得至知見，由淨知見得至涅槃。」是時舍利弗即稱：「善哉！善哉！快說此義。」】（《增一阿含經》卷三十三第10經）

語譯如下：【滿願子回報說：「持戒清淨的道理，是說持戒能使心地清淨；

心地清淨的道理，是說能使見解清淨；見解清淨的道理，是能使無猶豫清淨；無猶豫清淨的道理，是能使身口意行清淨；身口意行清淨的道理，是能使見到的法清淨；法清淨的道理，則能使所知所見都清淨；所知與所見清淨的道理，則能使修行者趣入涅槃的道理，這就是說，能於如來處，可以修清淨行。」舍利弗又問說：「你現今所說的道理，究竟是在說什麼呢？」滿願子回答說：「我如今應當引用譬喻來解釋這個道理，有智慧的人由於譬喻的緣故就可以瞭解這個道理，有智慧的人聽了自然就能醒寤。猶如今日波斯匿王，從舍衛城想要去到婆祇國，在兩國中間布置七個車乘；這時，波斯匿王出城就先乘第一輛車子去到第二車所在之處，就改乘第二車，因此而棄捨第一車；稍微向復前行進以後，又改乘第三車而捨棄第二車；稍再前行以後，又改乘第四車而捨棄第三車；再稍稍前行以後，又改乘第五車而捨棄第四車；又再往前行進，改乘第六車而捨棄第五車；又再向前行進，改乘第七車而捨棄第六車，終於到達而進入婆祇國中；這時，波斯匿王因爲已經到達宮中，設使有人問說：『大王今日是乘哪一部車子來到這個王宮裡？』那波斯匿王將要怎麼回答呢？」舍利弗回報說：「設使當時有人問起來時，應當像這樣子回答說：『我出舍衛城時，先乘第一車到第二車，然後捨第二車而改乘第三車，再捨第三車而改乘第四車，又捨第四車而改乘第五車，再捨第五車而改乘第六車，再捨第六車而改乘第七車到婆祇國中。』爲什麼這樣說呢？因爲都是由前一車而到第二車，展轉改乘互相爲因，才能到得了彼國。設使有人問起時，應當像這樣子回報他。」滿願子回報說：「持戒清淨的道理，也像是這樣子。由於心地清淨的緣故，可以使見解清淨；由於見解清淨，使滅除猶豫的修行可以清淨；由沒有猶豫的道理，可以得到身口意行的清淨；由身口意行清淨的道理，可以獲得見到的法道清淨；由於見到的法道清淨的道理，可以使得解脫道的所知所見都清淨；由於解脫道的所知所見清淨的道理，可以獲得到達涅槃的道理，就能於如來弟子眾中得以勤修清淨行了。這是什麼道理呢？戒清淨的道理，是受入之法相，然而如來也說應該使眾弟子滅除受入；心清淨的道理亦是受入的法相，然而如來也說應滅除受入；乃至知見的道理也是受入，而如來一樣說應滅除受入；這樣乃至說到涅槃的道理也是一樣，所以能在如來所，可以藉此修行清淨行。如果受戒後能使戒行清淨，就能直接於如來所，修習清淨行，那麼凡夫眾人也應當可以取滅度而進入無餘涅槃了；因爲凡夫們也一樣可以有這些清淨的戒法呀！世尊所說的道理，是以各種次第修學而成就道果，才能到達涅槃界的。不是單單有戒行的清淨，就可到達滅度的彼岸。就好像有人想要上到七重樓的最上層，都必須循著二、三、四、五、六、七層的次第而到達最上層的，不能從一樓就直接上到第七層樓的；戒行清淨的道理，也像是這樣子，要漸漸到達內心的清淨，由內心再到達見解的清淨，由見解的清淨到心得決定而無猶豫，由無猶豫的淨修而得決定才能到達身口意行的清淨，由身口意行的清淨修行才能到達眞實的修道階位，由於清淨修道的過程才能到達知見的清淨，由於清淨了知見才能到達涅槃。」這時舍利弗就稱讚說：「善哉！善哉！你這些道理說得眞爽快啊！」

所以，戒法的清淨受持，可以成爲到達解脫果實證境界的助緣，但不是解脫果實證的正因。若是誤以爲只要持戒清淨不犯以後就可以實證解脫果，這是錯誤的認知；但是若心地不能、不願被五戒所拘束，就表示這個人即使眞的能現觀蘊處界的虛妄了，他將不會接受自己的現觀，而仍然保持著世俗人的我見而不肯轉依自己現觀所得的蘊處界虛妄的眞相，所以也是無法取證初果功德的；以此緣故，說守持五戒清淨了，才有可能在觀行完成時，眞的安住於初果的見地中而獲得部分解脫果的功德受用。

同理，苦行固然能夠較早獲得解脫，但也只是二乘解脫道無漏法實證的基礎，並不是正因；聲聞解脫果的取證，仍然是以現觀蘊處界的虛妄而出生的解脫智慧作爲正因。有經文爲證：【「彼**苦行者**聞他正義，不肯印可，是爲垢穢。彼**苦行者**，他有正問，恪而不答，是爲垢穢。……彼**苦行者**多懷瞋恨，好爲巧僞；自怙己見，求人長短；恒懷邪見，與邊見俱，是爲垢穢。云何尼俱陀！如此行者可言淨不邪？」答曰：「是不淨，非是淨也！」……佛言：「……彼**苦行者**，聞他正義，歡喜印可，是爲苦行無垢法也。彼**苦行者**，他有正問，歡喜解說，是爲苦行離垢法也。」……梵志白佛言：「齊有此苦行，名爲第一堅固行耶？」佛言：「未也！**始是皮**耳。」……佛告梵志：「汝豈不念：『瞿曇沙門能說菩提，自能調伏，能調伏人；自得止息，能止息人；自度彼岸，能使人度；自得解脫，能解脫人；自得滅度，能滅度人。』」】（《長阿含經》卷八第8經《散陀那經》）

語譯如下：【「那些**專修苦行**的人們，聽聞到別人所說的正確義理，不肯贊同認可，這就是不清淨。那些專修苦行的人們，別人有正當的請問，他卻吝惜法義而不肯回答，這就是不清淨。……那些專修苦行的人們，心中大多懷著瞋心與怨恨，喜歡造作種種奸巧虛僞的事情；仗恃著自己所知的見解，以苦行爲傲，四處尋求他人法義的過失；一直都是心懷邪見，與邊見同時存在，這就是不清淨。你的看法如何呢？尼俱陀！像這樣專修苦行的人，可以說他們是清淨的嗎？」尼俱陀答覆說：「這是不清淨的，不是清淨啊！」……佛說：「……那些專修苦行的人們，聽聞到別人所說的正確義理，就歡喜的贊同認可，這就是我說的專修苦行的人已經沒有垢穢的修行方法。那些專修苦行的人們，別人有正當的請問，歡喜的為對方解說，這就是苦行者離垢的修行方法。」……梵志稟白佛陀說：「能夠像這樣子專修苦行，到達這個程度時，可不可以叫作第一堅固的修行呢？」佛說：「還沒有啊！這樣的清淨苦行，才只是在皮毛上修行罷了！」……佛告訴梵志說：「你難道不這樣子想：『瞿曇沙門（佛陀自稱的名號）能為人宣說菩提，自己能調伏下來，也能調伏別人；自己已經全然止息了，也能止息別人；自己度到彼岸了，也能使別人度到彼岸；自己獲得解脫了，也能解脫別人；自己得到滅度了，也能滅度別人。』」】

由以上經文的開示中，可以知道 佛陀認為：持戒清淨而且專修苦行的人，都還是沒有正式開始修行的人；到了他們持戒清淨後，能對別人所說正法加以贊同及認可，對別人請問正法時能正確而無吝惜的詳細說明，才可以說他是眞正的苦行人；若是對別人所說的正法，由於慢、過慢或慢過慢，或是由於增上慢的緣故，故意加以否定或誹謗，那根本就算不上苦行人，而是破法、謗法者。佛說即使是能對正法加以贊同及認可，也能對請法者沒有吝惜的正確宣說法義，那樣專修苦行的人，也還只是剛剛進入佛法中修學皮毛而已，離見道還遠著呢！若是不肯布施正法給請法者，也不肯對別人所說正法（非邪法）加以贊同及認可，他是連苦行的資格都說不上的，是連修學佛法皮毛都算不上的。

假使有心想要求得解脫道的見道，而在一生取證初果；或者想要求得大乘六住位的滿足而斷除我見，進修第七住位的般若眞見道，在一生中頓超第一阿僧祇劫的四分之一過程；除了精勤修苦行以外，還得要努力護持正法，才有可能獲得這種功德，否則都只是在皮毛上修學而已。若有否定別人所說正法的情事，那個苦行者根本就談不上佛法修學了，反而只是在造惡業罷了。這樣綜合深入理解以後，佛陀的意思就很明白了：一定要持戒清淨，也要實事求是；正法就是正法，不論說正法的人是不是您所認同的人，當您聽聞時，心中都須認同。求法的人來了，只要是您所知道的正法，就不可以吝惜不說；否則，縱使專修苦行一世——終生勞苦勤修苦行——都仍然不能算是修學佛法皮毛的苦行者，都只是心地污垢的苦行者，他的苦行都將與佛法修證完全無關。這是一切專修苦行的人必須加以注意的。

所以說，戒淨是修證無漏法的基礎，但不是無漏法的正因；滿慈子尊者並非只有一次如此說，而是常常如此說的。另有經文記錄爲證：【尊者滿慈子言：「……如是，賢者！以戒淨故得心淨，以心淨故得見淨，以見淨故得疑蓋淨，以疑蓋淨故得『道、非道』知見淨，以『道、非道』知見淨故得道跡知見淨，以道跡知見淨故得道跡斷智淨，以道跡斷智淨故，世尊施設無餘涅槃。」】（《中阿含經》卷二第9經《七車經》）

這意思與前面經文中的說法一樣，今以這個道理，提醒一切精進修持苦行的佛弟子四眾，千萬別對正法橫加否定，千萬別吝惜正法而不爲請法者解說，應該隨於自己所知、所見、所解的正法，爲人解說；若是吝惜正法而不肯爲人解說，若是遇到正法而不肯給予贊同及認可，反而加以否定，那麼這一世的苦行，都將唐捐其功；如是專修苦行，又有什麼意義？

第六節　十八界捨已方證無餘涅槃

由於有餘涅槃是尚未進入無餘涅槃之時，這時的蘊處界都仍然存在，寒、熱、痛覺、飢餓……也都仍然存在，所以有餘涅槃位是相待而且有對的境界；也仍有智慧——解脫明——成為與無明相待的法，因此而使阿羅漢們在入無餘涅槃之前，能有聲聞涅槃的無生智可以為人宣說，因此而能度人同證有餘涅槃，因此而仍有寒熱痛癢等覺受存在。但是，無餘涅槃的特性卻是**絕待**而且**無對**的，所以無餘涅槃中，除了涅槃本際如來藏獨存以外，實無任何一法可以繼續留存，故說滅盡十八界法已，方能取證無餘涅槃。若想要以離念靈知意識心進入無餘涅槃中常住，那是想要以有對而相待的世間法，攜帶意根與法塵去相待於無餘涅槃而存在，那一定是未知、未證涅槃的凡夫，也一定是未斷我見的凡夫，才會有這樣荒唐的想法與說法。有經文為證：

【復問曰：「賢聖！無明者，有何對耶？」法樂比丘尼答曰：「無明者，以明為對。」毘舍佉優婆夷聞已，歎曰：「善哉！善哉！賢聖！」毘舍佉優婆夷歎已，歡喜奉行。復問曰：「賢聖！明者，有何對耶？」法樂比丘尼答曰：「**明**

者，以涅槃為對。」毘舍佉優婆夷聞已，歎曰：「**善哉！善哉！賢聖！**」毘舍佉優婆夷歎已，歡喜奉行。復問曰：「**聖賢！涅槃者有何對耶？**」法樂比丘尼告曰：「**君欲問無窮事，然君問事，不能得窮我邊也！涅槃者，無對也！**涅槃者，**以無羂繫過，羂繫滅訖。以此義故，從世尊行梵行。**」於是毘舍佉優婆夷聞法樂比丘尼所說，善受善持、善誦習已，即從坐起，稽首禮法樂比丘尼足，繞三匝而去。於是法樂比丘尼見毘舍佉優婆夷去後不久，往詣佛所，稽首佛足，卻坐一面；與毘舍佉優婆夷所共論者，盡向佛說；叉手向佛，白曰：「**世尊！我如是說、如是答，非為誣謗世尊耶？說眞實、說如法，說法、次法耶？於如法中，非有相違、有諍、有咎耶？**」世尊答曰：「**比丘尼！汝如是說、如是答，不誣謗我。**」】（《中阿含經》卷五十八）

在有餘涅槃位中，仍然有蘊處界存在，因蘊處界的存在就會有智慧——明——存在，所以有餘涅槃位中是相待而且有對的境界。但無餘涅槃中是絕對待的無境界境界，蘊處界都已經滅盡了，不只是離念靈知意識心不能存在了，連意識心所依、所緣的意根與法塵也都不存在了，當然不可能還會有智慧——明——的存在，所以智慧——明——在無餘涅槃中是不存在的。這聲聞涅槃的道理，套在般若正理上面也一樣管用，所以菩薩觀察到阿羅漢們進入無餘涅槃時，都只剩下眞心存在而無任何一法可以繼續存在；就觀察無餘涅槃位中的眞心獨住境界，因此才會有《心經》所說的：【空中無色，無受想行識，無眼耳鼻舌身意，無色聲香味觸法，無眼界乃至無意識界，**無無明、亦無無明盡**，乃至無老死、亦無老死盡。】禪宗眞悟祖師也說眞心自住境界中，「實無一法可當情」，意思是一樣的；所以說無餘涅槃中是絕對待的，是滅盡一切法的。

正因爲這緣故，菩薩看清楚無餘涅槃中無境界的境界相，看清楚了一件事實：凡是有所得法，都是蘊處界所得的法，包括無明與明、智慧與愚癡、富有與貧窮、解脫與生死、增減與來去、清淨與污垢、生滅與常住……等等，都是意識心擁有的現觀智慧。但菩薩若是如同阿羅漢們一樣進入無餘涅槃時，這些也就全都滅盡無餘了，都無一法可以存在了！連智慧也都滅盡而沒有明與無明可說了，也沒有無明的滅盡可說了，所以說：【無苦集滅道，無智亦無得。】由於無智亦無得的緣故，所以菩薩們都是這樣的：【以無所得故，菩提薩埵依般若波羅蜜多故，心無罣礙；無罣礙故無有恐怖，遠離顛倒夢想，究竟涅槃。】因爲已經了知無餘涅槃中的本識自住的無境界境界了，所以依此而究竟涅槃，不是二乘聖人所能臆測的智慧。

無餘涅槃中與諸法絕對待的道理，是阿羅漢們在世時無法現觀而只能想像的，而菩薩們證悟後就可以現觀了！阿羅漢們入無餘涅槃時，他們的蘊處界卻又已經滅盡了，既無人，也無覺知心可以觀察了，所以仍然不知道無餘涅槃中究竟是什麼境界，當然無法像菩薩們如同般若《心經》一樣的現觀。正因此故，法樂比丘尼其實如同童女 迦葉一樣都是菩薩，不是聲聞阿羅漢，所以能深入了知無餘涅槃中的實相；她說的這些法是佛陀仍在世時說的，就被聲聞人結集在四阿含中了；也正因此故，證悟的菩薩們就稱爲**觀自在**的菩薩：能觀察自**己的眞心本來存在，不從此世的出生而有，也不是由往世的死滅而在此世出生**的。這個證悟的內容，是現觀眞心本識與五蘊不一亦不異的智慧，也是由於已經現觀能入胎出生名色的本識獨存而不再出生五蘊時的無餘涅槃境界，才能有這種現觀智慧的。當阿羅漢們還在人間遊行時，把他們的蘊處界都剝離，專從入胎識自身來看時，正是無餘涅槃的境界相；而阿羅漢們無法現觀這個本識自住的無餘涅槃境界相，因爲他們不知道本識在何處？是如何存在及運作的？這就是菩薩們明心時所發起的本來自性清淨涅槃智慧，正是華嚴說的**本覺智**。

但是菩薩們卻也看見五蘊與眞心入胎識是不一亦不異的：五蘊是如來藏所生，但也是有生有滅的法，所以與眞心入胎識不一；但五蘊其實也只是入胎識所蘊藏的種種法之局部而已，本來就應該攝歸入胎識所有，本無自性，所以入胎識可以創造有情眾生們世世的五蘊，都不會斷絕，所以五蘊本是入胎識中的局部法種所生的，應該攝歸入胎識，是與入胎識不異的；這種不一不異的現象與眞理，是同時而不可分離的，所以**不一必定與不異同時存在**。菩薩如是現觀阿羅漢們與自己都一樣，都是常住的眞心本識與生滅性的五蘊不一亦不異，所以《心經》才會說【**色不異空、空不異色，色即是空、空即是色；受想行識，亦復如是。舍利子！是諸法空相，不生不滅、不垢不淨、不增不減。**】

五蘊等諸法空相，是因爲有這個阿含部經中所說的入胎識常住而能生諸法，所以說諸法都空，都是生滅而無常的；但都是入胎識眞心所出生，而與入胎識不一亦不異的。而眞心入胎識是不垢亦不淨的，心體是不增亦不減的，也是不生亦不滅的。當一切法與眞心入胎識不一亦不異時，就被攝歸入胎識了！而入胎識心體是從來不生的，所以大乘法中會說**一切法不生**；入胎識心體是永遠不滅的，所以就說**一切法不滅**。一切法都可以在攝歸入胎識眞心時，冠上無量雙不的中道義。菩薩們的智慧，不論是解脫道的智慧，或是般若的智慧，或是一切種智的智慧，都是從親證入胎識眞心而生起的現觀中出生的。但是菩薩們所擁有的這種佛菩提智，固然是從親證入胎識眞心而來的，卻必須先有照見五蘊皆空的解脫道智慧，才有可能實證入胎識眞心，才能以解脫慧來配合眞心不生不滅的般若智慧，得度一切苦厄，否則參禪時將會不斷的落入識蘊中而無法出離識蘊。但也因爲有親證本識而發起的眞心自在而常住的現觀智慧，所以《心經》才會在開頭時就這樣說：【觀自在菩薩，行深般若波羅蜜多時，照見五蘊皆空，度一切苦厄。】它說的是觀自在菩薩，不是說觀世音菩薩；這是因爲菩薩現觀自己的眞心入胎識是祂自己本來就在，迴觀阿羅漢與衆生們都是一樣的；當阿羅漢與衆生們將來也親證眞心入胎識時，一樣是可以「觀自在」的。既然取證眞心之前，必須先斷除我見，可知斷除我見仍然是佛菩提道見道的首要條件；若不能斷除我見，所謂的大乘見道開悟，都難免會墜入識陰中，無法親證眞心入胎識的，如此而空談解脫道與般若慧，都是空言而無實義；這是一切南傳、北傳佛法修證者，遲早都必須面對的事實。

菩薩觀自在以後，不須急著遠離生死，因爲已經現觀自己的眞心本來就住於涅槃中，又何必滅除自己而入無餘涅槃？而且不論已悟或未悟者都是如此的，當然就不再害怕胎昧而可以廣發大願，世世常住人間來利樂無量無數的有情眾生；而二乘聖人不能現前證得觀自在的境界，當然會恐懼生死苦，所以一定要遠離生死苦，佛陀只好教導他們進入無餘涅槃的正理：滅盡五蘊、六入、十二處、十八界、名色，不存任何一法，只剩入胎識眞心獨存。所以才會說明棄捨十八界法而入無餘涅槃的正理。如是，無餘涅槃位中，無一切法存在，不與任何一法相待、相對，是故無餘涅槃境界是**絕待**的，不是**有待**之法。如是境界乃是無境界之境界，卻不是斷滅空；是滅盡一切法之境界相，唯獨第八識如來藏心，離六塵、離見聞覺知及思量性而獨存，故不可以想要把離念靈知意識心保留著來進入無餘涅槃中，佛法中沒有這種涅槃；只有外道法中才有這種涅槃，而外道涅槃是生滅境界，是有待境界，不是常住而不生滅的絕待境界。

滅盡十八界而成爲無餘涅槃，出離三界生死的正理，講的正是**不許有自我**、**自己存在**，也不許有六塵、萬法的存在，否則就是有我，不是實證無餘涅槃，不是眞的出離生死苦；所以一定要滅盡十八界的自己全部，才是眞的取證無餘涅槃，才是眞的永離生死苦。這在阿含部的經典中已有開示：【世尊告曰：

「阿難！多聞聖弟子作如是觀：若現世欲及後世欲，若現世色及後世色，若現世欲想、後世欲想，若現世色想、後世色想及不動想、無所有處想、無想想，彼一切想是無常法，是苦，是滅，是謂**自己有**。若**自己有**者，是生，是老，是病，是死。阿難！若有**此法，一切盡滅無餘，不復有者，彼則無生**，無老、病、死。聖如是觀若有者，必是解脫法；若有無餘涅槃者，是名甘露。彼如是觀、如是見，必得欲漏心解脫，有漏、無明漏心解脫；解脫已，便知解脫：生已盡，梵行已立，所作已辦，不更受有，知如眞。」（《中阿含經》卷十八）

如今諸方大師們，不論在家抑或出家者，都想要以離念靈知自己常保不壞，都想要以離念靈知心自己入住無餘涅槃中常住不壞；這是未斷我見的凡夫知見，不肯讓自己斷滅，一直想要使自己常住、存有，必定會與欲漏相應。但是覺知心自己若仍存有，就一定要有意根、法塵、五色根同存，否則是不可能在人間存有的；若想要使離念靈知心自己在色界天中存有，就一定要有色界天中的三色根及法塵存有；若想要使離念靈知心自己在無色界中存有，就一定要有四空定的定境法塵及離念靈知的意識與受、想、行一起存在，否則都是無法使離念靈知心繼續在無色界中存有的。但是在離念靈知心繼續存有的狀況下，在人間時一定會有生老病死等苦，在欲界天一定會有色身的五衰壞死之苦受，在色界天中一定會有色身的壞苦與離念靈知心的行苦，在無色界天中一定會有受想行識四陰的有漏，也無法離開四空定的壞苦與四陰的行苦，都是不能斷離有漏、無明漏的，當然是無法取證解脫果的；所以有智慧的聲聞解脫道行人，都應當滅除五陰或四陰的自己，特別是要滅除離念靈知心自己，否則絕對無法取證無餘涅槃的。

又如經言：【佛告比丘：「善哉！善哉！色是無常、變易之法，厭離、欲滅、寂沒。如是色，從本以來一切無常，苦、變易法；如是知已，緣彼色生諸漏害、熾然、憂惱，皆悉斷滅。斷滅已，無所著；無所著已，安樂住；安樂住已，得般涅槃。受、想、行、**識**，亦復如是。」】（《雜阿含經》卷二）

語譯如下：【佛告比丘：「善哉！善哉！色陰（五色根及五塵）是無常的、也是變易的生滅法，修學解脫道的人們都厭離色陰、都想要滅除色陰、都想要轉入沒有色陰的寂靜滅沒境界中。與色陰同樣的道理，從無始劫以來的一切法都是無常的，也都是與痛苦相應的變易生滅的法；像這樣子了知以後，攀緣於那個色陰而產生的種種有漏害、熾然的煩惱、憂苦心慮的煩惱，全部都已經斷滅了。這些煩惱都斷滅以後，心中就沒有任何的執著；沒有一絲一毫的執著以後，就可以安樂的停住下來；安樂的停住下來以後，就可以眞的進入無餘涅槃中。色陰如是，對於受、想、行、**識**，也是一樣的道理。」】所以不該執著意識心。

也有阿含部經典如是說：【「長老！是最後心意識，非色聲等所資生長，緣無所有。是時託後受生，悉皆永斷，是名苦永斷後際。」】（《廣義法門經》卷一）

語譯如下：【「長老！這個最後世的『心、意、識』（二乘聲聞法中所說的心、意、識都是指意識，詳見稍後本章第十節的舉例說明），不會再被色聲等六塵所資助而再生長了，從此都是緣於**蘊處界滅盡後的無所有境界**。這時，託付後有諸受而再度出生的事情，全部都已經永斷了，這個證境就稱爲苦已永斷未來際。」】

這也是同樣說明：進入無餘涅槃時，是滅盡蘊處界所有法的，蘊處界中的任何一法都是不可以有絲毫剩餘的。所以平實始從出道弘法以來就如此說：**離念靈知心是不可能入住無餘涅槃的，是在進入無餘涅槃時必須自己滅除的**。由此緣故，說阿羅漢入無餘涅槃時，名爲**滅度**，都不可以名爲**生**度、存度、有度。

這就是說，對於色陰，應該了知它的虛妄性，要了知色陰會使人流轉生死而痛苦無盡，心中一直想要滅除色陰，想要轉入沒有色陰的境界中。對於受、想、行、識四陰（這四陰也是自己），也應該了知它們的虛妄性，了知此世的受、想、行、識四陰（自己）不斷的造業及熏習世間法，會使後世繼續出生四陰而流轉生死、痛苦無盡；心中一直想要滅除受、想、行、識四陰，想要住在沒有這四陰的境界中，成爲全然寂靜而沒有蘊處界自我存在的無餘涅槃境界，想轉入全然寂靜而沒有六塵、六識自我存在的無餘涅槃境界中，這樣才是斷盡我執的解脫道實修的聖人。所以，必須把十八界法（六根、六塵、六識）全都滅盡了，才是眞正的無餘涅槃，所以修證解脫道而取涅槃的人，必須滅盡意識覺知心。

但這個道理與境界相，卻必須您自己確實而且如理作意的實際觀行以後，才有可能眞正的理解；單憑聽聞、閱讀，將會只是常識而無法確實理解及認知，也將無法眞實願意滅除識陰自己，就會使得離念靈知心對自己的執著無法斷除。所以，您必須確實深入的加以思惟，並且實地加以觀行以後，才有可能斷除我見乃至我執的，並不是閱讀此書以後就可以成爲阿羅漢或須陀洹的。這一點請您務必注意、留心，務必確實而且如理作意深入觀行；否則恐怕難免大妄語罪，招來後世多劫尤重純苦惡報，這絕對不是平實的本意。

第七節　五出要界

五出要界是欲出要、瞋恚出要、嫉妒出要、色出要、身見出要，由於這是與**心解脫**（三果）、**慧解脫**（四果）實證有關的，是一切初果、二果人想要證得三果的首要而且切身的行門，因此在此階段應該爲您開示；除非您在閱讀前面所有章節以後，不曾加以實際觀行所以尚未進入初果、二果中，可以不太重視五出要界的法義。由於這是對確實觀行以後得入初果、二果的人們，有著切身關係的行門，所以必須提出來爲您解說。至於如何是五出要界——五種出要的功能？譬如經中 佛陀開示云：【「復有五法，謂五出要界；一者比丘於**欲**不樂、不動，亦不親近；但念出要，樂於遠離，親近不怠；其心調柔，出要離欲；彼所因欲起諸漏纏，亦盡捨滅而得解脫，是爲**欲出要**。**瞋恚**出要、**嫉妒**出要、**色**出要、**身見**出要，亦復如是。」】（《長阿含經》卷八）

語譯如下：【「另外還有五個法，是說五種出離的重要功能；第一種是比丘對於**五欲**不再愛樂、不會因欲而動轉其心，也不再親近五欲了；心中只是憶念著出離五欲的重要功能，樂於遠離五欲，親近**欲出離**而不懈怠；他的心已經調和而柔軟了，出離欲界的首要心行已證知，所以遠離欲界法了；他在以前所因五欲而生起的種種欲漏纏縛，也全部捨離、消滅而得到解脫了，這就是我說的**出離欲界的重要方法**。**瞋恚**出離的重要方法、**嫉妒**出離的重要方法、**色法**（五色根與五塵）出離的重要方法、**身見**出離的重要方法，也都是同樣這種道理。」】

這一段經文中說，五種出離的方法；欲出要，能使人發起初禪，獲得三果的心解脫證境；嫉妒出要則是伴隨著欲出要而成就的，使人由這二種出要而取證三果解脫功德。瞋恚出要及色身或色法的出要，則是使人出離色界而增益三果證德的重要方法。較爲粗糙的身見斷除，則是使人取證初果見地功德的重要方法；極微細的身見，則屬於有漏與無明漏所攝，假使能觀察身見到極微細的地步時，有漏與無明漏就斷離了，就可以依三果的基礎而實證慧解脫果，成爲慧解脫的阿羅漢。五出要界對於想要取證三果或慧解脫果的人，是很重要的。

又譬如經中 佛陀開示云：【「阿難！我本爲汝說五出要界。云何爲五？阿難！多聞聖弟子極重**善觀欲**，彼因極重善觀欲故，心便不向欲、不樂欲、不近欲、不信解欲。若欲心生，即時融消、燋縮轉還，不得舒張；捨離，不住欲；穢惡厭患欲。阿難！猶如雞毛及筋，持著火中，即時融消，燋縮轉還，不得舒張。阿難！多聞聖弟子亦復如是極重善觀欲，彼因極重善觀欲故，心便不向欲、不樂欲、不近欲、不信解欲；若欲心生，即時融消、燋縮轉還，不得舒張；捨離，不住欲；穢惡厭患欲，觀無欲，心向無欲，樂無欲，近無欲，信解無欲。心無礙、心無濁、心得樂、能致樂（獲得初禪的身中樂觸）；遠離一切欲及因欲生諸漏煩熱憂慼，解彼、脫彼，復解脫彼；彼不復受**此覺**（不再領受欲界中的淫觸覺受），謂**覺因欲生**，如是**欲出要**，阿難！是謂第一出要界。

復次，阿難！多聞聖弟子極重**善觀恚**，彼因極重善觀恚故，心便不向恚、不樂恚、不近恚、不信解恚；若恚心生，即時融消，燋縮轉還，不得舒張；捨離，不住恚；穢惡，厭患恚。阿難！猶如雞毛及筋，持著火中，即時融消燋縮，轉還不得舒張；阿難！多聞聖弟子亦復如是極重善觀恚，彼因極重善觀恚故，心便不向恚、不樂恚、不近恚、不信解恚；若恚心生，即時融消，燋縮轉還，不得舒張。捨離，不住恚；穢惡，厭患恚；觀無恚，心向無恚，樂無恚，近無恚，信解無恚。心無礙、心無濁、心得樂，能致樂，遠離一切恚，及因恚生諸漏煩熱憂慼；解彼、脫彼，復解脫彼；彼不復受**此覺**，謂**覺因恚生**，如是**恚出要**。阿難！是謂第二出要界。

復次，阿難！多聞聖弟子極重**善觀害**，彼因極重善觀害故，心便不向害、不樂害、不近害、不信解害；若害心生，即時融消，燋縮轉還，不得舒張；捨離，不住害；穢惡，厭患害。阿難！猶如雞毛及筋，持著火中，即時融消，燋縮轉還，不得舒張；阿難！多聞聖弟子亦復如是，極重善觀害；彼因極重善觀害故，心便不向害、不樂害、不近害、不信解害；若害心生，即時融消，燋縮轉還，不得舒張；捨離，不住害；穢惡，厭患害；觀無害，心向無害、樂無害、近無害、信解無害，心無礙、心無濁、心得樂、能致樂，遠離一切害，及因害生諸漏煩熱憂慼；解彼、脫彼，復解脫彼。彼不復受**此覺**，謂**覺因害生**；如是害出要。阿難！是謂第三出要界。

復次，阿難！多聞聖弟子極重**善觀色**，彼因極重善觀**色**故，心便不向色、不樂色、不近色、不信解色；若色心生，即時融消，燋縮轉還，不得舒張；捨離，不住色；穢惡，厭患色。阿難！猶如雞毛及筋，持著火中，即時融消，燋縮轉還，不得舒張；阿難！多聞聖弟子亦復如是，極重善觀色；彼因極重善觀色故，心便不向色、不樂色、不近色、不信解色；若色心生，即時融消，燋縮轉還，不得舒張；捨離，不住色；穢惡，厭患色；觀無色，心向無色、樂無色、近無色、信解無色。心無礙、心無濁、心得樂、能致樂，遠離一切色，及因色生諸漏煩熱憂慼；解彼、脫彼，復解脫彼，彼不復受**此覺**；謂覺因**色生**，如是**色出要**。阿難！是謂第四出要界。

復次，阿難！多聞聖弟子極重**善觀己身**（五陰身），彼因極重善觀**己身**故，心便不向己身、不樂己身、不近己身、不信解己身；若己身心生，即時融消，燋縮轉還，不得舒張；捨離，不住己身；穢惡，厭患己身。阿難！猶如雞毛及筋，持著火中，即時融消，燋縮轉還，不得舒張；阿難！多聞聖弟子亦復如是，極重善觀己身；彼因極重善觀己身故，心便不向己身、不樂己身、不近己身、不信解己身。若己身心生，即時融消，燋縮轉還，不得舒張；捨離，不住己身；穢惡，厭患己身；觀無己身、心向無己身、樂無己身、近無己身、信解無己身；心無礙、心無濁、心得樂、能致樂，遠離一切己身，及因己身生諸漏煩熱憂慼。解彼、脫彼，復解脫彼；彼不復受**此覺**，謂覺因**己身生**。如是**己身出要**，阿難！是謂第五出要界。阿難！此五出要界，汝當為諸年少比丘，說以教彼。若為諸年少比丘說，教此五出要界者，彼便得安隱，得力、得樂，身心不煩熱，終身行梵行。】（《中阿含經》卷二十一，長壽王品《說處經》）

語譯如下：【「阿難！我以前曾經為你解說五種出離的重要方法的功能。有哪五種呢？阿難！多聞的聖弟子們極殷重的**善於觀察五欲**，他們因為極重視善於觀察五欲的緣故，心裡便不會趣向五欲、不樂住於五欲境界中、不再靠近五欲境界、也不再信解五欲的受用了。若是欲心生起時，由於**欲出要**的緣故，立即使得五欲之心融消，欲心就燋縮而轉還了，欲心就不能舒張開來；由此緣故而使比丘捨離五欲，不再住於五欲境界中；從此覺得五欲是污穢而可厭惡的，厭惡五欲而覺得五欲是一種修道上的災患。阿難！就好像是雞毛及雞筋，拿來放到火裡面，立刻就融化消失了，當時就燋縮而轉曲縮回來了，不可能再向外舒張開來；阿難！多聞的聖弟子也像是這樣子，極重視**善於觀察五欲之害**，他因為極重視善觀五欲之害的緣故，心裡就不趣向五欲、不愛樂五欲、不靠近五欲、也不再信解五欲有什麼功德了；假使愛樂五欲的心出生了，立刻就融化而消失，欲心就被燒燋而萎縮轉還，不能再舒張開來；捨離了五欲，不住於五欲中；心中覺得五欲是污穢而可厭惡的，覺得五欲是修道上的災患，觀察自己確實是無欲心的，心總是趣向無欲，樂於無欲，趨近無欲，信解無欲的功德。心中已無罣礙、心中沒有混濁而很清明、心中得到離欲而發起初禪，獲得初禪境界中的身樂；這時已經遠離一切的五欲，也遠離因欲而生的種種功德的漏失，遠離煩熱與憂慼，繫縛於五欲的繩索解開了，五欲的沈墜已脫離了，然後又全面的解脫於五欲了；他不再領受五欲的覺知，這是說**五欲中的覺知是因為五欲而出生的**，這就是**五欲、欲界出離的重要方法**，阿難！這就是說第一出要界。

復次，阿難！多聞聖弟子極重視**善於觀察瞋恚**，他因爲極殷重而善於觀察瞋恚的緣故，心便不再趣向瞋恚、不愛樂瞋恚、不靠近瞋恚、也不再信解瞋恚所產生的功德（譬如使人畏懼）；如果瞋恚心出生了，立刻就融化消失，燒燋萎縮而退轉回來，不能舒張開來；捨離瞋恚，不住心於瞋恚；覺得瞋恚心是污穢而可厭惡，厭離瞋恚而覺得瞋恚是修道上的災患。阿難！猶如雞毛及雞筋，取來放在火裡面，立刻就被火融化消失，燒燋而萎縮退轉回來，不能向外舒張開來；阿難！多聞聖弟子也像是這樣子，極重視善於觀察瞋恚，他們因爲極重視善於觀察瞋恚的緣故，心便不再趣向瞋恚的境界、不再愛樂瞋恚、不再靠近瞋恚、也不再信解瞋恚有什麼功德了；如果瞋恚心生起了，立刻就融化消失，燒燋萎縮而退轉回來，不會向外舒張開來。從此就捨離瞋恚，不再住於瞋恚境界中；覺得瞋恚是污穢而可厭惡的，從此厭患於瞋恚；觀察自己已經沒有瞋恚，心趣向沒有瞋恚的境界，愛樂於沒有瞋恚，靠近沒有瞋恚的境界，信解沒有瞋恚的大功德。心中就沒有罣礙、心中沒有污濁、心中獲得安樂，因爲離開瞋恚而能發起初禪而獲得身樂，遠離了一切瞋恚，也遠離因瞋恚而出生的種種漏失以及煩熱憂感；因爲瞋恚而生的繫縛已經解開了、也脫離瞋恚的泥淖了，接著就全面的解脫於瞋恚；多聞比丘們從此不再領受瞋恚所生的覺受，這是說**瞋恚所生的覺受是因爲瞋恚而出生的**，這就是我說的**瞋恚出離的重要方法**。阿難！這就是說第二種出要界。

復次，阿難！多聞聖弟子極重視**善於觀察害心**，他們因爲般重而善於觀察**害心**的緣故，心便不再趣向害己害人、不再樂於害己害人、不再靠近害己害人的事、也不信解害己害人對道業有什麼幫助；如果害心生起了，立刻融化消失，燒燋萎縮而退轉回來，害心就不能向外舒張開來；捨離了害心，不住於害心中；覺得害心是污穢而可厭惡的，從此厭惡害心而覺得害心是修道上的災難。阿難！猶如雞毛及雞筋，拿來放在火裡面，立刻就融化消失了，燒燋萎縮而退轉回來，不能向外舒張開來；阿難！多聞的聖弟子們也是像這樣子，極重視善於觀察害心；他們因爲極重視善於觀察害心的緣故，心便不再趣向害心、不愛樂害心、不靠近害心、也不再信解害心有良好的作用；如果害心生起來了，立刻就融化而消失，燒燋萎縮而退轉回來，不能向外舒張開來；從此就捨離害心，不再住於害心中；覺得害心是污穢而可厭惡的，從此厭惡害心的存在而覺得害心是解脫道上的災患；觀察自己心中已沒有害心，心趣向無害、樂於無害心、靠近無害心、信解無害心的功德，心中不再對傷害自己的惡人有所罣礙、心中沒有污濁的害心、心中覺得自在而安樂、由此也能導致初禪的身樂生起，從此遠離一切害心，也遠離因為害心而出生的種種漏失及煩熱憂慼；害心對自己的繫縛已經解開、已經脫離害心的掌控了，然後就全面的解脫於害心的掌控。他們不再領受害心所引生的覺受，這是說**這種覺受是因害心而出生的**；這就是**害心出離的重要方法**。阿難！這就是說第三種出要界。

復次，阿難！多聞聖弟子極重視**善於觀察色法**（色法主要是說欲界中的色陰與五塵），他們因爲極殷重善於觀察色陰與五塵的緣故，心便不再趣向色陰與五塵、不再喜樂色陰與五塵、不再靠近色陰與五塵、也不再信解色陰與五塵有什麼功德；如果愛樂色陰與五塵的心生起了，立刻就融化消失，燒燋萎縮而退轉回來，不能向外舒張開來；心中捨離色陰與五塵的貪愛，不樂安住於色陰及五塵中；覺得色陰與五塵是污穢而可厭惡的，從此厭惡色陰與五塵而覺得它們是修道上的災患。阿難！猶如雞毛及雞筋，拿來放在火裡面，立刻就融化消失，燒燋萎縮而退轉回來，不能向外舒張開來；阿難！多聞聖弟子們也像是這樣，極重視善於觀察色陰與五塵等色法；他們因爲極重視善於觀色法的緣故，心便不趣向色法、不愛樂色法、不靠近色法、不再信解色法有修道上的功德；如果色法貪愛的心出生了，立刻就融化消失，燒燋萎縮而退轉回來，不能向外舒張開來；從此就捨離色法，不樂住心於色法中；覺知色法是污穢而可厭惡的，心中厭惡色法而覺得色法是解脫道上的災患；觀察沒有色法的境界，心趣向沒有色法的境界、愛樂沒有色法、靠近沒有色法的境界、信解滅除色法的涅槃境界。心中沒有對色法的罣礙、心中沒有色法貪愛的污濁、心中愛樂沒有欲界色、由此就能導致初禪的身樂出生，遠離一切欲界色，以及因爲欲界色而出生的種種漏失和煩熱憂感；欲界色的繫縛已經解開了、已經脫離欲界色了，然後就全面的解脫於欲界色，這些比丘們就不再領受這個欲界色的覺受了；這是說**欲界色法的覺受是因爲欲界色法而出生的**，這就是**色出要**。阿難！這是說第四出要界。

復次，阿難！多聞聖弟子極般重**善於觀察己身**（己身是指五陰自己），他們因爲極重視善於觀察自己五陰身的緣故，心便不趣向自己的五陰身、不再愛樂自己的五陰身、不想靠近自己的五陰身、也不再信解自己五陰身的存在能使自己出離三界；如果對自己五陰身的愛樂心出生了，立刻就融化消失，燒燋萎縮而退轉回來，不能向外舒張開來；他們捨離五陰身的貪愛，不喜歡住於自己五陰身中；覺得五陰身是污穢而可厭惡的，厭惡自己的五陰身而認爲五陰身的存在是解脱道上的災患。阿難！猶如雞毛及雞筋，取來放在火裡面，立刻就融化消失，燒燋萎縮而退轉回來，不能向外舒張開來；阿難！多聞聖弟子也像是這樣，極重視善於觀察自己的五陰身；他們因爲極重視善於觀察自己五陰身的緣故，心便不再趣向自己的五陰身、不再愛樂自己的五陰身、不想再靠近自己的五陰身、不再信解自己五陰身的繼續存在會在解脱道上有什麼功德。如果對自己五陰身的愛樂心出生了，立刻就融化消失，燒燋萎縮而退轉回來，不能向外舒張開來；捨離對自己五陰身的貪愛，不樂住於自己的五陰身中；覺得自己的五陰身是污穢而可厭惡的，厭惡自己五陰身而覺得自己的存在是解脱道上的災患；觀察沒有對自己五陰身的貪愛、心趣向滅除自己五陰身、樂於沒有自己覺知心及色身的存在、靠近滅除己身、信解沒有己身的無餘涅槃功德；心中對己身已無罣礙、心中沒無明的污濁、心中覺得解脫的快樂，由此而能導致法喜寂滅的快樂生起，遠離了三界中一切己身的貪著，遠離因爲貪著己身而出生的種種漏失與煩熱憂慼。對己身貪著而生的繫縛已經解開了、已經脫離己身的繫縛，也全面的解脫於自己的五陰身了；那些比丘們不再領受由於五陰己身的執著而出生的覺受，是說這種從執著五陰己身而生起的**覺受，是因為自己的五陰身存在而出生的**。像這樣子就是**己身出要**，阿難！這是說第五種出要界。

阿難！這五種出要界，你應當爲諸年少比丘，解說出來用以教導他們。若是爲諸年少比丘解說，教導這五種出要界的話，他們便可以獲得安隱，得到解脫的力量、得到法喜充滿的快樂，色身與心中都不會有煩熱，可以終身修行清淨行。」

經由這一套書中的詳說，與您自己的實際觀行，對於己身眞實的邪見（我見與三縛結）的斷除，並不困難；所以現代佛門比丘最需注意的五出要界中，特別是以淫欲及供養爲最須面對的；淫欲是依喜樂修學藏密的樂空雙運、男女合修而說的，因爲藏密的中心理論與中心行門，自始至終都是圍繞著雙身法的樂空雙運而建立、解說、修習的，一向是女徒弟必須與男上師進壇合修譚崔瑜伽，一向是男徒弟必須與女上師進壇合修的，自古以來一直都是師徒亂倫的男女合修法；而且他們是一直不斷在誘惑佛門比丘與比丘尼去嚮往與實修的，所以現代比丘、比丘尼必須特別注意欲出要的意旨與正見。凡是修學藏密外道法，遲早必須面對雙身法貪欲，縱使藏密外道一開始都不會爲您明說這個事實：**藏密法義自始至終都圍繞著雙身法而進修，始從結緣灌頂，隨後寶瓶氣、上師觀想的實修，其實都是爲未來雙身法的實行而作準備的；後段的慧灌、密灌、上師灌頂，都必須與異性上師實修雙身法，必定會使比丘、比丘尼由於誤信藏密外道的緣故，漸漸在心中貪愛淫欲、樂住淫欲、趣向淫欲、愛戀女人（男人），與解脫道的修習將會越來越遠離，而且將永無取證解脫果之時。**（編案：詳見《狂密與眞密》的詳細解說。四輯共五十六萬字，已經全部上網，詳見「成佛之道」網站。）

至於供養的收受，則是依顯教比丘、比丘尼而說；因爲今時佛弟子們已漸漸懂得供養三寶了，已經意樂於供養三寶，所以不論是已悟的僧眾或未悟的凡夫僧眾，往往能不求而自得。得之久矣！得之鉅矣！便自然成就貪習；由此緣故，供養僧寶的在家徒弟因此而獲得後世的大福德，受供的僧寶便大幅減少後世的福德，此有阿含部的經文爲證，非唯大乘《菩薩優婆塞戒經》中如此說。

譬如《增壹阿含經》卷五：【聞如是 一時佛在舍衛國祇樹給孤獨園，爾時世尊告諸比丘：「受人利養，甚重不易，令人不得至無爲之處。所以然者，利養之報，斷入人皮；以斷皮、便斷肉，以斷肉、便斷骨，以斷骨、便徹髓，諸比丘！當以此方便，知利養甚重。若未生利養心，便不生；已生，求令滅之。如是，諸比丘！當作是學。」爾時諸比丘聞佛所說，歡喜奉行。】佛陀後來也曾開示過：釋迦佛的法教將會因爲比丘、比丘尼們貪於供養而致不能久住。

至於藏密外道的上師與喇嘛貪求錢財供養，貪求美麗或英俊的異性徒弟色身供養，一樣會使他們大幅喪失後世福德。但是還有一項事實，是護持藏密的人們所不知道的，那就是供養藏密外道的上師或喇嘛，捐輸錢財護持他們樂空雙運法的弘傳，都是破壞佛教正法的惡行，不但不可能因爲供養及護持而獲得後世的大福德，反而是成就破壞正法的大惡業；對於上師或喇嘛們的供養，雖然仍有財施上的福德，但是其福極小，因爲他們是毒田、貧窮田，所以若與布施世間凡夫所能獲得的福德相較，又加以護持邪法的共業，其福蓋不可言。

特別要注意的是：對於貪的全面內容與涵義、貪的熏習、貪的苦集、貪的滅除、貪滅之道等，若都無所了知，繼續廣受供養而不知自我檢省，後世之苦極難思之，不可言喻。而且是現世就有苦存在的，因為現世廣收供養時，就已經是障礙解脫道極為嚴重的了，只是自己不知道苦而已。這正是欲出要界中必須特別注意自我檢省的，特別是各大山頭的主法大法師，都是以凡夫身而大量接受信眾捐輸錢財，大量損減未來世的福德與今世道業資糧。若對此都無絲毫自我檢省的能力，口中空言解脫道的修習，空言度人修習解脫道，都無實義。欲界中的五欲是五蘊的我所，五蘊中則以識蘊最為重要，是領受五欲諸法的自我、己身故；而此識蘊六識合組而成的六塵中的覺知心，則是由意根加上五色根為緣才能出生的，本是生滅法。一切修學解脫道的人，對於識蘊尚且必須觀察其虛妄，然後捨除識蘊己身的貪愛，應當思惟識蘊己身滅除之道，更何況是識蘊覺知心所領受的五欲我所？但是竟然還會有藏密外道的上師、喇嘛們，號稱是最上乘佛法，卻盡形壽追求我所淫觸的遍身樂觸，並且廣教雙身法來誘惑顯教大法師同犯邪淫重戒，進而共同殘害廣大學人，這完全是遠離解脫道修習的，何況能與佛菩提道相應？

識蘊覺知心為何說是修學解脫道的一切人都應該捨棄與滅除的？有何教證為據？今有經文為證：【如是我聞　一時佛住毘舍離獼猴池側重閣講堂。時有長者名郁瞿婁，往詣佛所，稽首佛足，退坐一面，白佛言：「世尊！何故有一比丘見法般涅槃？何故比丘不得見法般涅槃？」佛告長者：「若有比丘**眼**識於**色**，愛念染著；以愛念染著故，常依於識；**為彼縛**故，若彼取故，不得見法般涅槃。**耳**、**鼻**、**舌**、**身**，**意**識法，亦復如是。若比丘**眼**識於色，不愛樂染著；不愛樂染著者，不依於識；不觸、不著、不取故，此諸比丘得見法，般涅槃。**耳**、**鼻**、**舌**、**身**，**意**識**法**，亦復如是。是故長者！有比丘得見法般涅槃者，有不得見法般涅槃者。」】（《雜阿含經》卷九第 237 經）

語譯如下：【如是我聞　一時佛陀住毘舍離城的獼猴池側重閣講堂。當時有一位長者名字叫作郁瞿婁，他前往到達佛陀所在之處，頭面頂禮佛陀腳足，退後而坐在旁邊，稟白佛陀說：「世尊！是什麼緣故有一位比丘看見佛法而般涅槃？又是什麼緣故有另一位比丘卻不能夠看見佛法而般涅槃？」佛陀告訴長者說：「如果有一位比丘，**眼識**對於種種的**色法**能加以認識，愛念色法而生起愛染執著；由於愛念染著的緣故，常常依於眼識而住；被**眼識**所繫縛的緣故，如果他這樣貪愛染著**眼識**而**取色法**的緣故，就不能看見佛法而證得涅槃；**耳識**、**鼻識**、**舌識**、**身識**，乃至**意識**能識知種種法的道理，也像是這樣子。如果有比丘眼識對於色法，都不愛樂染著；由於不愛樂染著的時候，就不會依於眼識；不想觸色法、不執著色法、不貪取色法的緣故，這些比丘們因此就可以看見佛法，證得涅槃。耳識、鼻識、舌識、身識，乃至意識在識知諸法時，也像是這樣子。由於這個緣故，長者！有的比丘可以看見佛法而證涅槃的，也有不能看見佛法而證得涅槃的。」

這意思是說，**眼識**對於**色塵**是不該執著的；既然經由修行而使眼識不再貪愛色塵了，那麼眼識的存在就不需要了！就可以滅除了！**耳識**、**鼻識**、**舌識**、**身識**乃至**意識**也是一樣的道理；既然**聲塵**、**香塵**、**味塵**、**觸塵**、**法塵**是不應該貪愛與執著的，既然**六塵**是應該滅除的，滅除了六塵以後意識等六識就沒有存在的必要了！所以識陰——六塵中的覺知心——也就沒有繼續存在的必要了，也就可以滅除了！滅除而**永遠**不再出生了，就是無餘涅槃了！（無想定、滅盡定、無想天中雖無識陰，但都不是**永遠**的滅除）六塵與識陰是人間有情眾生存活在人間的中心，如今佛陀說連識陰——特別是指意識覺知心——都尚且應該永遠自我捨棄之後，才能獲得聲聞涅槃，更何況是**五欲**之無常法、我所法，當然更應該滅除。如此深入明瞭解脫道正理以後，對於眞正想要實證解脫的人來說，應該可以更深入得到**欲出要**的證境與功德。

對於色陰（五色根與五塵）的出離，必須先對色陰的範圍與內容如實知，然後才去探究色陰的集、滅、味、患、離，才能擺脫色陰引生的生死苦；對於受、想、行、識也是一樣，都是要先對其範圍與內容有正確而深入的瞭解，沒有遺漏了，才能如實斷除對五陰的貪愛執著；若不能如實一一正知五陰的範圍與內容，在不正知五陰全部內容的情況下，就直接探討五陰的集、滅、味、患、離，是難免有所遺漏的，當然是無法確實斷除五陰我見與執著的，所以 佛說：【「若多聞聖弟子，**如實知色**、色集、色滅、色味、色患、色離，如實知故，不樂著於色。**如實知受**、**想**、**行**、**識**、識集、識滅、識味、識患、識離，如實知故，不樂著識；不樂著故，如是自知得般涅槃：我生已盡、梵行已立、所作已作、自知不受後有。」】（《雜阿含經》卷十第 268 經）

語譯如下：【「如果多聞的聖弟子，**如實了知色陰的內容**、色陰的熏習而積集、色陰滅除後的境界、色陰會被自己貪愛的滋味、色陰存在的過患、色陰出離的方法，都已如實了知的緣故，就不再愛樂貪著於色陰。接著也要如實了知受、想、行等三陰的內容，乃至**如實了知識陰的內容**，了知識陰的熏習積集，了知識陰的滅除、識陰的滋味、識陰存在的過患、識陰的出離方法，如實了知的緣故，從此不再愛樂執著識陰了；不愛樂執著識陰的緣故，像這樣子觀行成就以後，自知已經證得涅槃：我的出生到這一世已經窮盡、清淨行已經建立、於解脫道中所應作的事情都已經作完了、心中自知不會再領受後有了。】

不會再領受後有，才是解脫道修行者的最後歸宿；換句話說，死後不會再入胎受生，也不會再受生於欲界天、色界天、無色界中，不再有任何的名色、任何的五陰或四陰存在了，一切自我都已全部滅盡了，才是實證無餘涅槃。但是如今台灣海峽兩岸的大師們，南傳佛法的南洋大師們，都是想要以覺知心一念不生而入住無餘涅槃中，一直想要保持著自我存在不滅，也這樣子教導眾生修學解脫道，都是不如實知識陰，特別是不如實知意識、未離意識境界的凡夫，又怎能如實探究意識的集、滅、味、患、出要？當然是無法滅除識陰我見的，都是與 佛陀在經中所說的道理完全背道而馳；口說已證阿羅漢，實際仍是未斷我見的凡夫。佛說的是：滅除自己、使名與色完全不存在，也不會再於死後生起絲毫的來世名與色，連最微細的非想非非想定中的離念靈知心也永遠滅盡了，才是無餘涅槃。這是完全滅盡一切色身與一切受想行識的，所以意識一樣是要滅盡的，這才是眞正的無餘涅槃。但是如今南、北傳佛法中的大師們，都是一直想要保持色身存在的，因爲他們都不願意把意識自我滅盡；而意識之所以能存在人間，一定要有色身爲依，才能於人間生起及存在的。

縱使有大師是不想要保持色身存在，但至少都是想要保持識陰及受陰、了知陰（想陰）、行陰繼續存在的，都是想要把覺知心意識自己保留著不滅，想要繼續有所作爲，都是與解脫道的取證相違背。他們也都是想要把覺知心所領受的六塵繼續保持著，至少是想要把一念不生的定境法塵保留著，這都是未斷盡意識與法塵執著的，都是想要保持自己繼續存在的，都是未斷我見的人。未斷我見的人而說他們能幫助徒眾們斷我見，未證初果、二三四果的凡夫而說他們能幫助徒眾們取證初果乃至四果，都是很荒唐的事；這都與 佛說已斷、已證的人才能幫助他人斷及證的說法，完全違背，可見都是說謊而不臉紅的人。但現代學佛的南、北傳佛教學人們，是無法了知這個事實的，只能跟著被繼續誤導下去，這就是末法時代學佛人的悲哀！

色陰的斷除，一般人總是誤以爲自己早就斷除了！然而色陰是包含色身與五塵在內的，若不了知這個事實，就是不如實了知色陰內容的凡夫，那又能如何斷除對於色陰的執取與貪愛呢？修學解脫道（修學南傳佛法）的所有人，都應該如實的了知色陰（色身與五塵）是如何緣生的？總共必須具有幾緣才能生起？又是從何處生起的？如理作意的觀察以後，了知是由本識入住母胎而生起色身的，生起了色身以後才會有五塵的出生，然後才會有五塵上所顯現出來的法塵，這樣如實觀察以後，就是如實知色陰的聖弟子，色陰我見就確實斷除了。接著再繼續深入觀察色陰存在時一定會有的種種苦，再深入觀察色身及五塵的集，現觀色身及五塵的貪愛是如何熏習成功的？才會導致世世的意識心不自覺的貪愛與執著色陰的色身與五塵？然後進觀「滅苦之道就是滅除色陰」，色陰滅了以後人間有情的眾苦就不存在了，這就是色陰的苦滅；接著再進觀色陰滅除的法道，了知不再入胎受生時就不會再有後世的色陰五塵及色身出生，就不會有色陰所生的痛苦，就懂得**滅除色陰之道即是滅除對色陰的自我貪愛**；色陰滅盡了，五塵已經不存在了，眼識也就沒有存在的必要了！

色陰與眼識如是觀察，識陰、受陰、想陰、行陰也是一樣的觀察，五陰的四聖諦都這樣如理作意的觀察了以後，初禪人對於色陰出要、己身出要的修行就完成了！就不會再執著自己的存在，就是證得四果了。若是我執還無法斷盡，只是降低我執而已，心中總是對五欲、對名等四陰、對瞋恚、對嫉妒都無法滅除，所以接著必須深觀欲出要、瞋恚出要、嫉妒出要：對這三者的**內容**深入了知，對這三者的**苦**深入了知，對這三者的**苦集**深入了知，對這三者的**滅**深入了知，對這三者的**滅除之道**深入了知，才能對這三者**出離的法義**有所實證，然後才能遠離這三者；這樣就完成了**欲出要、瞋恚出要、嫉妒出要、己身出要、色出要**，就是實證四果的聖者了。

假使單從己身出要、色出要的觀行中，還無法使得後續的瞋恚出要、嫉妒出要、欲出要的修行成就；也可以改從五欲、瞋恚、嫉妒的源本加以探究，就可以確認一件事實：**五欲、瞋恚、嫉妒，都是源於色陰與己身**（名色中的名：識、受、想、行等四陰）**的存在，色陰與己身**（名）**的存在，正是五欲、瞋恚、嫉妒存在的根源**。這樣也是能確實深觀欲出要、瞋恚出要、嫉妒出要的人，就能現觀五欲、瞋恚、嫉妒的苦、集、滅、道；這樣子，五欲的貪愛與執著，以及瞋恚、嫉妒等惡法才有可能確實的斷除。

欲出要等五種出要，是針對五蘊的我所貪愛執著極強的人，所作的特別加強的觀行。往往有人因爲聽聞正法知見以後詳加觀行了，我見斷除了！但總是無法取證三果，更無法斷盡我執；但是在解脫道的修行中，斷除我執而取無餘涅槃，是最初也是最終的目標，然而因為五欲等法始終無法斷除，所以就無法出離三界生死的痛苦，三果的功德始終無法生起，不能永離欲界愛；由此緣故佛陀特別教導這五種出要界——五種出離法要的功能——使佛弟子在斷除我見以後，可以據此而進斷五蘊我所的執著，終能取證心解脫或慧解脫，成為三果人或阿羅漢，這就是五出要界的施設目的。凡是已斷我見而進入二果的薄貪瞋癡果德中，卻始終不能斷除欲界愛的我所執，以及不能斷除我執的解脫道修行人，都應該對此加以留心、付之於實行。至於您有沒有這個必要來加修五出要界，就得由您自己來決定了！

第八節　二乘頂忍與三縛結

講解了許多斷我見、出離三界生死苦的解脫道法義以後，您在解脫道上的修行、觀行，應該已經有了實證，接著當然就該說明二乘法中的無生忍等法義了。二乘法中的無生忍等法，當然得要從最基本層次的頂法與忍法來說起，如佛所說：【「**阿難：如是！如是！甚奇！甚特！我為諸年少比丘說處及教處，阿難！若汝從如來復問頂法及頂法退者，汝便於如來極信歡喜。**」於是尊者阿難叉手向佛，白曰：「**世尊！今正是時。善逝！今正是時。若世尊為諸年少比丘，說頂法及頂法退、說及教者，我及諸年少比丘從世尊聞已，當善受持。**」世尊告曰：「**阿難！汝等諦聽！善思念之！我當為汝及諸年少比丘說頂法及頂法退。**」尊者阿難等受教而聽。

世尊告曰：「**阿難！多聞聖弟子眞實因心，思念稱量，善觀分別無常、苦、空、非我。彼如是思念、如是稱量、如是善觀分別，便生忍、生樂，生欲：欲聞、欲念、欲觀，阿難！是謂頂法。阿難！若得此頂法，復失、衰退，不修守護，不習精勤，阿難！是謂頂法退。如是，內、外識、更樂**(觸)**、覺**(受)**、想、**

思、愛、界，因緣起，阿難！多聞聖弟子此因緣起及因緣起法，思念稱量，善觀分別無常、苦、空、非我，彼如是思念、如是稱量、如是善觀分別，便生忍、生樂，生欲：欲聞、欲念、欲觀，阿難！是謂頂法。阿難！若得此頂法，復失、衰退，不修守護，不習精勤，阿難！是謂頂法退。」

「阿難！此頂法及頂法退，汝當為諸年少比丘，說以教彼；若為諸年少比丘說、教此頂法及頂法退者，彼便得安隱，得力、得樂，身心不煩熱，終身行梵行。阿難！我為汝等說處及教處、頂法及頂法退，如尊師所為弟子起大慈哀，憐念愍傷、求義及饒益，求安隱快樂者，我今已作。汝等當復自作，至無事處、山林樹下、空安靜處，宴坐思惟，勿得放逸；勤加精進，莫令後悔。此是我之教敕，是我訓誨。」佛說如是，尊者阿難及諸年少比丘聞佛所說，歡喜奉行。】

《中阿含經》卷二十一〈長壽王品〉《說處經》

語譯如下：【「阿難：如是！如是！甚奇！甚特！我為諸年少比丘解說五解脫處及教導五解脫處以後，阿難！如果你接著又向如來再請問頂法及頂法的退失，你就能對如來極為信受及歡喜。」於是尊者阿難叉手向佛陀稟白說：「世尊！如今正是時候。善逝！如今正是時候。如果世尊為諸年少比丘，解說頂法及頂法的退失，這樣解說及教導時，我及諸年少比丘隨從世尊聽聞以後，將會善受善持。」世尊告訴他說：「阿難！你們都詳細的聽著！也要善於思惟及憶念！我將為你及諸年少比丘們，解說頂法及頂法退。」尊者阿難等人受教而聽。

世尊告訴他們說：「阿難！多聞的聖弟子以修學正法眞實因的清淨心，思念及講說佛法而思量諸法，善於觀察分別五蘊諸法的無常、苦惱、無常空、不是眞實我。他們像這樣子思惟憶念、像這樣子打量、像這樣善於觀察及分別，便出生了安忍的法、出生了法樂、出生了想安住於佛法中的善法欲，想要聽聞、想要憶念、想要觀察五蘊的無常、苦、空、非我，阿難！這就是我說的頂法。阿難！假使獲得這個頂法以後又復失去了，頂法衰微而退失了，也不修習守護這個頂法，由於不能修習而且不能精進勤修，阿難！這就是說頂法已經退失了。就像是這樣，能觸內相分六塵的內識（識陰等六識）、能住胎出生名色而觸外六塵的外識、觸、受、想、思、愛、功能，都是以外識住胎識為因，以父母、四大、無明等種種法為緣，才能示現於三界中，阿難！多聞的聖弟子，對於這個因緣生起的道理以及因緣所生起的各種法，都加以思惟、憶念、稱量以後，善於觀察分別五蘊的無常、苦、空、非我，他們像這樣子思惟憶念、像這樣子稱量觀察、像這樣子善於觀察分別，便出生了安忍、出生了快樂、出生了善法欲，想要聽聞、想要憶念、想要觀察，阿難！這就是我所說的頂法。阿難！如果得到這個頂法以後又再失掉了，衰微而退失了，不肯繼續修習而守護著，不再熏習而精進的勤修，阿難！這就是說頂法已經退失了。」

「阿難！這個頂法及頂法的退失，你應當爲諸年少比丘，解說以及教導他們；如果能爲諸年少比丘解說、教導這個頂法以及頂法退失，他們將會得到安隱，獲得五力而得到法樂，身心都不煩熱，終身都可以修行清淨行。阿難！我爲你們解說佛法中的五解處及教導五解脱處，也解說頂法及頂法退，猶如尊師所應爲弟子生起大慈哀，憐念愍傷、求義及饒益，求安隱快樂時所應作的事情，我如今已經作了。你們大眾應當接著自己去實行，去無事處、山林樹下、空曠安靜處，自己細心的宴坐思惟，千萬不可放逸；要勤加精進，不要使自己在將來產生了後悔。這是我的教誨與敕令，是我的訓示與教誨。」佛說的法義就像是這樣子，尊者阿難及諸年少比丘聽聞了佛陀所說的法義，歡喜奉行。】

關於解脫道中所說的內識與外識，當然應該依照二乘聖人的說法來解釋：

【「云何內識？若識受，是名**內識**。云何**外識**？若識**不受**，是名外識。」】《舍

利弗阿毘曇論》卷二）

語譯如下：【「如何是內識呢？假使有一個識是對六塵境界能領受的（是安住於五陰內，來領受內六塵而有覺受的識），這個識名爲**內識**。如何是**外識**呢？假使有一個識**對六塵境界是不領受的**（能藉五色根直接觸外六塵來變生內六塵，但卻是不領受外六塵、內六塵的），這個識名爲外識。」（能觸外塵故名外識）】

但舍利子尊者在《阿毘達磨集異門足論》卷十一中，對於入胎識與識陰六識的內、外識定義，正好相反，但是義理卻沒有相違：【「若內、若外者，云何**內識**？」答：「若識在此相續，已得不失，是名**內識**。」「云何**外識**？」答：「若識在此相續，或本未得，或得已失，若他相續，是名**外識**。」】

語譯如下：【「若是施設內識、若是施設外識者，什麼是**內識**？」答：「如果有一種識（譬如識陰六識）在人間相續存在，出生以後已經獲得這種識了，一生中都不會失去，這個就名爲**內識**。」「什麼是**外識**呢？」答：「如果有一種識（譬如本識住胎識）在人間相續存在，這識或者是本來不曾證得，或是證得以後**五陰死亡而又失去祂了**，但是這個識可能會在他處相續不斷的繼續存在（譬如受生於他方而繼續存在），這個就是**外識**。」】

由以上舍利弗及舍利子尊者的論文，從表面上看來，說法似乎是不一樣的；但是深究起來的結果，卻是沒有差別的，但所用名相相反。舍利弗尊者是從六塵的領受或不領受來定義內識與外識，能領受六塵的識是識陰等六識，這六識都只是住在勝義根中，只能領受內六入，不能直接領受外六入，所以是只能住在五陰中的內識。但是從來不領受內六入的本識住胎識，卻可以藉五色根來直接觸受外六塵，所以名爲外識；但這外識卻不會了知及領受內、外六塵，只是藉外六入直接變生內六入給內識（六識）來領受，所以名爲外識。

舍利子尊者則是從生滅或常住的體性，來定義內識與外識；凡是常住而被眾生一世所擁有的心，不會捨報後滅失而且可以到別的處所入胎受生、或去到天界受生而繼續存在的，祂能接觸外法而繼續存在，所以名爲外識。祂被識陰所擁有，只是一世；而擁有祂的識陰六識在捨報時會滅失，但是祂不會滅失，將會去到另一處所受生而繼續存在。由於祂能觸外六塵而變生內六塵，不斷的在三界中繼續存在而不滅，所以就名爲外識。擁有祂的識陰六識，只能存在一世，不能往生去到下一世，不能在下一世的他方處所繼續存在；由於識陰六識都不能觸及外六入，常住於五陰之內而且只能觸內六塵，所以名爲內識。二位尊者對內識與外識的定義方向或觀點並不相同，一是從觸或不觸外法來定義內、外識，一是從能否繼續存在他處而不滅壞，來定義內、外識；但從法界的實相來看，他們的定義是互相契合、沒有過失的，都是符合法界實相的，只是內、外識的名相使用有所不同。原則上，能觸外法的識就說爲外識；出生以後一直都住於五陰身中而不觸外法，只能觸內六塵的識陰六識心，就說爲內識。

在前面所舉經文中，佛說應該先信受有內、外識，然後再對五陰所攝的一切法，已能開始觀察其虛妄，並且漸次觀察其無常、苦、空、無我；觀察以後仍想要繼續深入觀行，想要實證無我，而且知道有一個外識是常住不滅的，這就是頂法。知道這些道理而不退失於解脫道的這種正理，就是頂法不退。若不信識陰只能領受內六塵，不信另有外識能觸外六塵，就無法眞的信受蘊處界都是無常故無我的聲聞解脫法，當然不能實證聲聞解脫果，這也證明二乘聖人結集出來的四阿含，是承認確實有第八識的，只是無智慧故不能證得祂。

所以頂法之意是：這是三界之頂的法義。也就是說，三界之頂無過於非想非非想定、非想非非想天境界，但這個頂法是已到三界頂的；雖然還無法眞的出離三界生死苦，但三界中的所有眾生，都無法到達這個智慧境界，所以就稱爲頂法。三界中法，都是墜入蘊處界我及蘊處界所擁有的各種我所法中，始終不能到達三界之頂；若是有人獲得三界頂的知見時，他就是已得頂法的人，他的二乘菩提見道，時在不久，此世中將會成爲初果乃至三、四果的聖人。

頂法的眞實意涵有四：一者認知內識識陰的虛妄，二者認知本識——外識如來藏——的眞實存在，可以去到他世、他方繼續存在不滅；三者認知觸、受、想、思、愛等法，都是內、外識共同出生的心所法，性不自在；四者認知內識、外識、心所法和合而起的三界五蘊中的種種功能差別(界)都是藉內識、外識、心所法的和合運作而出生的。了知這四法的人，就是證得頂法的人。若是頂法不退，能繼續深入觀察下去，不久就能證得初果的解脫功德。

如何說外識不是指意根？這是說 佛陀於四阿含諸經中，多次指稱「意法爲緣生意識」、「意法緣，生意識」、「諸所有意識一切皆意法爲緣生」，並且都說意根是六根所攝的法，從來不將意根說爲識，所以說外識一定是指本識住胎識而不是意根。外識可以觸外法，所以能接觸受精卵物質，能觸取母親血液中的四大，所以能在捨壽後去到他處繼續入胎而住胎、出生名色；但內識等六識只能存在一世，捨壽入胎時就永滅而不能在他處、他世繼續存在。內識與外識都不被說為根或意，內識則是意識等，故外識當然是指本識住胎識。

觸、**受**、**想**、**思**、**愛**、**界**是什麼意涵？為何是虛妄的？**觸**是指接觸，是說八識心王都各自擁有的五遍行心所法中的觸心所，不是指身識領受觸塵的觸覺，觸覺已經是墜入觸心所後面的覺受中了，屬於受陰所攝的了。眼等六識心都各有觸心所，由這個觸心所的功能，來觸內六入的六塵，才能了別六塵法相。

受：由於能觸六塵，所以才能領受內六入的六塵相；若是不觸六塵，就無法領受這六塵相。但是這個受，是指境界受，而不是受陰所說的苦、樂、憂、喜、捨等五種感受，但也是廣義的受陰所攝。

想：由於境界受的五遍行及五別境心所法的運作，才能產生對於六塵相的了知；這個了知就是想，主要是指識陰對內六入的六塵上的直接了知，不是指語言文字上的妄想，所以 佛與大阿羅漢們都說**想亦是知**，這個想也屬於想陰所攝。而這個想心所的運作，在識陰等六識自身而言，都是面對內六入的六塵而運作的，都不是面對內六入以外的內法而運作的。

思：有了想心所而了知所面對的六塵相以後，於是思心所就有運作了，這是由於面對直接的境界受而有了五識直接的苦受、樂受、捨受，還不到意識所分別領受的地步，就會有思心所的運作；當這個五識的思心所聯結到意識與意根時，由於意根的思心所運作，於是五蘊的直接反應（俗話說的下意識、潛意識的直接反應—直覺）就跟著出現了！這都是在識陰六識及意根的複雜配合運作下才出現的；說來話長，其實都只是在極短的時間內就完成了！這只是極簡略的說法，但已是大法師們所不知道的法義與眞相，卻是諸地菩薩們都必須有能力現觀的智慧境界。其中還有許多內識的識陰六識互相之間的聯結，以及外識與內識互相聯結與連鎖的運作，都不是三明六通的大阿羅漢們所能知悉的。這些都屬於報身佛在色究竟天中為諸地菩薩所細說的一切種智內涵，在人間是沒有必要加以說明及弘揚的。

這四個心所法和合運作之前，六識心都各自必須先有一個**作意**存在，作意想要繼續觸知六塵。而這個作意是在六識心生起之後就一直都存在著，而且都是在其餘四個心所法之前存在著；除非是眠熟……等斷滅位中，才會在六識心初生起時，由內住的意根作用而使六識的觸心所在前運作，而使六識的作意心所生起；但生起六識心體以後，依舊回到由作意在觸心所之前運作的狀態，在不同境界相出現時才會有時互換先後次第，然後再由六識想要繼續觸六塵的作意來引導，使得六識各自的觸、受、想、思等心所法的運作（這時暫且不談到外識本識與意根及內識等六識心所法的運作），所以眾生就有了眼識的能見之性、耳識的能聞之性……乃至身識的能覺之性、意識的能知之性，全都出生了！

這四個心所法為何虛妄不實？六識所擁有的全部心所法及能見能覺等自性，都是附屬於六識心體而存在的，攝屬六識心我的所有法，即是六識的內我所。若無六識心體的存在，就不會有這些心所法，所以說這四個心所法也是虛妄法。也因為六識心王本就必須先有意根與法塵的存在，才會有意識等六識的出生，都因為六識心體本就是仰仗意根、法塵為緣，並且必須有意根的觸心所為緣，才能有意根的觸法塵及作意，才會有識陰六識生起，所以識陰六識本已是虛妄法；而這四個心所法及自性又是依附六識才能存在而運作，只是這六識的功能性，當然更是虛妄法了；所以修學解脫道的行者，對於觸、受、想、思等四個心所法，都不應該有所執著，因緣法的緣起支就不會再繼續綿延不斷。

愛：愛心所，是由於有六識心王、有六塵相，所以才會使意識等六識心產生了直接及間接的貪愛執著，由於貪愛執著而使得眾生對五陰身自我，以及對三界萬法有了執取的作用，才會流轉生死不斷。但是，愛心所（貪）也如同前面的四個心所法一般，都只是意識心（有時是五俱意識覺知心）的心所法；所以，愛心所當然也是如同觸、受、想、思等心所法一樣的虛妄，而且是在這四個心所法出現以後才隨著出生的，當然更加的虛妄了！

界：五陰所擁有的一切界，都是藉因緣而生起的；界，又名種子，又名功能差別，又名功能的侷限。眼識的界，是指眼識的種子，即是眼識能見的功能；識陰的界，當然是指識陰六識的種子，也就是識陰六識的功能、功能差別、功能的侷限。識陰共有六識，所以六識的種子──六識的功能──就名爲六識界。六識界，意謂六識心各有不同的功能；六識各自的功能都是有界限的，所以六識法界的意思是說六識功能法的界限。這樣說明，您對法界的意涵就可以明白了！再也不會如同以前一樣對法界充滿著想像與臆測了！但是，六識法界的意涵明白以後，了知六識的功能差別了！就應該已經了知六識的自性了！

六識法界是指六識的功能差別，六識的功能差別就是六識的自性，是說眼識能見之性、耳識能聞之性……乃至身識能覺之性、意識能知之性。這六識的自性都不只是單純由根、塵**因緣出生**的，也都不只是單純由根與塵爲緣就能**自然出生**的，而是必須有第八識執持六識種子，才能藉根與塵爲緣而自然從本識中出生的；若缺了第八識執持六識心的種子，於緣熟時流注出來而成爲六識心；單憑根與塵的相觸因緣，或是單憑自然，都是無法出生的，所以《楞嚴經》中說，六識的自性非自然生、非因緣生，是說由本識所生。而這六識的能見、能聞乃至能覺、能知之性，其實都是由於識陰六識的心所法運作而顯現的六識功能而已，本質正是六識心體與心所法配合而成就的自性，當然也是虛妄法。

六識的自性——六識界——既是虛妄法，則觸、受、想、思、愛等法，當然也都是虛妄法；當您對於「內外識、更樂(觸)、覺(受)、想、思、愛、界」等六法，都因閱讀這一套書籍而相信是因緣起了，那麼您就已經是多聞聖弟子了！聞知或閱知這個道理以後，知道如何現觀及思惟的理路了，心中一定會對「此因緣起及因緣起法」，切實加以「思念、稱量」，然後就一定會「善觀」及「分別」外識本識要藉因緣才能出現在三界中的道理，也能善觀及分別內識六識及其各種心所法的「界」都是「無常、苦、空、非我」，當您「如是思念、如是稱量、如是善觀分別」，「便生忍」，知道自己在解脫道中終於正式上路了，此生取證初果而斷我見、斷三縛結的事情，已是指日可待的了，於是心中「生樂」；因樂而「生欲」，善法欲出生了以後，「欲聞」眞善知識深入解說這個正理，心中也一直都「欲念（念是憶持的意思）」而不想遺忘這些正理，並且「欲觀」而想要自己更深入現觀這些正理，佛說：「阿難！這就是我說的頂法。」頂法的道理，您已經很清楚的明白了！接著就是您應該信受呢？還是繼續保持未斷我見的大法師們給您的先入爲主的錯誤觀念？而只將這些正法妙理當作是佛法常識，不願親自深入加以現前觀察及思惟呢？那就看您個人的抉擇了！假使您眞心要探討阿含解脫道，那麼您一定不會入了寶山卻空手而出的，一定會深入加以觀察及思惟的。當您切實如理作意思惟觀察以後，您的頂法一定會出現。當頂法出現以後，千萬別再被假名善知識恐嚇而退失頂法了！否則您就白讀這一套書籍了！也白作觀行了！

當您不退失於頂法以後，不久將可以繼續深入觀行而發起見地，斷除我見與三縛結而成爲初果人。可是當您自認是已經斷了我見而成爲初果人時，請您務必重新拾起這一套書來，從頭把它再細讀一遍，一面更深入的證驗，同時也自我檢討，看看自己是否眞的已經斷除三縛結了！這時對於三縛結的內容與斷除三結的智慧，就得要詳細加以檢視，以免不愼犯了大妄語業。當您重複檢視此書中的內容，來比對自己所觀、所斷時，即使確定已經是初果人了！卻有三件事情，必須請您注意：

一、不要因此而想迅速求證四果，因爲您有更好的選擇，可以迴聲聞心、聲聞行，轉向成佛之道，改修佛菩提道，迴心而入菩薩道中，進求外識如來藏的親證而發起般若實相智慧，實證般若中觀的無分別智，親證法界實相。

二、如果對解脫道的三果證境確實很嚮往的話，您可以先求證三果；那麼您可以依照前面所講阿含道的理路，勸令自心遠離欲界愛，加修未到地定；在尚未發起初禪前，您當然可以成爲薄貪瞋癡的二果人；然後進修未到地定成就時，將會在您確實斷除欲界愛以後，突然自動發起初禪，於是您就可以自我檢查：自己的五下分結是否已經斷除了？假使已經自我檢討而無差錯了，您當然就是三果人了！這是無庸置疑的。這時就應該迴心大乘而進受菩薩戒，以大乘菩薩戒爲解脫戒（主戒），以二乘比丘戒、比丘尼戒爲別解脫戒（副戒），進入求證如來藏的階段而證悟明心，發起般若實相智慧。您別懷疑，平實既能以此書助您親證三果下至初果，當然所說絕非妄語，您可以相信平實說的：**如來藏確實是可以親證的**。而平實也已經度化許多人親證如來藏了！到那時，平實很歡迎您來到正覺講堂，成爲大乘勝義菩薩僧中的一分子。至於進斷有漏與無明漏，那就免了！因爲平實希望您成爲菩薩，將來可以成佛，可以度化更多人離苦得樂，不希望您成爲決定性的聲聞人而取無餘涅槃；那麼佛教的未來，眾生出離生死苦的希望，就會因爲您的加入發揚而更有光明遠景，無明暗夜中的苦難眾生也將會因此而有更多人離苦得度。

三、別向任何人說出您的果證，更別說是平實爲您印證的；因爲當您講出您的果證時，您顯然是誤會了解脫道果證的人。當您在阿含解脫道中證果時，其實沒有任何果可證；您所獲得的，反而是由於您失去的那些而獲得的。當您獲得初果時，您只是失去身見、失去三縛結，並沒有得到任何一法，所以沒有初果可證。當您證得三果時，只是失去了欲界愛、只是失去了五下分結，從來沒有得到任何一個法。當您都不會想到自己已經證果時，您才是眞正的證果聖人！請您務必注意平實以上三個吩咐，那麼您將一定會成爲初果乃至三果的實證者，這時經由《阿含正義》的詳讀與思惟，已能確認自己是有能力取證四果的，您也將能示現佛教聖者與果證的眞實與莊嚴，因此將會度得更多人取證聲聞初果乃至三果，也會因此而增加大乘菩薩僧的成員，使佛教正法的勢力越來越大，就可以因您而使更多眾生獲得更大的解脫利益、實相智慧利益。

第九節　戒是解脫之依憑

當您已經證果了，或是發起煖法、頂法了！為您自己或是為了仍在學法的眾生，或是為了佛教的未來，當然就應該瞭解戒律的重要性了！由於戒律的清淨，眾生才有具足五善根的可能；然後取證聲聞果，才會有希望；所以戒律的清淨受持，正是取證解脫的根本。而且取證解脫果時，不該有所勉強，應該順應觀行的增進而自然的往前精進修行，不可以依靠妄想而想要有所修證。當您的知見自然達到初果的智慧時，您就自然取證初果；而您取證初果時，您會發覺自己其實都沒有所得，反而是失去世間法的貪著。有經文為證：

【我聞如是　一時佛遊舍衛國，在勝林給孤獨園。爾時世尊告曰：「阿難！持戒者不應思『令我不悔』，阿難！但法自然，持戒者便得不悔。阿難！有不悔者不應思『令我歡悅』，阿難！但法自然，有不悔者便得歡悅。阿難！有歡悅者不應思『令我喜』，阿難！但法自然，有歡悅者便得喜。阿難！有喜者不應思『令我止』，阿難！但法自然，有喜者便得止身。阿難！有止者不應思『令我樂』，阿難！但法自然，有止者便得覺樂。阿難！有樂者不應思『令我定』，阿難！但法自然，有樂者便得定心。阿難！有定者不應思『令我見如實、知如眞』，阿難！但法自然，有定者便得見如實、知如眞。阿難！有見如實、知如眞者不應思『令我厭』，阿難！但法自然，有見如實、知如眞者，便得厭。阿難！有厭者不應思『令我無欲』，阿難！但法自然，有厭者便得無欲。阿難！有無欲者不應思『令我解脫』，阿難！但法自然，有無欲者便得解脫一切婬怒癡。阿難！是爲因持戒便得不悔，因不悔便得歡悅，因歡悅便得喜，因喜便得止，因止便得樂，因樂便得定心。阿難！多聞聖弟子有定心者（有決定心的人）便見如實、知如眞，因見如實、知如眞便得厭，因厭便得無欲，因無欲便得解脫，因解脫便知解脫：生已盡，梵行已立，所作已辦，不更受有，知如眞。阿難！是爲法法相益、法法相因，如是，此戒趣至第一，謂度此岸，得至彼岸。」佛說如是，尊者阿難及諸比丘聞佛所說，歡喜奉行。】（《中阿含經》卷十）

語譯如下：【我聞如是　一時佛陀遊行於舍衛國，在勝林給孤獨園中。爾時世尊告訴說：「阿難！持戒的人不應該想：『使我不後悔戒法的受持。』阿難！只要效法自然的持戒，持戒者便可以得到不後悔的結果。阿難！對於持戒能獲得不悔的人，他不應該想：『使我持戒而生起歡悅。』阿難！只要效法自然的持戒，原本就有不悔心的人便可以自然獲得歡悅。阿難！對持戒有歡悅心的人不應該想：『使我對持戒生起喜樂。』阿難！只要效法自然的持戒，已有歡悅心的人便會獲得喜樂。阿難！對於持戒有喜樂心的人不應該想：『使我能安止於戒法中。』阿難！只要效法自然的持戒，有喜樂心的人便會獲得止身（未到地定就會生起）。阿難！有未到地定的人不應該想：『使我能得到禪定的身樂。』阿難！只要效法自然的持戒，有未到地定的人便會得到初禪身覺之樂（胸中發起快樂的觸覺）。阿難！有初禪之身樂的人，不應該想：『使我得到定生喜樂。』阿難！只要效法自然的持戒，有初禪身樂的人便會獲得二禪定心。阿難！有二禪定心的人不應該想：『使我如實看見蘊處界空、了知自己的所見如同眞實取證一般。』阿難！只要效法自然的持戒，有二禪定境的人便可以如實得見蘊處界空、了知自己的所見如同眞實取證一般（證得慧解脫果）。阿難！既有如實親見蘊處界無常故空、故無我，已了知自己的所見如同阿羅漢們一般眞實的人，不應該想：『使我厭惡蘊處界。』阿難！只要效法自然的持戒，若有如實看見蘊處界無常故空、能夠如同阿羅漢們一樣眞實了知的人，自然會對蘊處界自己生起厭惡。阿難！有這種厭惡心的人不應想：『使我對欲界法都沒有了慾心。』阿難！只要效法自然的持戒，有厭惡心的人便會自己遠離慾心。阿難！有遠離慾心證德的人不應該想：『使我得到解脫。』阿難！只要效法自然的持戒，有遠離慾心證德的人便會得到解脫一切婬怒癡的果報。阿難！這就是說，因爲持戒的緣故便得到不悔之心，因爲不悔之心便得到歡悅心，因爲歡悅心便得到喜樂心，因爲喜樂心便獲得未到地定，因爲未到地定的止於一境便發起初禪身樂，因爲初禪身樂便得到二禪的定心。阿難！多聞的聖弟子們若有決定心，便會如實看見蘊處界都是無常空、如同阿羅漢們一樣眞實的了知，因爲所見如實、所知如眞的緣故，便能對蘊處界自己發起厭惡心，因爲厭惡心便得到離欲，因爲離欲便得到三果到四果的解脫，因爲解脫便知道什麼是眞實的解脫：出生已經窮盡，清淨行已經建立，於解脫道中所應作的一切事情都已經成辦，不會重新再接受後有了，自己知道得很清楚。阿難！這就是說，解脫道的修行是每一法都會互相利益、每一法都互相爲因的，就像是這樣子，這個佛戒的受持能使人趣向而且到達解脫道的第一果，是說度過此岸，可以到達解脫的彼岸。」佛說的法就像是這樣子，尊者阿難及諸比丘聞佛所說，歡喜奉行。】

心解脫與慧解脫的過程，其實仍然是以持戒不犯作爲解脫的基礎。不論是因戒得初禪然後見道、解脫，或是因戒得見道而發起初禪，得三、四果解脫，以上經文都說明是以持戒為基礎。所以持戒是一切學佛人（不論修學解脫道或佛菩提道）都很重要的基本行止。若以往曾經毀犯重戒乃至曾經嚴重毀謗大乘妙法，將會使本書的法義宣講，對他所能產生的功德大為減少，至多只能成為**無根信**而已，連初果都無法實證；捨壽後最多只能保住人身，何況能有果證？這不是平實危言聳聽，而是平實無量劫以前曾經親歷的事，也是有聖教為憑的：

【爾時阿闍世王即從座起，頭面禮佛足，便退而去。王去不遠，佛告諸比丘：「今此阿闍世王不取父王害者，今日應得**初沙門果證**，在四雙八輩之中，亦復得賢聖八品道，除去八愛，超越八難。雖爾，今猶獲大幸，得**無根之信**。是故，比丘！為罪之人，當求方便，成無根之信。我優婆塞中得無根信者，所謂阿闍世是也！」】（《增壹阿含經》卷三十九）

語譯如下：【這時阿闍世王就從座位上站起身來，以頭臉接觸佛陀的腳足而禮拜之後，便後退而離去了。阿闍世王離去還沒有到很遠的地方，佛陀就告訴諸比丘說：「如今這位阿闍世王，若以前不曾捉取父王害死，今天聽聞我說正法時，本應獲得第一個出家果的須陀洹果證，住於四雙八輩的聖人之位中，亦可以獲得賢聖所行八正道的功德，除去世間的八愛，超越了世間的八難（可惜的是他因爲殺害父王而導致今天聽聞正法時仍然無法證得初果）。雖然是如此，今天他仍然因爲發起對三寶的信心而獲得很大的幸福，因爲他今天聞法以後獲得**無根之信**了。由於這個緣故，比丘們！曾經造作惡罪的人，應當勤求方便，藉以成就**無根之信**（就免入地獄了）。我的在家男信眾中獲得**無根信**的人，就是阿闍世王啊！」】

所以說，曾經謗法的人，不論是謗二乘法或謗大乘法，特別是曾經毀謗如來藏勝法及大乘賢聖，若想在這一世取證解脫果乃至菩薩果，都應該先作公開大力的懺悔（除非曾受被毀謗的大善知識攝受，而以方便法聚集四人之眾而作不很公開的懺悔），否則，即使讀完此書，也實際上印證了蘊處界的一一蘊、一一處、一一界都虛妄不實而斷了我見，乃至證得初禪與二禪了，捨壽後仍然不免趣墜三惡道中，此時的一切所知所見都將喪失殆盡，所謂的解脫慧、所謂的果證，都將一一不存；若能如同阿闍世王公開懺悔，後不復作，至少可以獲得不具備五善根的微信。平實無量劫前，因嫉心而毀謗一位證得四禪但尚未證果的賢人時，就已經親身經歷過這樣的事；雖然在定中親見這一幕時，也從其中體驗到老鼠是如何能領解人類的語言，體會到老鼠如同人類一般具有八識心王，而其八識心王的運作都與人類無二，由此而增長了種智、引生了喜悅，但在往世鼠身時，是一種很慘痛的果報；若是有人大力毀謗如來藏妙義，大力毀謗親證如來藏的賢位、聖位大乘勝義僧，卻又不似平實往世具有大福德，一世便因懺悔而重回人間，那時流轉三途之中，究竟要幾劫之後才能重回人間？重回人間以後，由於邪見種子尚未懺除的緣故，重聞如來藏妙義時，恐仍將重新再謗而又淪墜三途，如是往復淪墜而無止期，豈不是令人聞之極爲恐畏的事？

所以，曾經謗法毀法、謗賢聖毀賢聖的人，經由此書所能獲得的智慧，捨壽後都將不存；因爲他將會淪墜三惡道中，難有出期，智慧亦失；除非謗法後已經公開懺悔，或謗賢聖者已被該賢聖所攝受。這是現代佛教界領導人必須特別注意的一點，也是一切專修阿含解脫道而求速證解脫果的所有人，必須特別注意的一點。在此重新呼籲佛門四眾：千萬記得嚴謹的受持戒律，對於不瞭解的法義及弘法師，儘量閉口不言；等到讀過他們全部的著作，並且細心比對經典、論典的法義以後，才作謹慎的評論，或者就乾脆閉口不談，這是最聰明的作法。因爲您也有可能在知見不足的情況下，被人誤導以後而錯誤的認定眞善知識是邪魔外道，作了嚴厲的破法評論，還以爲自己是大力護法而有功德呢！

第十節 離心、意、識故名涅槃

離心、意、識，方名涅槃。但是這一句聖教，已經被學佛人——不論是大師或學人——誤解很久了！往往有人以錯解之後的離、心、意識，來破斥眞悟之人，成就無根誹謗賢聖的大惡業，而仍然自無所知的洋洋得意、說向他人。這總是需要有人出面講出「離心、意、識」的道理來，讓以後的大師與學人們，都不會再次、再三的重犯這種過失，免受來世的惡報。

在二乘菩提的聲聞佛法四阿含諸經中所說的「心、意、識」，與大乘經所說心、意、識的通說，並不相同；但與古時禪宗祖師所斥責的「心、意、識」是相同的，都屬於意識心。這個現象的存在當然有古代的時空背景原因，這是說古時禪宗大弘，是從六祖慧能大師才開始的；當時的中國佛教正是俱舍宗的天下，多以俱舍宗的教義爲主要弘法內容。但是，即使如此，俱舍宗的弘法者，對於己宗的《俱舍論》法義，也往往是誤解的。縱使沒有誤解而如實的弘揚，也還是不究竟的，與成佛之道都不相應。由於這二個緣故，促使當年的 玄奘菩薩，冒著旅途不測的生命危險，也冒著違背國禁而被捕殺的危險，私自西行前往天竺求法；當他後來學成歸國時，才終於把中國佛教大力提升為大乘佛教，間接的護持了禪宗的證悟正法，已使禪宗免被俱舍宗誣謗為外道自性見。

所謂的心、意、識，在俱舍宗、在聲聞阿含法中，是說過去世、未來世、現在世的意識覺知心，也可以說是過去念、未來念、現前當念的意識覺知心；這都只是隨根性不同而作的方便說，藉以使人了知意識心的虛妄性及分別性罷了。正因為當時中國佛教界所說的心、意、識，都是意識心，所以禪師往往會教導學人：「離心、意、識參。」為何說二乘法中所說的心、意、識都是指第六意識？有論文為證：【偈曰：「心、意、識一義。」釋曰：「**心**以增長為義，能解故名**意**，能別故名**識**。善惡諸界所增長，故名**心**；或能增長彼，故名**心**。此心為他作依止，說名**意**；若能依止，說名**識**。如**心**、**意**、**識**，三名一義如此。」】（《阿毘達磨俱舍釋論》卷三）

語譯如下：【偈曰：「心、意、識這一個法義。」解釋說：「將祂命名為心，是因祂的善惡法能有所增長作為義理，所以命名為心；又因為這個心能理解諸法的緣故，所以命名為意；又因為祂能識別六塵的緣故而名之為識。由於祂會被善惡諸法的功能所增長，所以名之為心；或者因為祂能增長善惡諸法，所以名之爲心。這個心能被其他的五識作爲依止心，所以說祂名爲意；若是能依止的心，就說祂名爲識。如心、意、識，三名一義的道理就像是這樣。」】

這意思是說，從意識能增長善惡法的體性來說，稱之爲心；若是從意識能理解諸法的體性來看，就命名爲意；再從意識能識別六塵的體性而命名爲識。從另一方面來說，由於這個意識覺知心，是會被善法或惡法所增長的緣故，漸趨善性或是漸趨惡性，能使某一法增長的緣故而被命名爲心；有時則是因爲祂自己擁有善惡分別體性，能作檢擇而自行增長善法或惡法，所以被稱之爲心。但又從依止來立名：說意識覺知心能被前五識及他法作爲依止，所以說名爲意；若是能依止的前五識能了別五塵，意識配合前五識時就能了別六塵，所以就命名爲意識。這樣看來，在二乘法中，心、意、識都是指第六意識一心，有時是包括前五識在內的。既然如此，二乘法中所說的心、意、識，都是識陰所攝，入無餘涅槃時當然是應該滅除的，當然是虛妄心。

亦如《阿毘達磨順正理論》卷十一說：【論曰：「心、意、識三，體雖是一；而訓詞等，義類有異，謂集起故名心，思量故名意，了別故名識。或種種義故名爲心，即此爲他作所依止故名爲意，作能依止故名爲識。或界、處、蘊施設差別，或復增長相續業生種子差別，如是等類，義門有異。故心、意、識，三名所詮，義異、體一。」】所以在二乘法中所說的心、意、識，其實都是從不同的方向來說意識心，都是指同一個意識覺知心，與一般大乘經典所說的心、意、識各代表八七六識的定義不同。在俱舍宗大行的禪宗六祖時代，乃至後來幾百年內的中國佛教，俱舍宗的聲聞法一直都是擁有龐大勢力的；在此背景下，多數人所知的心、意、識當然都是指意識心，禪宗祖師當然要重複的主張：離心意識參。因為那時的心意識三名都是指稱同一個意識覺知心，而意識覺知心是生滅法，不是法界萬法的實相心，不該是禪宗祖師所證悟的第八識眞心。

關於心、意、識，在大乘法中的說法與二乘經論中的說法並不相同；一般大乘經論中所說的心、意、識，是說第八識如來藏為心、第七識意根為意、第六識或前六識為識；在唯識學派中，心是第一能變識，是指第八識如來藏；意是第二能變識，是指意根末那識；識是第三能變識，是指意識覺知心等六識；這與二乘經論中所說的心、意、識都明說是意識一心，確實大不相同。

在二乘解脫道的四阿含諸經中，沒有詳細的解說心是過去世的意識，或是未來世的意識；也沒詳細的解說意是過去世的意識，或是未來世的意識；而識

字卻常常被 佛陀說是認識法塵及五塵的覺知心，所以識字通常都被用來指稱現在世的意識；但是在二乘聖人結集成的四阿含諸經中，也常常把 佛陀所說的入胎識本識，單用一個識字來指稱，所以造成智慧不足的凡夫們，誤解了識字的廣泛意涵而單說爲意識，解脫道之路就走偏了；再加上聲聞乘阿羅漢們所造的論中，對於心、意、識也都解釋爲同一個意識；又由於他們對第六、第八識，都只用一個識字來指稱，而第七識意根則大多單用意字來指稱，偶爾也用意字指稱意識，所以後人就更難以瞭解何處的識字是第六意識？何處的識字是指第八入胎識？何處的意字是第七識意根？何處的意字是指第六意識？

但二乘聖人也是常常將意識的三世定義爲心、意、識的，可是他們對於過去世意識與未來世意識，究竟是應該定義爲心、或是定義爲意？卻有二種不同的說法：有人說過去世意識是意，未來世意識是心；另一派則說未來世意識是意，過去世意識是心。但現在世的意識，卻都被命名爲識，這是阿含道的造論阿羅漢們所有的共識，一向都沒有異議；然而在中國後來的《成唯識論了義燈》卷五中，作者慧沼法師卻說：「四、世門：過去名意，現在名心，未來名識。」這是他獨有的說法，與諸論的解釋大不相同。但這是有過失的，因爲識是指識知諸法、了別諸法；過去世意識已經過去了，過去的識已不存在，已不能了別，當然不可說是識，因為識就是了別的意思；未來世的意識，也是一樣的道理，未生之識不能了知諸法，所以都不可以說是識；由此緣故，只有現在世的意識才可以說是識。從這些道理來看，慧沼法師的說法是有過失的。

主張「過去世意識為意，未來世意識為心」的阿羅漢及大乘法中的論師們，是最多數的，計有如下記錄：**一**、《阿毘達磨大毘婆沙論》卷七十二：「故契經說心、意、識三，聲雖有異而無差別。復有說者，心、意、識三，亦有差別，謂名即差別，名心、名意、名識異故。復次，世亦差別，謂過去名意、未來名心、現在名識故。」**二**、《阿毘曇毘婆沙論》卷三十八：「一受有如是等五名，心彼亦如是，一心法有三種名。復有說差別者，名即差別，是名心、是名意、是名識。復次，過去名意，未來名心，現在名識。」**三**、《五事毘婆沙論》卷二：「復有說者，亦有差別，過去名意、未來名心、現在名識。」**四**、《金剛三昧經論》卷二：「心、意、意識者，是第六識；未來名心，過去名意，現名意識。依隨轉門，舉此三名，為顯三世皆空寂故。」**五**、《大方廣佛華嚴經隨疏演義鈔》卷三十二：「謂小乘謂：未來名心，過去名意，現在是識等，種種分別，然無別體。」六、《俱舍論記》卷二：「依唯過去，由六識身無間滅已，皆名爲意；此與意識作所依根，是故意識唯依過去無間滅意。問：『此宗十八界皆通三世，如何說意唯過去耶？』解云：若據意體，實通三世；約世、據用，就顯以論，故唯過去；故論云：過去名意，未來名心，現在名識。」七、《俱舍論記》卷四：「復次，世亦有差別，謂過去名意，未來名心，現在名識故。」八、《俱舍論頌疏論本》卷一：「於十八界門，名七心界；於六識外，更加意界，名七心界。應知六識轉爲意者，明有意界；應知六識轉謝過去，能與後識爲所依邊，名爲意界。故知六識，居現在世名識，在過去名意。」九、《止觀輔行傳弘決》卷二：「秖是一心，有三差別；言有別者，名即差別。或云：過去名意，未來名心，現在名識。」十、《翻譯名義集》卷六：「秖是一心，有三差別；言有別者，名即差別。或云：過去名意，未來名心，現在名識。」十一、《攝大乘論章》卷第一：「四、言世者，過去名意，意是根義故。未來名心，心體成就故。現在名識，能了現境故。」十二、《大乘百法明門論開宗義記》卷一：「小乘通依三世眼等，未來名心，積集義故。入現名識，能了別故。過去名意，開導依故。」

（以上引用之論文，僅表示聲聞羅漢之說法；其中正訛，限於篇幅，不作辨正。）

在以上的舉例中，都是認爲：**過去名意，未來名心**。只有一個例子是說過**去名心，未來名意**，這是平實所認同的說法，《鞞婆沙論》卷五說：「如是說心、意、識同一義，非若干。或曰：有差別，**心者過去，意者當來**，識者現在。」不但《鞞婆沙論》中如是反對前面諸家「過去名意、未來名心」的說法，提出與諸家不同的說法而不認同之。窺基大師也對他們的說法提出質疑，所以在《成唯識論述記》卷五說：「彼經部救，或薩婆多云『彼過去意，於現在時曾有思量，故過去名意』者，難云：爾時名識，寧說爲意？了別名識，現在名識，汝義定然；如何過去法曾思量名意？設彼似現意、故名意，應似現了別故名識；識不得名，意如何似？可名思量？」過去意識已滅而不復存有作意，竟可名之爲意；未來意識將會有意在，而竟名之爲心、不名爲意，是有過失的。

二乘法中的凡夫，往往主張說：「實際上並沒有第七識存在，只有六識的存在；當六識現行運作而落謝以後，成爲六識種子了，那時就名爲意根，是意識的所依根。意根現行時就是六識的種子現行了，那時的六識種子已經不在而成爲六識了，意根已經不在了，所以意根與意識是同一法，只是有時不現行而成爲意識的根、有時現行而成爲意識覺知心，實際上並沒有第七識的存在，因爲意根就是識陰六識的種子，所以人類總共只有六個識。」這不是今時應成派中觀者印順等人的創見，而是古時聲聞部派佛教中的凡夫法師們已有的主張。又譬如**世友法師**所造的《眾事分阿毘曇論》卷五中說：「云何**意根**？謂若**心、意、識**。彼復云何？謂六識身，所謂眼識乃至意識。」是將識陰六識綜合而說爲意根的，印順因此認爲七、八識之說是從第六意識中細分出來的。但是這種說法有極多過失，在 護法、世親、玄奘菩薩的論中，都有許多評判；也使俱舍宗的弘法者（不論是古人或今人）都無法回應及辨正。特別是 玄奘菩薩摩訶薩在《成唯識論》中，更提出十種過失來破斥。

這裡只提出一個簡單易曉的說法，供養佛教界：前六識落謝不現行時當然也是意根，故眾生眠熟或悶絕時已無現行識了，有誰能觸眠熟位的法塵而起作意促使六識種子的意根現行？當意根只是六識種子而非現行識時，當然無法了別眠熟位中的法塵；若無現識意根在持續了別法塵，在他們不承認有本識存在的情況下，是沒有現行識存在來了別眠熟位中法塵的，當然是不可能有其他識的作意來促使六識種子現行的，那就應該所有人眠熟以後，永遠都無法再醒過來了。所以**世友等人**將六識落謝後的種子說爲意根，使意根成爲種子而非現行識，是有重大過失的，是嚴重違背聲聞佛法四阿含聖教的。四阿含中處處說「意、法爲緣觸，生意識」，這表示意根是恆時存在不滅的，一切時中都是現識而非種子，除非入了無餘涅槃。至於理證上的過失更多，言之不盡，聖玄奘大師曾提出十種大過失來評破，此處暫且置而不言。有智者應該捨棄六識論者**六識合稱意根**、**根是識種**的邪謬說法，以免精勤久修一世之後空無所證，又成爲妄說而成就謗法、謗賢聖的大惡業，遺憾未來無量世。

所以**世友法師**隨順古人妄說，將六識合說爲意根，是有許多過失的；有智慧的您，應該不會隨順他的謬說才是。類似的謬說「佛法」而被收入大藏經中的事例，非常之多；若是沒有智慧而盲目崇拜大藏經中凡夫位的古人說法，即是尚未斷盡疑見的人，縱使已經了知解脫道的見道，或者進而了知佛菩提道的見道密意了，其實仍是屬於尚未見道的人，所以不能生起法眼淨的功德，尚未出生擇法覺分，才會因未悟古人的著作收在大藏經中而產生迷信，崇信不疑而不能分辨正訛，那麼他修學佛道的進程就不可避免的會產生重重遮障，佛道進程將極爲迂迴而緩慢，甚至稍有不愼便成就謗法、謗賢聖的大惡業。

言歸正傳，由於未證初果的聲聞人及應成派中觀見者，一向都以意識等六識心的種子當作是意根，所以才會說「過去名意」，意思是指過去的意識心即是意根。他們的看法是：緣於過去世的意識（意識種子）才會有現在世的意識心能再生起，所以才說「過去世意識名爲意(根)」。然而這種說法，是有許多過失的；譬如 佛說緣於**意根與法塵相「觸」而出生意識**，而這時的**觸**心所是意根所有的心所法，這已表示意根是現行法、是現識，而不是意識落謝後的種子了！因爲只有心體現行時才會有**心所有法**能產生觸六塵的功能；若是種子，不可能會有心所有法的；假使種子可以有心所有法，應該名之爲**種子所有法**，不該名爲**心所有法**；而「意、法相觸」的這個觸，正是意根的**心所有法**，不是六識**種子所有法**；由此證明意根一直都是現識而不是意識落謝後的種子，是恆存而與意識同時同處存在並運作不斷的心體。所以不可說人們的識總共只有六個心，當然不可以說過去世意識名爲意，因爲那樣指稱意根時，二乘法的**意**、**法**及**觸**三法爲緣而出生意識的聖教，將難以成立，就會成爲謗法、謗佛之說了。

二乘凡夫說「意」是過去世的意識，從這個說法而衍生出來的許多過失暫且不談，單從意根的作意繼續存在不失，能使未來世的意識繼續出生，就應該說未來名意：**意是可以存於現在而延續到未來的，但卻不可能再存於過去**。再從阿羅漢的此世意識滅後，並無「滅後是想要永遠滅失」的作意繼續存在，因爲這個作意是在意識存在時才能存在的；當他迴小向大時，就一定是未來名意；若是說未來名心，而說過去名意，對於不決定性的聲聞人迴小向大的未來意，可就講不通了！再從世俗人的意識心都希望未來世的意識仍然存在來看，這個作意一定會在意根心中存在，才會有意根的心所法運作，因此才會有中陰身的生起及中陰境界入胎的動力；所以把未來世意識名之爲意，才符合法界眞相；所以不應把未來世的意識名爲心，而應名之爲意。

所以，從上一世意識暫滅後仍然想要在未來世繼續現起的作意來看，二乘法應該以未來世意識名爲意、過去世意識名爲心，才能契符；因爲未來世意識完全是緣於想要繼續存在的意識作意而被意根轉持同一作意，才能繼續在未來世中現行，所以平實對二乘心意識總是主張：**過去世意識名心、未來世意識名意**。過去世的意識確實曾經存在過，然而已經過去而不再存在了，卻不可以說祂不曾存在，所以名之爲心；但是終究不能說過去世意識滅除後，仍然會有想要繼續現行的作意繼續存在，所以多數二乘羅漢主張**過去名意**的說法並不正當；少數阿羅漢主張的**未來名意**比較契理，比較符合聖教。由於實證四果者永遠是少數人，如是正說當然也比較少。由此可知世友法師對於阿含「意、法為緣觸，生意識」的聖教，顯然並無正解，這已足夠旁證他沒有斷我見了。

言歸正傳，三世意識的虛妄性，在四阿含解脫道中是常常被　佛陀開示的法義。意識覺知心虛妄，因為是緣生、緣滅之法，故不是常住法；只有常住的心體，才能存在於常住而不斷滅的無餘涅槃中；所以，生滅法的意識覺知心，絕不可能入住於常恆不變的無餘涅槃境界中，由於這個緣故，佛說**三世意識滅除，才是無餘涅槃**，這當然是與古時中國禪宗祖師說的「離心意識參」的精神相同。假使參得的心體是三世中的意識心，那是無法生起實相般若智慧的，當然必須遠離三世意識心的方向來參究禪宗的般若禪。對於心、意、識的虛妄性，若不能加以了知及觀察，就無法實證般若智慧，乃至二乘斷我見的智慧都是無法生起的；但這並不是末法時代的今天才有的現象，而是　佛陀出現於人間之前、之後，都一直存在著，譬如《雜阿含經》卷十二第 289 經中云：

【如是我聞：一時佛住王舍城迦蘭陀竹園。爾時世尊告諸比丘：「**愚癡無聞凡夫，於四大身厭患，離欲，背捨，而非識。所以者何？見四大身有增、有減、有取、有捨，而於心、意、識**（過去意識名心、未來意識名意、現正分別中之意識名識），愚癡無聞凡夫不能生厭、離欲、解脫。所以者何？彼長夜於此保惜繫我：若得、若取，言『是我、我所、相在』，是故愚癡無聞凡夫，不能於彼生厭、離欲、背捨。愚癡無聞凡夫，寧於四大身，繫我、我所，不可於識繫我、我所。所以者何？四大色身或見十年住，二十、三十乃至百年；若善消息，或復小過。彼**心**、**意**、**識**，日夜時尅須臾轉變，異生異滅；猶如獼猴遊林樹間，須臾處處攀捉枝條，放一取一；彼**心**、**意**、**識**亦復如是，異生異滅。」

「多聞聖弟子於諸緣起，善思惟觀察；所謂樂觸緣生樂受，樂受覺時，如實知樂受覺；彼樂觸滅，樂觸因緣生受亦滅，止、清涼、息沒。如樂受，苦觸、喜觸、憂觸、捨觸因緣生捨受；捨受覺時，如實知捨受覺，彼捨觸滅，彼捨觸因緣生捨受亦滅，止、清涼、息沒。彼如是思惟：『此受，觸生、觸樂、觸縛彼彼觸樂故，彼彼受樂；彼彼觸樂滅，彼彼受樂亦滅。』止、清涼、息沒。如是，多聞聖弟子於色生厭，**於**受、想、行、**識生厭**；厭故不樂，不樂故解脫，解脫知見：『我生已盡，梵行已立，所作已作。』自知不受後有。」佛說此經已，諸比丘聞佛所說，歡喜奉行。】

語譯如下：【如是我聞 一時佛陀住在王舍城迦蘭陀竹園。爾時世尊告訴諸比丘說：「愚癡而不常聽聞佛法的凡夫們，對於四大所成的色身生起厭患，離開了想要永遠保有色身的欲望，背捨了對色身常住的欲望，卻都不是對識陰厭患、離欲、背捨。爲什麼會這樣子呢？他們能看見四大之身有增、有減、有取、有捨，但是對於心、意、識（過去意識名心、未來意識名意、現正了別中的意識名識），那些愚癡無聞的凡夫們總是不能生起厭惡心，不能遠離使意識常住的欲望，不能解脫於意識心。爲何這樣子說呢？他們在無明所罩的漫漫長夜無盡生死中，總是對過去世、現在世、未來世的意識覺知心，永遠保護愛惜而被繫縛在這個意識覺知心的自我之中：有時得到了意識覺知心、或是入胎而取得了意識覺知心，就說這個覺知心意識是眞實的自我，或說意識心是我所有的心，或認爲是意識覺知心與眞我相在而混合爲一體，由於這個緣故，愚癡無聞的凡夫們，就不能對意識覺知心生起厭惡，就無法遠離想要使意識常住的欲望，不能背棄及捨離意識覺知心自己。愚癡無聞的凡夫們，應當寧可被四大所成之色身繫縛爲自我、或是自我所有的法，而不可以被意識覺知心繫縛爲自我、或是自我所有的心；這是什麼緣故呢？這是由於四大所成的色身，可以看見的是能夠住於人間十年，二十年、三十年乃至百年之久：如果善於消食與養息，或者也有人可以再稍稍的增加幾年壽命，但終究是會壞滅的，到了死亡時就自然會知道色身是無常的，不應該寶惜與執著；可是那個三世覺知心的心、意、識，卻是日夜時刻都在剎那、剎那轉變著，一直是不斷轉變祂的所緣而異生異滅的；就如同獼猴遊戲於林樹之間，在很短時間中，不斷的處處攀捉枝條，若是放捨了一個枝條就隨即又抓取另一個枝條，不斷的轉換著；那個**三世意識的心、意、識**，也像猿猴的情況一般，都是不斷在轉換祂的所緣而異生異滅（但是凡夫眾生們卻無法覺察出來，所以不可以寶惜三世的意識覺知心，以免永遠被意識覺知心繫縛）。」

「多聞的聖弟子們，在各種緣起法上，善於思惟及觀察這個道理；以所謂的樂觸（因為樂觸不是究竟樂，所以用「所謂」二字）為緣而產生了樂受，當樂受的覺知存在時，多聞的聖弟子們能如實了知樂受的感覺存在著；可是那個樂觸消滅時，由樂觸為因緣而出生的覺受也就跟著滅失了，所以樂觸的覺受是緣生法，不是真實法；因此現觀而使覺知心對樂受的執著止息了，心中是清涼而無熱惱的，煩惱就息滅而不存在了。如同樂受一樣，對於苦觸、喜觸、憂觸、捨觸等因緣而出生的苦受、喜受、憂受乃至出生了捨受，也是一樣的道理；當捨受感覺存在時，要如實了知捨受感覺的存在，當那些捨觸消滅時，那個由捨觸爲因緣而產生的捨受也跟著滅失而不存在了，所以捨受也是緣生法，是虛妄不實的；這樣現觀以後，對於苦受、憂受、喜受、捨受的執著就與樂受一樣的止息了，心中不再有貪著而得清涼，貪著五受的煩惱止息而不再存在了。那多聞的聖弟子們像這樣子思惟：『這些覺受，都是由觸而出生、由觸而生起樂受、就被觸覺所繫縛了。由於那些種種觸覺而產生的樂受故，各個眾生就領受了快樂的感覺；種種的觸樂滅失時，種種所領受的快樂也跟著滅失而不再存在了。』這時的攀緣心就止息了，心中是清涼而無熱惱的，意識覺知心由此現觀所得的智慧而止息了，不再想要一直不斷的出生了。就像是這樣子，多聞的聖弟子們對於色身生起厭惡心，**對**受、想、行、**識陰**也一樣**生起厭惡心**；由於厭惡的緣故所以不再愛樂五陰了，不愛樂五陰的緣故就解脫五陰的生死繫縛了，他們已經獲得解脫而了知及親見：『我的出生到此世已經窮盡了，清淨行已經建立了，解脫道上所應該作的事情都已經作完了。』他們自己很清楚的知道已經不會再領受後有了。」佛陀說完這部經以後，諸比丘聞佛所說，歡喜奉行。】

由這一段經文中的開示來看，一般眾生都是寶愛色身，不知道色身不可愛；所以就會有許多外道修行人，鍛鍊色身，希望色身久住不死、成爲地行仙，這都是虛妄想；也有外道想要練精化氣、練氣化神、練神還虛，又如藏密祖師誤以爲觀想出來的天身眞的是天人色身，又誤認觀想出來的色身可以常住不壞，又誤以爲觀想所得的虹光身是實有法而可以久住不壞，這都是冀望色身久住，或期望色身轉變成爲非物質身而能久住不壞，這些人都是愚癡人。

然而還有佛門中的修行人，知道外道們這種觀念是錯誤的，所以對任何種類的色身都不再產生求其常住的想法，卻在另一方面產生愚癡，根本不知道識陰及受、想二陰的虛妄性，總是落入識陰及受想二陰中。這是不乏事例可尋的，自古至今都一向如此；從西天的應成派中觀師鼻祖佛護開始，後又別傳到西藏的應成派中觀及自續派中觀，亦如弘傳到中國的俱舍宗，以及古今中國禪宗的錯悟者，莫不是墜入識陰之中而無所覺知。乃至今時海峽兩岸的禪宗大師，歷經平實十餘年來不斷的破斥意識心，而如今仍然不肯放棄意識覺知心境界，仍然以意識離念而自以爲悟，死不認錯，並且不肯稍微停止誤導眾生的惡行。而他們對於眞正正法的弘揚及眞正利益眾生的法義，仍然在努力加以抵制，與佛陀在這一段經文中的開示，一模一樣而無改變，都是可憐憫者。

一切佛門眞正修行解脫道的人，都應當對識蘊（特別是識蘊中的意識）生厭，方能取證有餘涅槃；捨壽時應當滅除識蘊而永不復生，方能取證無餘涅槃。識蘊者，是說有念的覺知心、離念之覺知心，即是佛門凡夫大師所謂之離念靈知心，都是屬於欲界識陰所攝，層次仍然極低。若有人證得初禪、二禪乃至非想非非想定，定境中絕五塵、也無語言文字妄想，此覺知心仍然是識陰中的意識所攝境界，都是尚未能滅除識陰虛妄境界的；更何況是欲界中的離念靈知心境界，當知是少聞凡夫眾生的世俗境界；不離我見，都不可取。有智之人，應當儘速遠離凡夫大師們所教授的錯誤知見，另從全新的知見學起，才能在阿含道中有所增益，乃至現斷三縛結而成初果人。雖然說這是現代聲聞佛法中的全新知見，但其實都只是 佛陀早已說明過的正確知見；但是相較於百年來的凡夫大師們普遍傳授的錯誤知見，與他們的錯誤知見迥然不同，您當然難免會誤以為平實所說都是全新的知見，其實只是不曾被那些凡夫大師們所知、所傳授過；但古時 佛說的阿含道法義，卻是本來就如同平實所說一般無二。

譬如《雜阿含經》卷十二第 290 經所云：【爾時世尊告諸比丘：「愚癡無聞凡夫，於四大色身生厭、離欲、背捨，但非識。所以者何？四大色身現有增減，有取、有捨；若心、若意、若識，彼愚癡無聞凡夫不能於識生厭，離欲，習捨，長夜保惜繫我，若得、若取，言『是我、我所、相在』。是故**愚癡無聞凡夫不能於彼生厭，離欲，習捨。**」】愚癡少聞的凡夫大師們，總是被二千五百年前的　佛陀預記著，至今仍然不能逃脫於　佛陀的預記：總是只能對於色身生厭，遠離色身久住之欲，背捨色身久住之想；卻都對識陰——特別是對意識離念靈知自己——永遠不樂於斷離，不離意識常住的妄想與欲求，都不能厭惡意識自己的存在，又如何能證得斷我見、斷三縛結的初果解脫見地？更何況是三果乃至四果的取證？衡量當代南傳、北傳所有大師們傳授的常見外道證悟內容，都是欲界五塵中的離念靈知心，都不能遠離三世意識的執著與自愛，不正是　佛預記的愚癡無聞凡夫嗎？這已經很清楚的證明當年　佛陀以上的開示，確是眞知灼見；由此可見平實十餘年來的破斥意識境界，絕對不是個人的創見。

譬如同經　佛陀所說：【「愚癡無聞凡夫，寧於四大色身繫我、我所，不可於識繫我、我所；所以者何？四大色身或見十年住，二十、三十乃至百年；若善消息，或復少(稍)過。彼心、意、識日夜時尅須臾不停，種種轉變，異生異滅；譬如獼猴遊林樹間，須臾處處攀捉枝條，放一取一；彼心、意、識亦復如是，種種變易，異生異滅（而不容易覺察出來，所以不應該寶惜三世的意識覺知心，以免永遠被意識覺知心繫縛）。」】所以，過去心、未來意、現在識，這個意識覺知心，永遠都是如同猿猴一般，放一取一，世世不斷重演這個攀緣的戲碼，這是一切修學阿含道求取解脫者，都應特別注意的一點：一定要特別觀察意識心的**生滅性、緣生性、無常性、苦相應性、不離苦性、不久住性、一世住性**。能特別現觀意識心的這些特性時，我見就不得不斷離了，初果就不求而自得了！

講解過我見不能斷除的原因以後，也該講解外道「阿羅漢」們所謂的涅槃了（佛教出現以前，外道們也自稱是阿羅漢而說已證涅槃）；了知外道涅槃以後，才不會繼續墜入外道涅槃中，才能眞實取證初果乃至四果的解脫知見與解脫功德。

外道涅槃：若不離心、意、識，即是外道涅槃，不外五現見涅槃，或名五**見涅槃**，或名**妄計現法涅槃**。譬如《長阿含經》卷十四說：【「諸有沙門、婆羅門於末劫末見現在，生泥洹論，說眾生**現在有泥洹**，彼**盡入五見中**；於末劫末見說現在有泥洹，於五見中，齊是不過。彼沙門、婆羅門因何事，於末劫末見說眾生現有泥洹，於五見中，齊是不過？諸有沙門、婆羅門作是見、作是論說：『我於現在五欲自恣，此是我得現在泥洹。』是第一見。復有沙門、婆羅門作是說：『此是現在泥洹，非不是；復有現在泥洹微妙第一，汝所不知，獨我知耳。如我去欲惡不善法，有覺有觀，離生喜樂，入初禪，此名現在泥洹。』是第二見。復有沙門、婆羅門作如是說：『此是現在泥洹，非不是。復有現在泥洹微妙第一，汝所不知，獨我知耳。如我滅有覺觀，內喜一心，無覺無觀，定生喜樂，入第二禪。齊是名現在泥洹。』是爲第三見。復有沙門、婆羅門作是說言：『此現在泥洹，非不是；復有現在泥洹微妙第一，汝所不知，獨我知耳。如我除念，捨喜住樂，護念一心，自知身樂，賢聖所說入第三禪。齊是名現在泥洹。』是爲第四見。復有沙門、婆羅門作是說言：『此是現在泥洹，非不是現在泥洹；復有微妙第一，汝所不知，獨我知耳。如我樂滅、苦滅，先除憂、喜，不苦不樂，護、念清淨，入第四禪，此名第一泥洹。』是爲第五見。若沙門、婆羅門於末劫末見生現在泥洹論，於五見中，齊是不過。」】

語譯如下：【「有種種的出家與在家修行者，於末劫末見的現在，出生了涅槃論；他們說所有眾生現前就在的**三界有**涅槃，他們全部都攝入五種見解之中；於末劫末見而說現在有涅槃，於五種錯誤見解中，全都攝在其中而不會超過這五種。那些出家與在家的修行人是因爲哪些事情，而於末劫末見說眾生現前就有涅槃，於五種錯誤見解之中，都攝在其中而不會超過呢？那些出家與在家的修行人有這樣的見解、講出這樣的言論：『我於現在以五欲而自享受，這就是我得到現前存在的涅槃。』這是第一種錯誤見解。也有出家與在家的修行人這樣說：『你這是現在涅槃，不能說不是涅槃；但是另外還有現在涅槃微妙第一，是你所不知道的，唯獨我能知道。譬如我捨去五欲及各種惡劣的不善法，有覺有觀，離欲界生而領受喜樂，進入初禪境界，這就稱爲現在涅槃。』這是第二種錯誤的涅槃見解。也有出家與在家的修行人這樣子說：『你這樣也是現在涅槃，不能說不是涅槃。但是還有現在涅槃微妙第一，是你所不知道的，只有我知道。譬如我滅除了初禪的快樂覺觀，內心喜樂而一心安住，遠離了五塵、無覺無觀，因禪定而出生了喜樂，進入第二禪境界中。所有的現在涅槃最多就只能到此爲止。』這是第三種錯誤的現在涅槃邪見。還有出家與在家的修行人這樣子說：『這是現在涅槃，不能說不是涅槃；可是還有現在涅槃微妙第一，是你所不知道的，唯獨我能知道。譬如我除掉了定境中的喜樂之念，捨掉了喜心而安住於三禪中的身樂境界，護惜清淨念而得一心，自知重新發起三禪中的身樂，這是賢聖所說的進入第三禪中。所有的現在涅槃，最多就只能到此境界。』這就是第四種錯誤的邪見。還有出家與在家的修行人這樣子說：『這也是現在涅槃，不能說不是現在涅槃；可是還有微妙第一的現在涅槃，是你所不知道的，唯獨我能知道。譬如我把三禪中的身樂滅掉了，離種種覺受，所以一切苦就跟著滅除了，我是先滅除憂受與喜受，住於不苦不樂的捨受中，護惜此境界、而且捨、念清淨，進入第四禪等至之中，這就稱爲微妙第一的現在涅槃。』這就是第五種錯誤的涅槃邪見。如果有出家與在家的修行人，於未劫末見中而出生了現在涅槃論，都將墜入這五種邪見之中，最多也不會超過這五種。」】

這些外道都是以現在意識境界，認作是現前涅槃境界；菩薩也證現前涅槃，卻是第八識如來藏的本來涅槃、現在涅槃，迥異於五見涅槃的外道意識涅槃。觀乎數百年來的藏密黃教、白教、紅教、花教乃至其餘小教派，他們共有的無上瑜伽、大樂光明、樂空雙運、嘛嚕噶、時輪金剛、譚崔瑜伽……等雙身法，都是第一種**外道現在涅槃論**，正是五種現見涅槃中最粗糙的一種；而且是絕對不可能發起初禪身樂及恆時一心不亂境界的，因爲發起初禪的身樂覺受，是要斷除欲界五欲以後才能發起的；換句話說，假使不能斷除男女欲的貪愛心，就無法發起初禪樂受；但藏密各大小宗派卻都妄想以雙身法的淫欲貪愛及男女合修的行爲，來獲得初禪的快樂，並且一生極力追求全身遍受淫觸樂覺，毫無懷疑的信受雙身法，認爲淫觸中的全身樂受就是報身佛所享有的快樂。這正是第一種外道現在涅槃論，早在長阿含中就已經被 佛陀預破在先了；但是他們卻至今仍沒有絲毫智慧，被印度教外道們誤導了以後，還沾沾自喜的向正統佛教炫耀說：「我們的無上瑜伽雙身法的樂觸，是報身佛的究竟境界，是超勝於釋迦牟尼佛的最上法，是你們顯教所沒有的，這是我們密宗獨有的特勝法；他們唐密（東密）也沒有這種特勝法，所以他們的密法是極低劣的。」卻不知自己正是外道五現見涅槃中最低劣的一種，眞是沒有自知之明。至於現代南傳佛法中所謂「阿羅漢」所證的涅槃，也都不脫欲界中不與淫欲相應的意識境界，仍與欲界五塵相應，仍攝屬第一種外道現見涅槃。

亦如阿含部《梵網六十二見經》卷一說：【「復有異道人自說：『今現念行無爲，現在見無爲。』若人至其所，便爲說現在無爲，皆在五見中。有異道人，見如是說，行亦爾；其在殿舍自快，以五欲自娛樂；其人言：『我現在得無爲。』是爲第一見。第二見，復有異道人言『不如餘者』，言：『有我現在無爲也，更有現在得無爲。何謂現在無爲？若比丘離欲，脫惡不善之法；意念行，善安樂，便第一禪；其人滅盡，我者後世不復生死，是我現在得無爲。』是爲第二見。

第三見，復有沙門道人復言『不如餘者』，所說：『不用此，我現在得無爲；更有現無爲，復過其上。何謂現在無爲？其比丘滅意，內寂定，其志一，不念亦不行，三昧喜樂，便行第二禪。其人滅盡，現在得無爲。』是爲第三見。第四見，復有沙門道人言『不如餘者』，言：『不用此，我現在得無爲。更有現無爲，復過其上。何謂現在無爲？其有比丘，喜離婬妷悅，觀行當寂悅，身行如賢者，所觀行常安，便行第三禪。』是爲第四見。第五見，復有沙門道人言『不如餘者』，言：『不用此現在得無爲，更有現在無爲，復過其上。何謂現在無爲？其有比丘斷樂斷苦，無有昔時可意不可意，亦不苦、亦不樂，常奉清淨，便行第四禪。其人現在得無爲、滅盡，以後世不復生死。』是爲第五見。」佛言：「所可謂有沙門道人，說現在無爲，見現在無爲者，念現在無爲者，皆在是五見中，不能復過是五見上。」】

這些外道所說的五種現前可見的涅槃，詳觀當今的外道與佛門之中，不論是南傳或北傳佛法，豈不是處處可見、書書具載著？當您讀到這裡，詳細瞭解經文中的意思以後，就已經能了知諸方大師們的落處了！有哪些大師是墜入第一種外道現見涅槃的呢？當然是藏密外道所有的法王、喇嘛、上師、格西、活佛們，包括號稱最清淨的宗喀巴、當代的達賴喇嘛在內，全都努力修學雙身法而說已經實證涅槃了。他們各個都宣稱已證十地或成佛了！這正是外道現在涅槃中的第一種：以淫欲自恣而宣稱已成就報身佛果了！密教中如是，顯教又何嘗不是如此？那些曾經或至今仍常常暗地勤修雙身法的某些大山頭的大法師們，心中常被慾火所焚，常常想著雙身法中的淫樂細滑觸的感覺，放不下男女欲的細滑觸覺受，甚至暗中生養了子女出家「弘法」，豈能遠離外道五現見涅槃中的第一種外道邪見？至於西藏密宗的喇嘛及久修信眾們，更是可想而知了！由此而證實：他們都是因中說果、未證謂證、未得言得的大妄語人。

那些佛門中的外道法大師們，都是落於常見外道所主張的**意識心常住**的常見邪見中，而又自以爲有了實證，往往得意洋洋的向人宣稱已經證悟、已經成佛了！卻都不知道已經造作大妄語業了！當他們以這種邪見教導徒眾時，其實就是阿含諸經中所稱的謗佛行爲，可憐的是他們一直都無能反省。當平實十年來不斷的解說及破斥意識常見邪見時，大法師們卻都不肯相信，至今仍然無人宣稱意識心是生滅心，都不肯改變原來的錯誤法教，仍繼續在誤導眾生說意識心是涅槃心、常住心，故意暗地裡或公然違背 佛陀的聖教，眞不知道他們是什麼居心？您對他們的居心，是否曾經思惟過呢？

意識心是生滅法，是絕對不可能去到後世的，當然就不是從前世來到此世的常住心。常見外道們，總是認爲意識覺知心可以去到後世，當然也認爲可以從前世來到此世。然而問題是：意識若是從往世來到此世的，那麼所有人在剛出生時，就應該會講話了！也應該都會記得前一世的所有重大事情而不會遺忘，應該如同今天的意識可以記得小學、中學、大學時及昨天所經歷過的重要事件，可是現前所見卻明明不是這樣子。有人爲了解決這個現前的問題，所以就發明了孟婆湯的說法，說是投胎前必須先喝了孟婆湯才可以去投胎，這湯喝了就把前世的所有記憶全都忘了！如今佛門大法師們依舊主張說：**意識離念時就是眞心**。那就意謂著離念靈知心可以入、住母胎中了，是不是那些大法師們也都認同孟婆湯的說法呢？若不認同，他們應該都是住胎了了分明的，在此世一出生時也應該記得前世所學佛法與世間技藝。如今平實公開請問那些主張離念靈知心一定是眞實不壞心的大法師們：**「您究竟認同孟婆湯呢？還是不認同呢？如今還要認定離念靈知心是眞實不壞心嗎？」**聰明的讀者！您只要稍微想一想，大約就會知道那些離念靈知的大法師們會怎麼應對這個問題了！

理證上如是，教證上也如是，在在都證明意識覺知心是不可能住胎、不可能去到後世的，不幸的是，那些所謂的大師們所「悟」的眞心卻都正是意識心：離念靈知。但這個意識心，是絕對無法往生去到後世的，都只是一世住；因爲佛陀早就說過：識陰等六識都只是一世住，不能去到後世的。有經爲證：

【我聞如是：一時佛遊舍衛國，在勝林給孤獨園。爾時茶帝比丘雞和哆子，生如是惡見：「**我知世尊如是說法：今此識往生，不更異。**」諸比丘聞已，往至茶帝比丘所，問曰：「茶帝！汝實如是說『我知世尊如是說法：今此識往生，不更異』耶？」茶帝比丘答曰：「諸賢！我實知世尊如是說法：今此識往生，不更異。」時諸比丘訶茶帝比丘曰：「**汝莫作是說，莫誣謗世尊，誣謗世尊者不善**，世尊亦不如是說。茶帝比丘！今此識因緣故起，世尊無量方便說識因緣故起：有緣則生，無緣則滅。茶帝比丘！汝可速捨此惡見也！」茶帝比丘爲諸比丘所訶已，如此惡見，其強力執而一向說：「此是眞實，餘者虛妄。」如是再三。眾多比丘不能令茶帝比丘捨此惡見，從坐起去，往詣佛所，稽首佛足，卻坐一面，白曰：「世尊！茶帝比丘生如是惡見：『我知世尊如是說法：今此識往生，不更異。』世尊！我等聞已，往詣茶帝比丘所，問曰：『茶帝！汝實如是說〈我知世尊如是說法：**今此識往生，不更異**〉也？』荼帝比丘答我等曰：『諸賢！我實知世尊如是說法：今此識往生，不更異。』世尊！我等訶曰：『荼帝比丘！**汝莫作是說，莫誣謗世尊，誣謗世尊者不善**，世尊亦不如是說。荼帝比丘！今此識因緣故起，世尊無量方便說識因緣故起：識有緣則生，無緣則滅。荼帝比丘！汝可速捨此惡見也。』我等訶已，如此惡見，其強力執而一向說：『此是眞實，餘者虛妄。』如是再三。世尊！如我等不能令荼帝比丘捨此惡見，從坐起去。」世尊聞已，告一比丘：「汝往荼帝比丘所，作如是語：『世尊呼汝。』」於是一比丘受世尊教，即從坐起，稽首佛足，繞三匝而去；至荼帝比丘所，即語彼曰：「世尊呼汝。」荼帝比丘即詣佛所，稽首佛足，卻坐一面。世尊問曰：「汝實如是說：『我知世尊如是說法：今此識往生，不更異』也？」荼帝比丘答曰：「世尊！我實知世尊如是說法：今此識往生，不更異也。」世尊問曰：「何者識耶？」荼帝比丘答曰：「世尊！謂此識，說、覺、作、教作、起、等起，謂彼作善惡業而受報也。」世尊呵曰：「荼帝！汝云何知我如是說法？汝從何口聞我如是說法？汝愚癡人！我不一向說，汝一向說耶？汝愚癡人！聞諸比丘共訶汝時，應如法答：『我今當問諸比丘也。』」於是世尊問諸比丘：「汝等亦如是知我如是說法『今此識往生，不更異』耶？」時諸比丘答曰：「不也。」世尊問曰：「汝等云何知我說法？」諸比丘答曰：「我等知世尊如是說法：『識因緣故起。』世尊說識因緣故起，識有緣則生，無緣則滅。我等知世尊如是說法。」世尊歎曰：「善哉！善哉！諸比丘！汝等知我如是說法。所以者何？我亦如是說：『識因緣故起。』我說：『識因緣故起，識有緣則生，無緣則滅。』識隨所緣生，即彼緣，說緣眼、色生識，生識已，說眼識；如是，耳、鼻、舌、身，意、法生識，生識已，說意識。猶若如火，隨所緣生；即彼緣，說緣木生火，說木火也；緣草糞聚火，說草糞聚火；如是，識隨所緣生，即彼緣，說緣眼、色生識，生識已，說眼識；如是，耳、鼻、舌、身，緣意、法生識，生識已，說意識。」世尊歎曰：「善哉！善哉！汝等知我如是說法。然此荼帝比丘愚癡之人，顚倒受解義及文也！彼因自顚倒受解故，誣謗於我，爲自傷害，有犯有罪，諸智梵行者所不喜也，而得大罪。汝愚癡人！知有此惡不善處耶？」於是荼帝比丘爲世尊面呵責已，內懷憂慼，低頭默然，失辯無言如有所伺。】（《中阿含經》卷五十四）

語譯如下：【我聞如是：一時佛陀遊行來到舍衛國，住在勝林給孤獨園中。

當時茶帝比丘雞和哆子，出生了這樣的惡邪見解：「我知道世尊是這樣說法的：現今這個識往生去到後世，不會再有別的識去到後世。」諸比丘聽聞他這樣子說以後，知道他說的意思是**意識覺知心可以往生到後世去**，就前往到茶帝比丘的所在，問他說：「茶帝！你確實有這樣子說『我知道世尊這樣子說法：現今這個識往生去到後世，不會更有別的心往生』嗎？」茶帝比丘答覆說：「諸賢！我確實知道世尊這樣子說法：現今這個識往生去後世，不會更有別的心往生去後世。」當時諸位比丘訶責茶帝比丘說：「你不要再作這種說法，不要誣賴、誹謗世尊，誣賴、誹謗世尊的人不是善心，世尊也不會像你這樣子說。茶帝比丘！現今這個識是要具足因與緣的緣故才能生起的，世尊以無量的方便說明這個識是具足因與緣的緣故才生起的：有藉緣時就會出生，沒有藉緣時就會斷滅。茶帝比丘！你可以趕快捨棄你這種惡邪的見解了！」茶帝比丘被諸比丘訶責了以後，他像這樣的惡邪見解，他的邪見強力的執著而一直都不改變的繼續主張：「我這個說法是眞實的說法，其餘的別種說法都是虛妄的。」像這樣子再三的主張而不肯改變。眾多比丘們都不能使得茶帝比丘捨棄這種惡邪的見解，只好從座位上起身而去，前往佛陀所在而面見佛陀，頂禮佛陀足趾以後，退下來坐在一邊，向世尊稟白說：「世尊！茶帝比丘出生了這種惡邪見解：『我知道世尊是這樣子說法的：現前這個識可以往生去後世，不會更有別的識往生去後世。』世尊！我們大眾聽聞這個說法以後，前往去到茶帝比丘所在，問他說：『茶帝！你確實有這麼說〈我知道世尊是這樣說法的：現前這個識可以往生去後世，不會更有別的識往生去後世〉嗎？』茶帝比丘答覆我們說：『諸賢！我確實知道世尊是這樣子說法的：現前這個識可以往生去後世，不會更有別的識往生去後世。』世尊！我們就訶責他說：『茶帝比丘！**你不要再作這種說法，不要誣賴、誹謗世尊，誣賴、誹謗世尊的人不是善心**，世尊也不會像你這樣子說。茶帝比丘！現前這個識是由因與緣具足的緣故而生起的，世尊以無量種方便來宣說這個識是具足了因與緣的緣故才生起的：**這個識有助緣時就出生了，沒有助緣時就會斷滅**。茶帝比丘！你可以趕快捨棄這個惡見啊！』我們訶責他以後，像這一種惡邪見解，他卻仍然強力的執著而如同以前一樣的繼續主張說：『我這個說法才是眞實的，其餘的說法是虛妄的。』我們就像是這樣子再三的爲他解說，他也再三的堅持原來的說法而不改變。世尊！就像是這樣子，我們眾人不能使得茶帝比丘捨棄這個惡邪的見解，只好從座位上起身離去。」

世尊聽聞了眾比丘們的說明以後，告訴一位比丘說：「你前往荼帝比丘的所在，這樣子告訴他：『世尊呼叫你。』」於是有一位比丘領受世尊的教示，就從座位上起身，頂禮佛陀的足趾，於世尊前面繞行三匝示敬以後就離去了；去到荼帝比丘所在之處，就告訴他說：「世尊呼叫你。」荼帝比丘就前往佛陀所在之處面見，頂禮佛陀足下以後，退下來坐在一邊。世尊問他說：「你確實像這樣子說：『我知世尊是這樣子說法的：現前這個識往生去後世，不會更有別的識往生去後世』嗎？」荼帝比丘答覆說：「世尊！我確實知道世尊您是像這樣子說法的：現前這個識往生去後世，不會更有別的識往生去後世的。」世尊為了確定沒有誤解他所說的識，先要確定他說的識究竟是第六意識或是第八識入胎識，就先問他說：「你說的往生後世的識，是指哪一個識呢？」荼帝比丘答曰：「世尊！我說的這個識，是能說、能覺知、能作事、也能教別人作事、每天生起、與其他五識平等生起，是說那個會作善惡業而受報的意識。」世尊訶責他說：「荼帝！你怎麼知道我曾經像你這樣子說法的？你從哪一張嘴中聽聞過我這樣子說法的？你這個愚癡人！我不曾一向如此說，而你一向都是如此說的嗎？你這個愚癡人！當你聽聞諸比丘共同訶責你的時候，應該如法的回答說：

『我如今應當請問諸比丘的看法。』」

於是世尊就直接詢問諸比丘說：「你們也曾經像他這樣子知道我是如此說法『現前這個識能往生去後世，不會更有別識往生去後世』嗎？」當時諸位比丘答覆說：「不是這樣子的。」世尊又詢問眾比丘說：「你們都如何知道我所說的法？」諸位比丘答覆說：「我們知道世尊是這樣子說法的：『這個識是具足因與緣的緣故而生起的。』世尊說這個識是由因與緣和合的緣故才生起的，這個識有助緣時就出生，沒有助緣時就會斷滅。我們都知道世尊是像這樣子說法的。」世尊讚歎說：「善哉！善哉！諸位比丘們！你們知道我是像這樣子說法的。爲什麼我這樣說呢？我也是像你們這樣子說：『這個識是由因與緣和合的緣故而生起。』我說：『這個識由因緣和合的緣故而生起，這個識有助緣就出生，沒有助緣時就會斷滅。』這個識隨於所緣的法而出生，就從祂所緣的法，說祂緣於眼根與色塵而出生了識，出生了識以後就說祂是眼識；同樣的道理，耳、鼻、舌、身，當意根與法塵爲緣而出生了識，出生了識以後，就說祂是意識。猶如種種的火，隨其所緣的法而出生；就從那個火的所緣，而說緣木所生的火，就說它是木火；緣於草糞堆所生的火，就說是草糞堆火；就像是這個道理，現前這個識隨於所緣而出生，就從祂的所緣，說緣於眼根與色塵而出生的識，出生了這個識以後，就說祂是眼識；同理，耳、鼻、舌、身，若緣於意根與法塵而出生了識，出生了識以後，就說祂是意識。」

世尊爲大眾如此說法以後，又讚歎眾比丘說：「善哉！善哉！你們都知道我是像這樣子說法的。然而這個茶帝比丘是愚癡的人，其心顚倒的領受而錯解義理及文句了！他因爲自己顚倒受解的緣故，所以誣賴及誹謗於我，這是自己傷害了自己，在戒律上也是有犯、有罪的，是眾多有智慧的清淨行者所不喜歡的事情，因此而獲得大罪。你這個愚癡人！還知道有這個造惡不善的行處嗎？」於是茶帝比丘被世尊當面訶責以後，內心懷抱著憂愁、悲慼，低頭默然，失去了辯論的能力；他在沒有言說之中，卻好像是在尋伺什麼答案一般。」

依據這一段經文中的說法，是說：若將 世尊所說的法義加以曲解，然後說是 世尊所說的法，而其實 世尊不曾那樣子說法；作這種行爲的人，就是誣賴及誹謗 世尊的人。如今各大山頭的大師們，常常宣稱意識心是常住的、是不滅的，說是 佛陀所講的。譬如法鼓山的聖嚴法師，早期認爲一念不生時就是開悟了；又在書中說，證得未到地定的人也可以說是開悟了，也說是實證常住不壞的眞心了，但這些都是意識心；而他所「悟」的眞心也仍是意識心，是把意識宣稱爲常住不壞心，而說就是經中佛說的眞正佛法；依阿含的定義，他這樣妄說佛法也屬於誣謗 世尊，因爲世尊從來不曾那樣子說法。他後來又改說，只要覺知心能把一切執著放下，那就是開悟了；這等於是說，覺知心就是常住不壞的眞實心，這也是間接誣謗 世尊說法錯誤，也屬於誣謗 世尊。

至於中台山惟覺法師，總是把清清楚楚明明白白的意識心，再加上處處作主的意根末那識，合起來說是常住的眞心本識；可是 世尊明明在四阿含諸經中說這是意識心，正是緣生法：有緣則生、無緣則滅。惟覺卻公開主張是常住不壞的眞心。而處處作主的意根，也是在入無餘涅槃時應該滅除的，也是虛妄心，但是惟覺至今仍然不肯改變他的說法，仍然主張意識與意根是常住不壞的眞心，這也屬於誣謗 世尊說法有誤，也是誣謗 世尊的阿含道法義錯誤。星雲也是一樣，都將意識心說成是常住的眞心，所以同樣有誣謗 世尊的情形。

但這三人都還不是明目張膽的誣謗 世尊在四阿含諸經中的說法錯誤，因爲他們雖然都墜入意識境界中，主張他們各自不同的錯悟境界爲眞悟，卻還不至於明目張膽的公然主張意識心是常住不滅的；然而慈濟功德會的證嚴比丘尼，卻是在書中白紙黑字的公然主張：「意識卻是不滅的。」但是 佛陀在四阿含諸經中所說的卻是：意識是藉意根與法塵爲助緣才出生的，當助緣和合時意識就出生了，當助緣離散時意識就斷滅了。所以證嚴比丘尼特地公然主張意識是不生滅的，她的意思顯然是在表示：佛陀說法錯誤，意識絕對不是生滅法，因爲印順法師說意識心是常住的。這當然也是誣謗 世尊的惡行。

諸大法師都不敢公然違背 佛陀的聖教，不敢在書中否定 佛陀所說意識心是生滅法的開示，她卻公然的否定了 佛陀的正確說法。而她的主張不但與現象界所顯示意識夜夜眠熟時必定會斷滅的事實不符，也與現象界中悶絕位、正死位中意識必定斷滅的事實不符；並與滅盡定中意識斷滅的教證及阿羅漢們的理證不符，也與無想定中意識必定斷滅的事證不符。在事證、理證與教證都不符的情況下，她卻敢大膽的公然否定 佛陀的說法，公然主張意識是不生滅的，眞的只能說她是向諸魔借膽了！因爲諸天絕對不敢借給她這種膽子的。

在這一節中，爲您說明的是，想要親證解脫果的您，應該了知二乘法中所說的心、意、識是什麼意義？與大乘法諸經中所說的心、意、識又有什麼差別？也必須知道識陰等六識心都是意、法爲緣生的，必須知道識陰等六識都是不能去到下一世的。如此正確了知以後，就知道不該再墜入意識窠臼中了！了知意識的緣生性（依他起性）及虛妄性以後，就可以漸漸遠離假名善知識的錯誤知見，開始邁向初果的實證；乃至親證初果以後，可以再繼續精修不放逸行及未到地定，在確實遠離欲界五欲的貪愛以後，終於發起初禪，就可以確實斷除五下分結而成爲三果人了！至少此世即可取證上流處處般涅槃，乃至利根的人可以取證中般涅槃了！這是確實可以親證的，不是《紅樓》大《夢》中的賈雨村言（假語村言），所以名之爲眞實阿含佛法。

眞實可證的佛法，才是眞佛法；假使說得一大堆言語、寫了數十本書籍，都與勝義諦及世俗諦無關，那是與佛法都不相干的。若是眞正說到佛法時，卻是連堂頭和尚自己都弄錯了，又如何能教導徒眾們眞修實證呢？您說是不是？

接下來就要談到某些南傳佛法中的法師妄說佛法的事情了！他們的邪見也會對您的道業造成方向性的轉變，而導致佛法修證上的理路偏差，一世精修終究落空。所以我們就進入下一節來談談：古今凡夫大師們對於「涅槃後有、涅槃後無」的論議，究竟是否屬於無記法？因爲這會牽涉到您能否確實斷除我見及斷除我執，所以就不得不加以專節討論。

第十一節　「涅槃後有、無」之論議是無記法？

當今台灣佛教界弘揚二乘菩提解脫道的法師、居士們，常如是倡言：談論『入涅槃後是有、是無？』或談論『無餘涅槃中是否斷滅？』皆是無記法。然而佛爲二乘定性聲聞人獲取解脫果故，不爲他們解釋涅槃後是有、或無，純粹是以能否證得涅槃爲要事，是故對於凡夫之人詢問涅槃後是有或無者，大多不記說之。然而此事絕非純屬無記，因爲　佛陀對於此事，並不是一向都作爲無記的事相來處理的。這是說，入涅槃後是有、或是無，對於一切修學解脫道的有智慧者，是一定要加以檢討的，也是阿羅漢們都必定會加以檢討的，這時佛陀就會加以記別，說明無餘涅槃中不是斷滅空，所以不純是無記法。但並不是只有親證阿羅漢果以後才會對此問題起心加以檢討的，有的人是在因地尚未證得初果以前就會加以檢討的，這時　佛就不爲他們記別這件事情，因爲實斷我見才是急事。先舉　佛陀不直接說明涅槃有無、不加以記說的經典爲證：

【如是我聞　一時佛住王舍城迦蘭陀竹園。時有眾多比丘集於食堂，作如是論：或謂世間有常，或謂世間無常、世間有常無常、世間非有常非無常；世間有邊、世間無邊、世間有邊無邊、世間非有邊非無邊；是命是身、命異身異；如來死後有、如來死後無、如來死後有無、如來死後非有非無。爾時世尊一處坐禪，以天耳聞諸比丘集於食堂論議之聲，聞已，往詣食堂，於大眾前敷座而坐，告諸比丘：「汝等比丘眾多聚集，何所言說？」時諸比丘白佛言：「世尊！我等眾多比丘集此食堂，作如是論：或說有常、或說無常。」如上廣說。佛告比丘：「汝等莫作如是論議，所以者何？**如此論者，非義饒益，非法饒益，非梵行饒益；非智，非正覺，非正向涅槃**。汝等比丘應如是論議：此苦聖諦，此苦集聖諦，此苦滅聖諦，此苦滅道跡聖諦。所以者何？如是論議，是義饒益、法饒益、梵行饒益，正智、正覺、正向涅槃。是故，比丘！於四聖諦未無間等，當勤方便，起增上欲，學無間等。」佛說此經已，諸比丘聞佛所說，歡喜奉行。】

（《雜阿含經》卷十六第 408 經）

語譯如下：【如是我聞　一時佛陀住於王舍城迦蘭陀竹園中。當時有眾多比丘集於食堂中，作這樣的討論：或者說世間是有常，或者說世間是無常、世間是有常也是無常、世間非有常也非無常；世間有邊際、世間無邊際、世間有邊際也是無邊際、世間非有邊際也非無邊際；這個命根就是色身、命根與色身是相異的；**如來死後是實有、如來死後是空無、如來死後既有亦無、如來死後非有亦非無。**當時世尊正在一處坐禪，以天耳聽聞到諸比丘集於食堂論議這些法義的聲音；聽聞以後，前往食堂，在大眾面前敷座而坐，告訴諸比丘說：「你們眾多比丘們聚集在這裡，在討論什麼事情呢？」當時諸比丘向佛陀稟白說：「世尊！我們眾多比丘聚集在此食堂中，作這樣的討論：或有人說有常、或有人說無常。」如同上面所廣說的一般。佛陀告訴比丘們說：「**你們不要作這樣的論議，為什麼呢？你們作這樣論議的人，所說不是真實的義理，也對你們的道業沒有饒益，只是對非法的戲論能有所饒益而已，不是對清淨行有所饒益；這樣討論得到的也不是智慧，也不是真正的覺悟，不是真正的趣向涅槃解脫。**你們比丘眾們應當如是論議：這是苦聖諦，這是苦集聖諦，這是苦滅聖諦，這是苦滅道的行門聖諦。爲什麼我這樣說呢？像這樣的論議，才是佛法正義，才對你們自己有所饒益、也是佛法上的饒益、是清淨行的饒益，這才是眞正的解脫智慧、才是眞正的覺悟、才是眞正的趣向涅槃解脫。由於這個緣故，比丘們！若對於四聖諦還沒證得無間等法的人，都應當廣作精勤方便，發起增上欲，勤學無間等法的涅槃道。」佛說此經以後，諸比丘聞佛所說，歡喜奉行。】

在這一段經文中，是對於未悟解脫道的凡夫比丘們開示說，親證解脫道才是重要的；在尚未親證解脫道以前，就先來討論涅槃後的或有、或無，都是不切身的問題；重要的是先斷我見、斷我執，證得解脫以後，再來探討入涅槃後有無的問題，比較切合實際。還有別的阿含部經典也是這樣的開示，但那是對不歸依三寶、不修學佛法的外道們說的：

【（當梵志問了一大堆問題以後）佛告梵志：「世間有常，乃至如來非終非不終，我所不記。」梵志白佛言：「瞿曇！何故不記『我、世間有常』，乃至『如來非終非不終』，盡不記耶？」佛言：「**此不與義合，不與法合，非梵行，非無欲，非無為，非寂滅，非止息，非正覺，非沙門，非泥洹，是故不記。**」梵志又問：「云何為義合、法合？云何為梵行初？云何無為？云何無欲？云何寂滅？云何止息？云何正覺？云何沙門？云何泥洹？云何名記？」佛告梵志：「我記苦諦、苦集、苦滅、苦出要諦。所以者何？此是義合、法合、梵行初首、無欲、無為、寂滅、止息、正覺、沙門、泥洹，是故我記。」】（《長阿含經》卷十七）

意思是說，對佛門中眞正修行者或已經證果者，產生了這些問題以後，佛陀才會對這些問題加以記說；若是尚未證果的初行者，或是外道來盜法而問者，或是外道前來質疑者， 佛陀總是不爲他們加以記說。因爲，外道只是前來盜法而已，爲他們記說以後，仍然不會投入佛門中來修行、來求斷我見與我執的。至於尚未證果的凡夫比丘們，則是以確實斷除我見與我執爲最重要的事項，關於涅槃後有，或是涅槃後無、涅槃後亦有亦無、涅槃後非有亦非無的事情，不是他們當前最切身的重要事項，與證道無關，就不爲他們記說。

但若是對於親證佛法的比丘眾，則又特地加以解說，表明涅槃中是**如**、是**眞**、是**實**、是**常住不變**，而且是聖者確實審觀諦觀的，不是斷滅境界。譬如經中說：【如是我聞 一時佛住王舍城迦蘭陀竹園。爾時世尊告諸比丘：「汝等持我所說四聖諦不？」時有比丘從座起，整衣服，偏袒右肩，爲佛作禮，合掌白佛：「唯然，世尊！所說四聖諦，我悉受持。」佛告比丘：「汝云何持我所說四聖諦？」比丘白佛言：「世尊說苦聖諦，我悉受持：如**如**、不離**如**、不異**如**，**真**、**實**、**審諦**、**不顛倒**，是聖所諦，是名苦聖諦。世尊說苦集聖諦、苦滅聖諦、苦滅道跡聖諦，如**如**、不離**如**、不異**如**，**真**、**實**、審諦、不顛倒，是聖所諦。是爲世尊說四聖諦，我悉受持。」佛告比丘：「善哉！善哉！汝眞實持我所說四聖諦，如**如**、不離**如**、不異**如**，**真**、**實**、審諦、不顛倒，是名比丘眞實持我

四聖諦。」佛說此經已，諸比丘聞佛所說，歡喜奉行。】（《雜阿含經》卷十六第 417 經）

這是說：如來所證、所說的解脫，四聖諦的現觀者所證解脫，都是**如**，都是**眞**、**實**，是審諦的**如**，不是斷滅境界；前面曾經舉示的經文中更說是**常住不變**。這已經顯示一個事實：如來對於涅槃後有、涅槃後無的問題，並非永遠認爲是無記性的問題，而是隨著當事人的情況不同而作不同的回應。這並不是單一的事件，還有別的經教歷史事證存在，至今仍然可以舉示出來證明；所以佛陀若是爲外道們，或爲尚未實證涅槃的比丘們，會這樣認爲：爲外道及佛門中尚未實證涅槃的人解說涅槃後有無，即是無記。若爲已證有餘涅槃或初果、二果等二乘聖者，則不可說是無記的事項，否則 佛陀就不必爲諸二乘聖者說**無餘涅槃後眞**、**實**、**非有非無**、**常住不變**的道理了！有何其他教證而說阿含期中因外道未證涅槃之緣故，而說涅槃後非有亦非無是無記之理？譬如經言：

【如是我聞　一時佛住王舍城迦蘭陀竹園。爾時尊者摩訶迦葉、尊者舍利弗，住耆闍崛山中。時有眾多外道出家詣尊者舍利弗，與尊者面相問訊慰勞已，退坐一面，語尊者舍利弗言：「云何舍利弗！如來有**後生死**耶？」舍利弗言：「諸外道！世尊說言：此是無記。」又問：「云何舍利弗！如來無**後生死**耶？」舍利弗答言：「諸外道！世尊說言：此是無記。」又問：「舍利弗！如來有**後生死**、無**後生死**耶？」舍利弗答言：「世尊說言：此是無記。」又問舍利弗：「如來非有**後生死**、非無**後生死**耶？」舍利弗答言：「諸外道！世尊說言：此是無記。」諸外道出家又問尊者舍利弗：「云何所問如來有**後生死**、無**後生死**，有後無後、非有後非無後，一切答言『世尊說此是無記』？云何為上座？如愚如癡，不善不辯，如嬰兒無自性智。」作此語已，從坐起去。

爾時尊者摩訶迦葉、尊者舍利弗相去不遠，各坐樹下，晝日禪思。尊者舍利弗知諸外道出家去已，詣尊者摩訶迦葉所，共相問訊慰勞已，退坐一面，以向與諸外道出家所論說事，具白尊者摩訶迦葉：「尊者摩訶迦葉！何因何緣世尊不記說『後有生死、後無生死、後有後無、非有非無生死』耶？」尊者摩訶迦葉語舍利弗言：「若說如來後有生死者，是則為色。若說如來無後生死，是則為色。若說如來有後生死、無後生死，是則為色。若說如來非有後、非無後生死，是則為色。如來者，色已盡，心善解脫；言有後生死者，此則不然；無後生死、有後無後、非有後非無後生死，此亦不然。如來者，色已盡，心善解脫，甚深廣大；無量、無數，寂滅涅槃。舍利弗！若說如來有後生死者，是則為受、為想、為行、為識、為動、為慮、為虛誑、為有為、為愛。乃至非有非無後有亦如是說：如來者，愛已盡，心善解脫，是故說後有者不然；後無、後有無、後非有非無者不然。如來者，愛已盡，心善解脫，甚深廣大；無量無數，寂滅涅槃。舍利弗！如是因，如是緣，故有問世尊『如來若有、若無、若有無、若非有非無後生死』，不可記說。」時二正士共論議已，各還本處。】（《雜阿含經》卷三十二第 905 經）

這其實是說，凡是對於外道修行人，都不必為他們解釋如來入滅以後是有、是無、是非有、是非無、是非有亦非無、是亦有亦無。因為這個道理對於尚未實證涅槃的外道們來說，都是太深的問題了！即使是為他們解說了，他們也不一定能聽得懂，倒不如勸請那些外道們投入佛門以後斷了我見與我執，再來探討，比較切合實際。因為如來是滅除我見與我執的，而滅除我見與我執以後，捨壽入無餘涅槃，其實仍然是如、是眞、是實，而且常住不變；而這個道理，是佛、菩薩在捨壽前就可以確實親證而一再加以詳細審查諦觀的，這卻不是仍然具足貪瞋無明的外道們所能知道的。所以凡是外道們前來請問這些問題時，都以無記來應對就可以了！因為他們是與二乘菩提佛法無緣的，多說無益。

若有人不信而爲外道們詳細說明的話，他將會發覺這個事實：當你說如來滅後非無，外道們就會認爲如來滅後仍有微細的色陰存在，所以非無；或者認爲如來滅後仍有細意識（微細覺知心）存在，所以非無。由於外道們聽說如來滅後非無，而被你斥責是誤會，你並且爲外道們解釋：如來滅後是五蘊、十八界全都滅盡的。那麼他們又將誤會而主張說：「那麼如來滅後應當是無，爲什麼你還說如來滅後非無？」當你說：「你又誤會了，如來滅後非有亦非無，是如來藏獨存。」他們又將誤會如來藏是他們承認的神我，與印順的誤會相同；若說如來藏不同於神我意識，他們就會說你是不死矯亂的說法，認爲如來藏只是施設，所說都是在籠罩他。而且阿羅漢們又不像菩薩已經親證如來藏（自心如來），不能爲外道解說無餘涅槃中的實際，所以不論阿羅漢們怎麼解說如來滅後非有、非無、非有亦非無、亦有亦是無的道理以後，外道們都將難以信受而會繼續加以誹謗的。既然多言無益，何妨就以不作記說的無記方式來處理呢？

若是佛門實證者，或爲佛門中證果因緣已成熟者，就爲他解說法身常住的道理；因爲如來滅度後，猶有法身常住，由此緣故而不許說如來涅槃後是空無：

【佛告阿難曰：「我滅度之後，法當久存。迦葉佛滅度後，遺法住七日中。汝今、阿難：如來弟子為少。莫作是觀；東方弟子無數億千，南方弟子無數億千。是故阿難！當建此意：我釋迦文佛壽命極長。所以然者：肉身雖取滅度，**法身存在**。此是其義，當念奉行。」爾時阿難及諸比丘聞佛所說，歡喜奉行。】（《增一阿含經》卷四十四）這是以**法身常住**的道理，說明如來涅槃後非無的道理。

佛於阿含期中，多數時候是不對涅槃後有無一事加以開示的，這是由於凡夫與外道都尚未實證解脫果，說了也是聽不懂的，就以無記的方式來處理。凡夫與外道們，在初轉法輪時期的十餘年佛法弘化中，都是以取證解脫果作為首要標的；當時佛陀還沒有想要宣說般若與一切種智增上慧學，所以多數時候都不對這個問題加以開示；但是所有人都絕對不可因此便說**涅槃後有及涅槃後無的討論是無記之法**。這意思是說，當時一切有學聖人與無學聖人，若證有餘涅槃、若不證有餘涅槃，心中遲早都會出現這個問題：**將來捨壽進入無餘涅槃之後是否會墮於斷滅空中**？一定會在心中生起疑心而加以探究的。然而在聲聞法初始弘化時期，都是以解脫果的修證為首要，不以實相的修證為首要，若不是面對不能不回答的情境時，往往都不加以記說，當作無記性的問題來處理。

而且，這個問題既然在後時的二轉、三轉法輪時期將會說明，又何須在初轉法輪時期的聲聞佛法中提前來說明？由此緣故，不可因爲 佛在初轉法輪的阿含期中對部分人不記說入涅槃後有、無的法義，便說這個問題是無記法。這是因爲在聲聞佛法的四阿含所說諸經中， 佛陀早已說明如來藏、本際、實際、如、眞如、心、識、眞、實……等眞義了，絕非是無法答覆的問題；可見 佛世時的阿羅漢們，曾經聽聞 佛陀在第二、三轉法輪時期所演說的大乘經典，並且已經結集在四阿含中，成爲解脫道的經典了，所以這不是無力回答的問題，只是顧慮證道的事更重要，在弟子們尚未證道之前，不必加以討論。

依平實今日的智慧，尚且可以輕易的回答涅槃後的有無，何況是當時 佛陀智慧無上，怎有可能無法回答而迴避它？所以這問題絕非是不能或不可答覆的法義，只是觀察時、地、人、事差別而不作記說罷了。所以，入涅槃後是有、入涅槃後是無，抑或涅槃後爲非有、爲非無等問題，都不是無記性的問題；因爲如前章節中所舉示的 佛陀聖教中，還特地爲聖弟子們說明比丘於內、於外有恐怖及無恐怖的事，顯然入涅槃後是有或無的問題，是聲聞解脫道中的大問題，不是無記的無意義探討，否則 佛就不必大費周章的加以詳細開示了。但因二乘菩提中的學法者不應急於探討此一問題，因爲這其實是般若法道中的實相問題，並不是二乘菩提法道中的切身問題故，所以才在二乘法中被暫時列為有時不加以記說的問題。在二乘菩提中的切身問題是：如何確實親證解脫果？解脫道的行者們都應該先以此切身問題來著眼故。至於外道們，連二乘菩提都不懂了，更不可能實證涅槃，所以都不應該爲他們說明涅槃後的有無，就以無記的方式來處理。但是從證得阿羅漢果的境界來說，從大乘菩提來說，這其實是極重要的題目，絕對不可以說爲無記法。有時爲了攝受部分恐懼墜入斷滅的聲聞法凡夫，佛陀也會先爲他們解說名色由識生，來消除他們滅盡名色以後成爲斷滅空的心中恐懼，如同前面章節中的舉證：要了知滅盡蘊處界以後不是斷滅空，才能實證初果斷我見、斷三縛結的功德。道理都是一樣的。

當您在修學二乘解脫道時，若不能確信滅盡十八界後的無餘涅槃中，確實仍然有入胎識——無餘涅槃的本際——繼續存在而永不斷滅，那麼您怎有可能會願意斷除我見與我執，而在捨壽後自願滅盡蘊處界的自己而入涅槃、而成爲斷滅空？所以這個問題其實不是無關緊要的小問題，而是切身的問題；只是在詳實觀行而斷除我見與我執之前，它是比較不重要而已。

但是對於外道或佛弟子所問的問題，若是與解脫道無關時，譬如有人來問

「世界有邊？無邊？有無邊？非有非無邊？」都可以用無記二字回答他們，教導他們放捨無關解脫修證的戲論問題，教他們專精於解脫道的修證上面用功觀行。若於第二轉法輪之般若期十餘年、第三轉法輪之唯識方廣增上慧學十九年中，則又特地一一說明之，已不再說是無記的問題了！然而今時凡夫僧眾中的聲聞種性者，不知這裡面的密意，普為菩薩種性的尚未證悟法師、居士們，妄言說這個問題是無記法，那可就有大過失了！也由於這個緣故，佛也曾對二乘聲聞眾說明：無餘涅槃不是斷滅境界。這也有阿含部經文為證：

【如是我聞　一時佛住王舍城迦蘭陀竹園。時有尊者富鄰尼住王舍城耆闍崛山中，時有眾多外道出家，詣尊者富鄰尼；共相問訊慰勞已，退坐一面，問尊者富鄰尼：「我聞沙門瞿曇作『斷滅破壞有』教授耶？今問尊者富鄰尼：竟為爾不？」富鄰尼語諸外道出家：「我不如是知『世尊教語眾生斷滅壞有，令無所有』者，無有是處。我作如是解：『世尊所說有諸眾生，計言有我、我慢、邪慢。』世尊為說，令其斷滅。」時諸外道出家聞富鄰尼所說，心不喜悅，呵責而去。爾時尊者富鄰尼，諸外道去已，往詣佛所，稽首禮足，退坐一面。以向諸外道出家所說具白世尊：「世尊！我向答諸外道說，得無謗毀世尊耶？為是法說、如佛所說、如法說、隨順法說，得不為諸論議者所見嫌責耶？」佛告富鄰尼：「如汝所說，不謗如來。不失次第，如我記說。如法法說，隨順法說，不為諸論者之所嫌責。所以者何？富鄰尼！先諸眾生我慢、邪慢，邪慢所迫、邪慢集、邪慢不無間等，亂如狗腸，如鐵鉤鎖，亦如亂草；往反驅馳，此世他世、他世此世；驅馳往反，不能遠離。富鄰尼！一切眾生於諸邪慢無餘永滅者，彼一切眾生長夜安隱快樂。」佛說此經已，富鄰尼比丘聞佛所說，歡喜奉行。】

（《雜阿含經》卷三十四第 966 經）

語譯如下：【如是我聞　有一時佛陀住在王舍城迦蘭陀竹園中。當時有尊者富鄰尼也住在王舍城的靈鷲山中，相去不遠；當時有眾多的外道出家人，前往面見尊者富鄰尼；共相問訊慰勞以後，外道們退坐於另一面，詢問尊者富鄰尼說：「我聽聞沙門瞿曇（釋迦世尊的俗名為瞿曇）作『斷滅見而破壞諸有』的教授，是不是這樣呢？我今請問尊者富鄰尼：究竟是不是這樣子？」富鄰尼尊者告訴諸多的外道出家人：「我不是像你所知道的這樣，說『世尊教導開示眾生斷滅法，滅壞諸有，使得入涅槃後一無所有』的說法，沒有一點點是正確的。我是這樣子理解的：『世尊所說三界有的種種眾生，妄計而說有三界我常住不壞、也有因自我而起慢、以及不如理作意而產生的邪見之慢。』世尊爲這些人宣說這個道理，使他們斷滅這些邪見煩惱。」當時諸外道出家人聽聞富鄰尼尊者所說的道理，覺得很失顏面，心中不喜悅，所以訶責富鄰尼尊者以後就離去了。那時尊者富鄰尼，在諸外道離去以後，前往佛陀所在之處，頂禮佛陀足趾以後，退下來坐在另一邊。隨即以他向諸外道出家人所說的內容，具體的稟白世尊說：「世尊！我剛才如此回答諸外道的說法，有沒有謗毀世尊的嫌疑呢？我這樣的說法是不是符合眞正佛法的說法、是否如同佛所說的一樣、是不是如法而說、是不是隨順正法而說，是否能夠不被諸論議者所聞見以後而輕嫌訶責呢？」佛陀告訴富鄰尼說：「就像你剛才所說的一樣，不會毀謗到如來。你的說法不失次第性，如同我所記說的一樣。你的說法是如法而說，是隨順正法而說的，不會被諸論法者所輕嫌與訶責。爲何如此呢？富鄰尼！以前種種眾生都有我慢、邪慢，被邪慢所逼迫、因邪慢而苦集、因邪慢而導致他們不能實證無間等的不斷滅法，他們的思想雜亂猶如狗腸一般，又如同鐵鉤鎖一般將自己鎖死，又如同亂草一般沒有章法；他們因此而往返驅馳，從此世去到他世、從他世來到此世；如此驅馳往返於生死之中，都不能遠離生死。富鄰尼！一切眾生

若能於諸邪慢無餘永滅時，那一切眾生在生死漫漫長夜中就會獲得安隱快樂。」佛說此經以後，富鄰尼比丘聞佛所說，歡喜奉行。】

從這一部經文來看，顯然 佛陀初轉法輪時，外道們都和今天的藏密中觀師印順一樣，都誤會 佛陀所說的解脫道了！他們誤以為說，當阿羅漢們進入無餘涅槃時，把五蘊、六入、十二處、十八界法都滅盡了，那一定是斷滅境界，所以才會來向富鄰尼尊者指斥說：「我聽聞出家人瞿曇為人傳授的是斷滅法，這樣是教人斷除三界有而成為斷滅法的。」富鄰尼尊者知道外道們是誤會 佛陀的法教了，但是他為外道說明不是斷滅以後，隨即就來到 佛陀的住處，完全沒有遺漏的向 佛陀稟報，並且請問：這樣回答外道的質疑，是否有什麼地方是不如法的說法而無意間毀謗了 佛陀？由此看來，二乘菩提在佛世已是外道所無法理解的；不但當時，連今時電子佛典如此大量流通的時節，大師們仍都很嚴重的繼續誤會著，可見聽聞正確的二乘菩提法義時，若沒有善知識的攝受，為他們說明：「滅盡蘊處界後不是斷滅、空無，而是有涅槃本際實存，所以無餘涅槃是**常住法**、是**真**、是**實**、是**如**，也是可以**詳審證實**的。」一般人總是會誤以為進入無餘涅槃以後就是斷滅空無，才會有這部經典流傳下來。

但這個疑問絕對不會是只有一批外道相應，一定會有極多外道及佛門中未曾聽聞 世尊宣說涅槃本際的人們，心中起疑而私下討論的，如同印順等古今應成派中觀的邪見者，不得不在誤會解脫道是斷滅法以後，另行建立妄想的滅相眞如常住不滅，或如古今的藏密外道應成派中觀師公然建立意識的粗心、細心、極細心等法爲常住法。並不是今時才有這種現象的，所以會有這樣的一部原始佛法經典如是記載：【釋提桓因報言：「目連！我前至世尊所，頭面禮足，在一面住；是時，我即白世尊曰：『云何比丘斷於愛欲，心得解脫，乃至究竟至無爲處，無有患苦，天、人所敬？』爾時世尊便告我言：『於是，拘翼！諸比丘聞法已，都無所著，亦不著色；盡解一切諸法，了無所有。以知一切諸法已，若苦、若樂、若不苦不樂，觀了無常；**滅盡無餘，亦無斷壞**。彼以觀此已，都無所著；已不起世間想，復無恐怖；以無恐怖，便般涅槃：生死已盡，梵行已立，所作已辦，更不復受有，如實知之，是謂、釋提桓因！比丘斷欲，心得解脫，乃至究竟無爲之處，無有患苦，天、人所敬。』爾時，我聞此語已，便禮世尊足，遶三匝即退而去，還歸天上。」……爾時世尊告目犍連曰：「汝當知之，釋提桓因來至我所，頭面禮足，在一面立。爾時釋提桓因問我此義：『云何，世尊！比丘斷愛欲，心得解脫？』爾時我告釋提桓因曰：『拘翼！若有比丘解知一切諸法空無所有，亦無所著，盡解一切諸法了無所有；以知一切諸法無常，**滅盡無餘**，**亦無斷壞**；彼已觀此已，都無所著；已不起世間想，復**無恐怖**；已無恐怖，**便般涅槃**：生死已盡，梵行已立，所作已辦，更不復受有，如實知之。是謂、釋提桓因！比丘斷欲，心得解脫。』爾時釋提桓因即從坐起，頭面禮我足，便退而去，還歸天上。」】（《增壹阿含經》卷十）

此經的開示，顯示 世尊在初弘期的聲聞佛法講過以後，開始宣演般若時曾經開示：進入無餘涅槃中，絕非蘊處界滅盡後成爲空無，所以入無餘涅槃時，蘊處界悉皆滅盡以後，其實只是蘊處界**滅盡無餘**而非斷壞空無，所以 世尊說**亦無斷壞**，被聲聞人聽聞後結集在增一阿含中。由這個事實，顯然涅槃後有、涅槃後無，絕非純是無記之論，所以會有增一阿含這些開示；只是觀察眾生根性與當時機緣，而不爲部分眾生說明涅槃後的有無，所以不純粹是無記論。所以說，某些法師崇尚南傳佛法的二乘菩提解脫道，但是對二乘解脫道其實沒有深解、實證，當大乘行者證悟般若以後對六識論凡夫提出涅槃後有、涅槃後無的質疑，都無法爲人回答，就推說這是無記論，也妄說 佛陀**一向**都說這是無記之論，才能迴避在否定本識如來藏的狀況下無法解答這個問題的窘境，也迴避了不得不承認大乘法遠優於二乘法的尷尬場面，因爲這些凡夫們一向主張說：佛法的內容只有解脫道，解脫道就是成佛之道，此外沒有別的佛法了！而大乘法是 佛陀入滅五、六百年後，由後人長期陸續創作而編集出來的。由於以前常常這樣子矇騙大眾，藉以否定他們無法實證的本識，現在只好推說這個問題是無記論，藉以免除自己的尷尬，然而 佛對此問題並非一向認爲無記。

在聲聞佛法的四阿含中，還是有許多大乘法存在其中；因爲二乘聖人在第二、第三轉法輪時期，也一樣聽聞 佛陀宣講大乘經。由這些聲聞人結集出來的大乘法中的蛛絲馬跡中，也可以看得出涅槃後不是斷滅空。證實 佛陀在宣講大乘法義時，二乘聲聞聖人多數是曾經與聞的；雖然他們聽聞以後結集所成的經典，一定只會有解脫道的法義，但卻是無法免除大乘法的蛛絲馬跡存在，以免二乘涅槃墜入斷滅空中。這也是有原始佛法的阿含部經文爲證的：

【如是我聞 一時佛在央瞿多羅國人間遊行，經陀婆闍梨迦林中，見有牧牛者、牧羊者、採柴草者及餘種種作人，見世尊行路，見已，皆白佛言：「世尊！莫從此道去。前有央瞿利摩羅賊，脫恐怖人。」佛告諸人：「我不畏懼。」

作此語已，從道而去；彼再三告，世尊猶去。遙見央瞿利摩羅手執刀楯走向，世尊以神力現身徐行，令央瞿利摩羅駃走不及；走極疲乏已，遙語世尊：「住！住！」世尊並行而答：「**我常住耳，汝自不住。**」」（《雜阿含經》卷 38 第 1077 經）

這部經典，其實與增一部的《央掘魔羅經》是同一部經；但卻是收在阿含部的《雜阿含經》卷三十八之中，都因爲這是聲聞聖者所曾聽聞的大乘法義，結集時就變成二乘解脫道的法義了。然而這部經典的原義，其實是**自始至終都在說常住法**，而常住法本是如來藏——入胎識——的本來涅槃自性。只是二乘聖人聽聞之後不能眞實領略其中的意涵，只能聽懂其中與解脫道有關的內涵；原來經中佔了大多數篇幅的大乘法義都不是他們所能憶持的，所以他們結集以後就成爲雜阿含部中很小的一部經典了！在這部經典中，其實也可以看得出來，**涅槃是常住的**。既然涅槃是常住的，而進入無餘涅槃以後，蘊處界的任何一法都已全部滅盡無餘了，又怎能說是常住法？這當然已經表示無餘涅槃之中，確實有一個常住的入胎識獨存不滅，才有可能是常住法。所以 佛陀示現爲慢行而其實是速行時，央掘魔羅追趕不上，要求 佛陀停住時， 佛說：「**我常住耳，汝自不住。**」很清楚的表明涅槃的實證是常住法，不是斷滅空。而這一部經典，若是在大乘法中眞悟以後，第一次初始讀到之時，一定會心中一陣歡喜：「原來早在四阿含諸經中，就已經說過常住法了！並且也很明白的直說入胎識——如來藏——的所在了！原來當年二乘聖人也曾經與聞大乘經典說法之會。」既然二乘聖人都覺得涅槃的常住性是很重要的課題，所以特地記載了一些大乘經所說涅槃常住的 佛陀法語，而且結集下來，當然已經證明「涅槃後有、涅槃後無」的命題，是解脫道中實證涅槃者都認爲是很重要的命題，所以不應該毫無前提的一味指斥這個命題是無記論。

又「涅槃後有、涅槃後無」的道理，尚有可以議論辨正的地方；這是說，外道及諸凡夫對於這個問題，所見都同樣的落入五陰之中，都只能著眼於解脫聖者入涅槃後有無來世的五陰，或是有沒有留存蘊處界中的少分存在，都不曾聽聞：聖者入滅度後，尚有本際不滅，而不是尚有蘊處界中的少分或多分繼續存在。所以往往誤以爲 佛陀所說的滅盡五陰以後的無餘涅槃是斷滅空，同於藏密外道及印順派諸師所弘揚的應成派中觀一樣。但是二乘無學聖人雖曾與聞世尊宣說無餘涅槃有其本際，知道入了無餘涅槃以後並非斷滅空，仍有本識獨存，卻因爲不知不證如來藏的緣故，所以對無餘涅槃中的本際每每妄生種種玄想；那些二乘聖人若強行加以說明，則不免會墮落於戲論之中，多說無益。一定要等待迴心大乘法中，修學第八識如來藏妙義，並且獲得親證以後，所說才有可能不墮於戲論中；由於這個緣故 世尊在初轉法輪阿含期時，認爲對於修學解脫道的佛弟子們而言，於未證二乘菩提之前就來探討這個問題，當然應該說是無記法，因爲他們絕對無法探討出一個正確的結論來；這是只有在二轉法輪的般若期時，菩薩眞正的證悟如來藏以後才有能力加以探討，才有能力加以現觀及說明的。由此緣故， 佛陀於第二轉法輪之般若期，也只是略說涅槃中的實際；直到第三轉法輪的唯識增上慧學時期，方才開始細說無餘涅槃中的實際，以及細說涅槃實際的眞如法性；這樣的方便施設及次第性的宣演三乘菩提，正是 佛陀示現於人間一生的爲人悉檀也！所以，尚未實證的凡夫法師們，其實都不該主張涅槃後的有無是無記論，因爲他們都沒有資格這樣說。

無餘涅槃是常住法，不是斷滅法；而且在有餘涅槃位中，也仍然是常住法；並不是在捨壽進入無餘涅槃以後，才說是常住法。假使有人這樣子詢問：「滅盡五陰、十八界以後，成爲無餘涅槃。其中是斷滅空？或是仍有眞實法存在而不空？」如果有大師答言：「此是無記法，汝但只求證涅槃即可，不須探問涅槃後有、涅槃後無。」則可以了知這位大師不懂阿含道，更不懂原始佛法的第二轉法輪般若期所說大乘道。這意思是說，在阿含道中，佛陀早已說明涅槃是常住法，不是斷滅法了！由以上所舉示的經文所說，已經很清楚的證明一切親證涅槃的聖者都是常住的；乃至不迴心的二乘聖者，雖是定性聲聞而絕對不會迴小向大，但他們進入無餘涅槃以後，也都不會是斷滅空。

由此緣故，說眞悟的菩薩們能爲人宣演無餘涅槃中的本際，而二乘聖人不能實證如來藏入胎識，當然無法現觀無餘涅槃中的本際是什麼狀況。等而下之，尚未斷除我見、我執的凡夫大師們，當然更無法爲人解說這個問題了！所以他們當然都會極力主張說：「討論『涅槃後有、涅槃後無』的問題，都是無記論，沒有任何必要加以討論。」他們那些大師們，凡是遇到有人問及涅槃後的有無時，爲逃避以前曾經否定如來藏而墮入**涅槃後斷滅空**的窘境，每每引述局部的佛語聖教，移花接木而解答爲無記，藉以逃避自身非法言法的責任；而且也藉此說詞來逃避初轉法輪的二乘菩提遠劣於第二轉法輪大乘菩提的事實，並且逃避了他們以錯誤的解脫道取代正確佛菩提道的過失，這就是他們一向主張「涅槃後有無的討論都是無記論」的原因所在。

第十章 無為界與盡界

第一節 界—種子—功能差別

唯識增上慧學是大乘諸地菩薩所修的成佛之道，能否成佛，端賴唯識增上慧學的一切種智修證是否圓滿而定；當唯識增上慧學圓滿而成佛之時，原來諸地所修的道種智就改名爲一切種智，一切種智中圓具大圓鏡智等四智。當一切種智尚未圓滿以前，諸地菩薩所修的一切種智都只是成佛之道的**修道**過程中所得如來藏**種子**智慧，故名**道種智**。在一切種智增上慧學中所說的「界」即是種子，種子又名功能差別，也就是種種法所擁有功能的界限；由於是諸法功能的界限，所以又名種子爲法界，故說法界即是種子的界限、功能的界限。

譬如菩薩**法界**、地獄**法界**。菩薩**法界**，意謂菩薩之法可以在六道眾生中存在，菩薩可以示現爲六道眾生中的任何一種，藉同事而利行於有緣眾生之中；又如菩薩所證悟的佛菩提智，可以乘願而存在於聲聞、緣覺、菩薩界中，所以菩薩也能示現爲聲聞身、緣覺身，假使菩薩起願想要做不同的示現時（但聲聞、緣覺智慧不函蓋菩薩智慧，故二乘聖人無法示現在菩薩法界中）。又如菩薩也可以是佛地而倒駕慈航再來示現為菩薩，擁護諸佛弘法大願，如同 觀世音菩薩一樣；又如菩薩所證諸法法界的實相內涵，可以在十方三世一切有情法界中同時存在，既有法界實相、也與有情法界同時並存，由是而證明菩薩所證的法界實相周普十方，圓攝世、出世間法界，如是名為菩薩法界。地獄**法界**則是多受或純受眾苦，皆由往世心性不淨所導致；然而正受眾苦之時，其本識的清淨無漏法種卻仍然分明示現著，惡劣的果報與識陰的不淨心性，絲毫都不影響其本識之眞如法性，也都不影響其成佛之本來性、自性性、清淨性、涅槃性；其成佛所需之所有自性也都具足圓滿，只是被**惡業種子**（惡業的功能差別）所繫縛，而使地獄身心不得不繼續在地獄中受諸尤重純苦果報罷了！只是被一念無明（四住地無明）所籠罩而無法斷除**分段生死種子**——我見我執的功能差別——所繫縛而不得不繼續在三界中受諸生死輪迴種種苦果罷了！只是被**無始無明**——不知成佛之道的原理——所籠罩而不能發起菩薩性、不能邁向成佛之道罷了！這就是地獄眾生的**法界**——地獄眾生的種子——地獄眾生心中含藏的功能差別，所以地獄**法界**具足了三界最粗重的煩惱障與所知障，具足了二種無明障。這樣說明法界以後，您對法界及種子的意涵，應該已經很清楚了！假使仍然不夠清楚，您可以把這一段文字再三、再四的詳細閱讀及思惟，舉一而反三的思惟，一定可以更清楚的。

關於種子——法界——諸法的功能界限、諸法的功能差別，大乘經典中有詳細解說，但二乘聖人聽聞佛說大乘經典以後，也結集這個法義於四阿含中：【如是我聞　一時佛住舍衛國祇樹給孤獨園。爾時世尊告諸比丘：「譬如眼藥丸，深廣一由旬；若有士夫取此藥丸，界界安置，能速令盡於彼界，界不得其邊；當知**諸界，其數無量**。是故，比丘！**當善界學，善種種界**，當如是學。」佛說此經已，諸比丘聞佛所說，歡喜奉行。】（《雜阿含經》卷十六，第444經）

語譯如下：【如是我聞　一時佛陀住舍衛國祇樹給孤獨園。那時世尊告訴諸比丘說：「譬如眼藥丸聚集成一堆，深度與寬廣各有二十里，其數眾多；如果有士人農夫等大眾，都去親手執取藥丸，在各個法界中普遍安置，可以很快使眼藥丸在那些法界中放置完畢了，然而法界仍然極多，無法全部放盡，根本就不知法界的邊際何在；你們都應當知道種種的法界，法界的數目是無量而不可計數的。由於這個緣故，比丘們！應當要善於修習法界之學，應當要善於運行種種法界，應當像這樣修學。」佛說此經已，諸比丘聞佛所說，歡喜奉行。】

這部經典本來是大乘經典，但因為二乘聖人聽聞之後不能憶持大乘法的緣故，所以由他們結集出來時，就只是這麼簡單的幾句話而已，一般人（其實是連當代的所有大師們在內）讀了以後，根本就不懂 佛陀在這部經中究竟是說什麼？莫說當代的大師們，即使是當時的阿羅漢們，其實也不懂 佛陀聖意。這個法界的意涵，其實是在說諸地菩薩們應修的一切種智——道種智。諸地菩薩為何要世世在人間修行才能迅速圓成佛果？又為何入地以後大多示現為在家相？都因為想要迅速進修**界學**的緣故。而**界學**修習的緣起，在人間是最圓滿、也最眾多的，因為人間具足十八法界，也可以具足一切心所法，豈只是百法而已？乃至千法、萬法、千萬億法，都是在人間才可以具足示現的；菩薩就在人間與雜類眾生同事、利行，特別是以眾生所輕視的在家身示現，共諸眾生同事、利行當中，往往由眾生心中各種法的功能界限——諸法的功能差別——而發起疑情深入探究，於是圓成諸地滿心的現觀境界與修證，**界學**就這樣次第成就。

這就是說，諸地菩薩都必須從法界的功能差別中，也就是從無量不同心性眾生的法界中，去作一切種子的觀察，如是修習於界，才能圓成一切種智；而在精勤修集無量福德的配合下，才能到達最後身菩薩位，然後於人間示現八相成道。所以，界的法義，其實是最最深妙、最最寬廣、最最難修的妙法，然而界（種子）功能差別的內容，都含藏於如來藏中，都不離如來藏，都必須先從親證如來藏（親證本識）開始入門。二乘聖人既然不能親證第八識心體，他們的解脫道自始至終也都不必親證這個入胎識及其種種界——種子，所以也都不求證這個入胎識，又如何能理解法界的眞實義？他們當然是聽不懂**界**的眞義，所以他們所能結集出來的**界學**，也就只有這麼一部很簡略的經典了。

至於四阿含諸經中常常可以見到的六界，那也是因爲想要讓他們瞭解到**蘊、處、界全都滅盡以後並不是斷滅境界**，所以爲他們說明：**一切人的蘊處界，都必須有這六個基本法（地、水、火、風、空、識等六界），才能成爲具足圓滿的人類**。若不是有空間，若不是有四大，若不是有入胎識的功能差別，來聚集四大及留存應有的空間，人類的蘊處界根本就不可能出生與存在，何況能正常運作？阿羅漢們聽聞 佛陀親口宣示以後，心中完全相信 佛陀的說法，知道人類的蘊處界出現以前，也就是在人類的色身與覺知心出現之前，法界中其實都只是四大、空間及入胎識；人類的生成，是要由這六界來組成的，所以在人類的五陰形成之前，本識功能就已經存在著，既不是有生之法，當然是不滅的。

諸佛如來善於爲眾生分別種種法相，都是由於了知六界的原理、親證六界的眞相，所以既能治有情的生死病，也能了知法界萬法的實相；由六界眞理的實證，可以了知宇宙穹蒼一切三世有情，都是以入胎識如來藏爲中心，藉著眾生的如來藏共同變現出來的四大，再由各別眾生的本識如來藏特有的識界——本識能攝取四大極微的功能——來製造色身，再藉著祂自己所生的色身來流注識陰六識的種子，於是就有了識陰；再藉自己所生的色陰與識陰爲緣，來出生受、想、行等三陰，於是五陰合會，就成爲具足的人類，接著就有生老病死……等苦惱的果報了。諸佛菩薩都是由於親證六界的眞理，所以能通達法界萬法，也能從法界眞理中分析出解脫道來，專爲急求出離生死的聲聞人講解，所以《別譯雜阿含經》卷十三中有云：【如來善分別，**六界十八界；以此法能治，三毒身重病**；能治瓔愚病，**最勝無有上**；故我今敬禮，瞿曇之大師。】

由此深入思惟以後，可以了知自己的一切都由這六個法界——六個法的功能差別——製造出來的，而且佛陀特地說明六界是以識界爲最主要的法；證知這個道理以後，就可以證實蘊處界都是虛妄法，因此也可以使我執徹底斷除、我慢不再存在，捨壽就可以現般涅槃了！但聲聞人終究只是理解，無法現觀入胎識（本識如來藏）的所在；又因爲是定性聲聞人，所以也不想求證這個本識，當然就無法發起般若實相的總相智、別相智，進不了菩薩三賢位中，何況能進修一切種智而在界學上用功？但 佛陀爲菩薩們宣說的大乘界學，卻又出現在聲聞法雜阿含部經典中，這只能有一種解釋：二乘聖人在 佛陀宣演大乘經時一起參與而聽聞到了！但由於他們還沒有證得法界根源的入胎識，所以連般若的總相智、別相智都還無法發起，何況能進修諸地菩薩所修的界學？（四大其實也是由全體眾生的入胎識共同變現出來的）所以他們在原始佛法時期的第二、三轉法輪大乘法弘宣期中，一定也是同時與聞的，只是無法聽得懂罷了！當然他們一定也會將所聞的大乘經典一併結集出來，而結集的成果也是可想而知，一定會成爲專講解脫道的二乘經典；這就是四阿含諸經中——特別是在雜阿含與增一阿含——可以找到極多大乘法義蛛絲馬跡的緣故。所以說，這個界學雖然也是在雜阿含部的經典中曾經開示的法義，其實本來就屬於大乘法，但是由二乘聖人來結集，當然就會極爲簡略，使得深妙法義不能顯示。

在雜阿含中的這部經典所說的是，諸法的功能差別無邊無際，不可窮盡，不可計數。正因爲這個緣故，所以在大乘經典的《勝鬘經》中，說無始無明所攝的上煩惱，猶如恆河沙數，所以菩薩需要歷經三大阿僧祇劫的長時間，與眾生同事、利行為緣才能具足斷、證，才能圓成佛菩提道，講的其實正是**界學**的修證；而這些大乘法的名相，都不免會常常出現在四阿含諸經中，特別是常常出現在雜阿含與增一阿含中。以前您可能不瞭解這個原因，但是如今聽聞平實的解說以後，您應該漸漸可以理解其中的緣由了！所以，大乘法的名相，或者極簡略、極粗糙的大乘法內容，往往會出現在四阿含中，但卻不是阿羅漢們所能全部或多分理解的。這種極簡略、極粗糙的大乘法義會常常出現在四阿含的二乘解脫道經典中，確是事實，如今不妨再舉四阿含中的經文為證：

【如是我聞　一時佛住舍衛國祇樹給孤獨園。爾時世尊告諸比丘：「眾生常與**界**俱，與**界**和合。云何眾生常與界俱？謂眾生行不善心時，與不善界俱；善心時，與善界俱；勝心時，與勝界俱；鄙心時，與鄙界俱。是故，諸比丘！當作是學，**善種種界**。」佛說是經已，諸比丘聞佛所說，歡喜奉行。】（《雜阿含經》卷十六第 445 經）

其實，這部經典根本就不能說是經典，只能說是 佛陀對大乘比丘們的勸勉罷了！因為這部「經典」中，並沒有開示**界學**的內容，只是極簡略的說：眾生常與諸法的功能差別同在一起，一直都是與諸法的功能差別和合運作的。爲什麼說眾生常與諸法的功能差別同在一起呢？是說眾生心若是運行於不善心境界時，就與不善法的功能差別同在一起；行於善心境界時，就與善法的功能差別同在一起；行於勝妙心境界時，就與勝妙法的功能差別同在一起；行於鄙劣心的境界時，就與鄙劣法的功能差別同在一起；所以諸比丘們都應該如是修學，應當善於證知種種的法界——應該善於證知諸法的功能差別。像這樣的說法，充其量，只能說是吩咐、咐囑，不能說是開示**界學**，因爲不曾詳說**界學**的道理與行門。可是 佛陀當年既然開示**界學**，爲何二乘聖人結集出來的結果，竟然會只是吩咐、咐囑而已？當然是因爲他們沒有親證一切種子的所依心——如來藏——入胎識，所以當然無法聽懂 佛陀開示的**界學**，也就只能結集成吩咐性、咐囑性的這一部極短「經典」了！

又如雜阿含部的另一部經中所說的**界學**，也是一樣的情形：【如是我聞：一時佛住舍衛國祇樹給孤獨園。爾時世尊告諸比丘：「眾生常與界俱，與界和合。」如是廣說，乃至「勝心生時與勝界俱，鄙心生時與鄙界俱，殺生時與殺界俱，盜婬、妄語、飲酒心時與飲酒界俱，不殺生時與不殺界俱，不盜、不婬、不妄語、不飲酒與不飲酒界俱。是故，諸比丘！當善分別種種界。」佛說是經已，諸比丘聞佛所說，歡喜奉行。】(《雜阿含經》卷十六第 449 經）這一部經典所說的界學，也是一樣屬於吩咐性、咐囑性的說法，並沒有像大乘經典一樣詳細的講解界學的原理與內容；當然，其中的緣故，您都已經知道了！

又如另一部雜阿含的經典：【如是我聞　一時佛住舍衛國祇樹給孤獨園。爾時世尊告諸比丘：「我今當說種種諸界。諦聽！善思！當爲汝說。云何爲種種界？謂眼界、色界、眼識界，耳界、聲界、耳識界，鼻界、香界、鼻識界，舌界、味界、舌識界，身界、觸界、身識界，意界、法界、意識界，是名種種界。」佛說是經已，諸比丘聞佛所說，歡喜奉行。】(《雜阿含經》卷十六第 451 經）這部經中所說的界雖然多講了一些，只是因爲這部分是解脫道必學的，但也只是與二乘人相應的十八界法的界學而已，仍然不是像大乘經典中講的那麼詳細。

再如另一部雜阿含的經典：【如是我聞　一時佛住舍衛國祇樹給孤獨園。爾時世尊告諸比丘：「眾生常與界俱，與界和合。不信時與不信界俱，犯戒時與犯戒界俱，無慚無愧時與無慚無愧界俱，信心時與信界俱，持戒時與持戒界俱，慚愧心時與慚愧界俱。是故，諸比丘！當善分別種種諸界。」佛說是經已，諸比丘聞佛所說，歡喜奉行。如信、不信，如是，精進、不精進，失念、不失念，正受、不正受，多聞、少聞，慳者、施者，惡慧、善慧，難養、易養，難滿、易滿，多欲、少欲，知足、不知足，攝受、不攝受界俱。如上經，如是廣說。】（《雜阿含經》卷十六第 450 經）

由上面舉證經中「如上經、如是**廣說**，**乃至**」等語，再由這一部經典中所說的「如上經，如是**廣說**。」都可以看得出來：佛陀在原始弘法期的第三轉法輪時期大乘法弘宣期中，其實是常常**廣說**界學的。但這種勝妙深奧的界學，並非阿羅漢們所能聽得懂，因爲這是講給已證入胎識而能現觀識中所含藏種子—界—的菩薩們聽聞進修的；阿羅漢們聽不懂，結集出來時當然是像這樣短而粗淺的界學經文了。正因爲這個緣故，古時所有在家、出家菩薩們，在聽聞阿羅漢們第一次五百結集的成果時，發現阿羅漢們這樣結集大乘經典，當然要表示抗議，當場宣稱要另行結集大乘經典。既然四阿含諸經的結集，根據聲聞佛教四阿含經典記載，是在第一次結集時就全部完成了，而第二次的七百結集聲聞律典中只結集**十事非法**的律藏，不結集法藏，當然不會是結集四阿含的經典。而最負責任、最具悲心、對佛法命脈最肯承擔的菩薩們，在第一次結集完成時當場提出抗議而說吾等亦欲結集以後，豈有可能放下不管、不將大乘經法結集出來呢？這是有智、有慧的您一定能理解的，知道平實的說法正確。所以菩薩們共同結集第二轉法輪的般若系經典，及第三轉法輪的方廣唯識系經典時，一定不會等到百年後的第二次結集以後才開始做，更不會如同印順一般妄說是聲聞部派佛教時期以後數百年，才由大乘菩薩們長期共同創造、編集出來。

再來舉證一部雜阿含中的經典，證實阿羅漢們確實曾聽聞原始佛法第三轉法輪的大乘法義中的界學：【如是我聞　一時佛住舍衛國祇樹給孤獨園。爾時世尊告諸比丘：「緣種種界生種種觸，緣種種觸生種種受，緣種種受生種種愛，云何種種界？謂十八界：眼界、色界、眼識界，乃至意界、法界、意識界，是名種種界。云何緣種種界生種種觸？乃至云何緣種種受生種種愛？謂緣眼界生眼觸，緣眼觸生『眼觸生受』，緣眼觸生受生『眼觸生愛』；耳、鼻、舌、身、意界緣生意觸，緣意觸生『意觸生受』，緣意觸生受生『意觸生愛』。諸比丘！非緣種種愛生種種受，非緣種種受生種種觸，非緣種種觸生種種界；要緣種種界生種種觸，緣種種觸生種種受，緣種種受生種種愛；是名比丘：緣種種界生種種觸，緣種種觸生種種受，緣種種受生種種愛。」佛說此經已，諸比丘聞佛所說，歡喜奉行。】（《雜阿含經》卷十六第 452 經）這部經中的界學講得比較詳細一些，但也只是與解脫道相關的十八界法爲主，仍不牽涉大乘種智中的界學；顯然阿羅漢們對大乘法的界學是聽不懂的，所以結集的結果，不像大乘唯識經典中講得那麼詳細與具足，也不像解脫道的法義幾近囉唆的記載得極詳細。

再舉另一部雜阿含的經典來說：【如是我聞 一時佛住舍衛國祇樹給孤獨園。爾時世尊告諸比丘：「**緣種種界**生種種觸，緣種種觸生種種受，緣種種受生種種愛。云何種種界？謂**十八界**。眼界、色界、眼識界，乃至意界、法界、意識界，是名種種界。云何緣種種界生種種觸，緣種種觸生種種受，緣種種受生種種愛？謂緣眼界生眼觸，非緣眼觸生眼界；但緣眼界生眼觸，緣眼觸生眼受。非緣眼受生眼觸，但緣眼觸生眼受；緣眼受生眼愛，非緣眼愛生眼受，但緣眼受生眼愛。如是，耳、鼻、舌、身，意界緣生意觸，非緣意觸生意界，但緣意界生意觸；緣意觸生意受，非緣意受生意觸，但緣意觸生意受；緣意受生意愛，非緣意愛生意受，但緣意受生意愛。是故，比丘！非緣種種愛生種種受，非緣種種受生種種觸，非緣種種觸生種種界；但緣種種界生種種觸，緣種種觸生種種受，緣種種受生種種愛。是名比丘**當善分別種種界**。」佛說是經已，諸

比丘聞佛所說，歡喜奉行。】（《雜阿含經》卷十六第 453 經）

這部經中的開示雖然有些不同，其實也只是在糾正部分比丘們的顚倒想，仍然沒有詳細說明大乘深妙的界學，所說的內容也都只是與二乘菩提的因緣法相關，仍然未與大乘法中一切種智的界學相關。又如《雜阿含經》卷十六第 454 經中的說法，也與這一部經典中的說法一模一樣，並無差別；所以說，二乘聖人聽聞大乘經中的界學內涵時，都是無法具足念心所的，當然聽聞大乘經法以後，無法結集成大乘界學的經典，只能結集成爲與解脫道有關的經典。

眞正的界學，是無量無邊而深妙廣大的，絕非一世或多世所能學成的。解脫學的阿含道，凡是極精進的修學者，利根人在一生之中就可以取證阿羅漢果，鈍根人最遲四生也可以取證阿羅漢果，除非沒有很精進修學，又沒有眞正善知識指導；但界學其實就是成佛所憑的一切種智內涵，本識中的無量界——無量種子——絕非一生到四生就可以學習成就的。且不說諸地菩薩所進修的一切種智——如來藏所含藏的一切種子——一切功能差別，要在入地後歷經二大阿僧祇劫的修行以後才能具足圓滿，也不說圓滿三賢位的第十迴向菩薩所證的般若總相與別相智，單說第七住位不退菩薩的般若總相智，就已經是阿羅漢、辟支佛所不能理解的了，更何況是歷經三大阿僧祇劫的修證以後才能圓滿的一切種子智慧（如來藏蘊含的一切功能差別）界學？當然更不是短短一生修成的阿羅漢果所能了知的。在他們無法了知的情況下而聽聞結集出來的大乘界學經典，當然不可避免的會成爲與二乘解脫道相關的極簡略法義，而不是與大乘界學一切種智相關的極豐富法義了！由此緣故，一切出家與在家菩薩們，當他們聽聞聲聞法中四十位阿羅漢會同四百餘位凡夫結集出來的大乘經典時，絕不會滿意二乘人結集的大乘經典，當然要另外再做大乘經典的結集了！

諸佛如來所證的一切種智，絕對不是阿羅漢、辟支佛們所能理解的，乃至菩薩等覺位中，都無法全部理解。如來智慧的深廣，非阿羅漢所知，在增一阿含部的經典中，其實也已經約略的被提到了，所以 世尊入滅以後沒有一位大阿羅漢、大菩薩敢隨即紹繼成佛，都得要等待 彌勒菩薩未來再來人間時示現成佛。譬如增一阿含部的經典中 佛說：【復次，如來知若干種界、若干種持、若干種入，如實知之。復次，如來若干種解脱、無量解脱，如實知之。】（《增一阿含經》卷四十二）說明了諸佛如來是無量解脫的，與阿羅漢、辟支佛的有量解脫智慧境界是大不相同的，所以 釋迦如來滅度後雖然仍然有許多三明六通大阿羅漢們在世，卻沒有一人敢紹繼佛位、自立為佛，連等覺 彌勒也不敢。假使如印順派、藏密外道應成派中觀所主張的二乘聖人所修的解脫道就是成佛之道，那麼 釋迦世尊入滅當年，應該會立即有大阿羅漢踵繼成佛，應該每一代都會有人修成阿羅漢而紹繼佛位、傳到今天，為何卻沒有一位大阿羅漢敢紹繼佛位、自稱成佛？而且是連大菩薩們都不敢！這可見印順派的說法是很荒唐的，可見成佛之道的內涵是另有不同於阿含解脫道的法道，那就是佛菩提道。

解脫道不等於佛菩提道，最大的差別在於：解脫道的修學取證，只需斷除我見與我執就夠了！然而佛菩提道的修學，不但同樣要斷除我見與我執，卻是把二乘解脫道的內涵延長到第二阿僧祇劫圓滿才斷盡，卻在尚未斷盡之前就已經開始在斷除習氣種子了！卻又必須同時修證般若總相智、別相智乃至一切種智，而般若智與一切種智都不是解脫道所含攝的法義，而是上於解脫道、卻與解脫道同時存在的應修之法，而解脫道的取證卻只是佛菩提道修證過程中所附帶的副產品罷了，並非主修的內容。佛菩提道所修證的般若與一切種智，都是以取證如來藏——入胎識——而入門的，然後在現觀入胎識的一切種子而成就的智慧基礎上，才有能力來進修的；而這些都是解脫道的修行者所不必修證的。由此可以很清楚的瞭解，聲聞解脫道不是成佛之道，但其中的道理與同、異之處，卻都不是藏密外道的宗喀巴及他的信徒印順派學人所能稍知的，導致他們誤會而把解脫道當作成佛之道。在宗喀巴所造的《菩提道次第廣論》中，以及印順摘錄自宗喀巴這部邪論而寫成的《成佛之道》書中，也都同樣犯了這個大錯誤，都同樣把解脫道的修證當作是成佛之道的佛菩提道；而他們所說的解脫道，卻又處處嚴重的違背四阿含諸經所說的正理，都主張意識心是常住法，都不許有第七識意根與第八識本識，所以跟著他們修學的佛弟子們，就只好久修而無所證，卻又往往自以為是有修有證的人，眞是可憐憫的愚人！

又如雜阿含部經典中如是記載：【如是我聞　一時佛住舍衛國祇樹給孤獨園。時天帝釋晨朝來詣佛所，稽首佛足；以帝釋神力，身諸光明遍照祇樹精舍。時釋提桓因說偈問佛言：「為殺於何等，而得安隱眠？為殺於何等，而得無憂畏？為殺何等法？瞿曇所讚歎。」爾時世尊說偈答言：「害兇惡瞋恚，而得安隱眠。害兇惡瞋恚，心得無憂畏。瞋恚為毒根，滅彼**苦種子**；滅彼**苦種子**，而得無憂畏。彼**苦種**滅**故**，賢聖所稱歎。」爾時，釋提桓因聞佛所說，歡喜隨喜，作禮而去。】（《雜阿含經》卷四十第 1116 經）這也證明種子即是界，是大乘經所說而被聲聞人聽聞後結集在雜阿含中。

種子者，亦名**引發功能**，有經爲證：【「若人過去曾值諸佛，供養奉事、聞如來藏，於彈指頃蹔得聽受；緣是善業，諸根純熟，所生殊勝富貴自在；是諸眾生今猶純熟，所生殊勝富貴自在。由彼往昔曾值諸佛蹔得聽聞如來藏故，於未來世聞如來藏，當復信樂，如說修行，諸根純熟；富貴自在，色力具足，智慧明達，梵音清淨，莫不愛樂；或作轉輪聖王、或爲王子、或爲大臣，賢德具足，離諸慢恣，降伏睡眠，精勤修學無諸放逸，及餘功德悉皆成就。或爲釋梵護世四王，斯由曾聞如來之藏功德所致；身常安隱無病無惱，壽命延長人所愛敬，具足聽聞如來常住大般涅槃甘露之法，堅固安隱久住世間，隨順世間而共娛樂；知諸如來不從欲生，廣爲世間開示演說；以此智慧功德利益，在所生處子孫眾多、父母長壽，常受人天一切快樂，族姓殊勝悉皆具足，**斯由聞知一切眾生悉有如來常住藏故**。未來現在天上人中，一切快樂常得具足，由聞如來常住藏故。若彼眾生去、來、現在，於五趣中支節不具，輪轉生死受一切苦，斯由輕慢如來藏故。若諸眾生歷事諸佛、親近供養，乃能得聞如來之藏，信樂聽受不起誹謗。若能如實安慰說者，當知是人即是如來。若諸眾生多背諸佛者，聞如來藏則生誹謗，彼諸眾生自燒種子。嗚呼！苦哉！苦哉！不信之人，於三世中甚可哀愍。諸說法者應如是說，稱揚如來常住眞實。若說法者不如是說，是則棄捨如來之藏；是人不應處師子座，如旃陀羅，不應服乘大王御象。」】（阿含部《央掘魔羅經》卷二）

語譯如下：【「若有人多劫累世以來，常常聽聞如來宣演如來藏妙義，縱使不懂眞義，卻仍然能信受奉行，從來不誹謗，則於未來的無量世中都能五根（信、進、念、定、慧）純熟，所生之處總是使他一生都很殊勝，也能富貴自在；這一種眾生如今也仍然是信等五根純熟的，所生之處仍然是殊勝、富貴、自在的。

由於這一類人在往昔世曾經值遇諸佛而暫時能夠聽聞如來藏的緣故，所以在未來世重新聞熏如來藏法義時，仍然將會繼續信受與愛樂，就會如說而修行如來藏妙義，也能繼續保持在慧根等五根純熟的狀態；仍將富貴自在、色身長壽而有威德力，並且智慧勝妙而明白通達，所說的修行法門音聲清淨，聽聞的人都會愛樂聽聞；聞熏如來藏而有這五種善根的人，未來世中有時或作轉輪聖王，有時或當王子，有時則是國中大臣；賢德具足，遠離種種慢心與放逸，也能降伏睡眠，精進殷勤的修學佛法而沒有種種的放逸，以及其餘的各類功德也都可以成就。世間假使有人成爲帝釋天王或是初禪天王、四王天的天王，這都是由於往世曾經聽聞如來藏而信受不疑的功德所致；這種人總是安隱無病無惱，壽命延長而且被大眾所愛敬，因此更能具足聽聞**如來常住**的大般涅槃甘露妙法，堅固其心、安隱其心，久住世間而能隨順世間人，與世人共相娛樂；這種有智慧的人，能了知十方如來都不是從愛欲中出生的，也能廣爲世間人開示演說；又因爲累世增上這個智慧功德所生的利益，所以他每一世所生之處，總是子孫眾多、父母長壽，也時常領受人類和天人所擁有的一切快樂，他的族姓也將是殊勝而且資生及眷屬也全都具足，**這都是由於聽聞正法而了知一切眾生都有如來常住藏的緣故**。這種人，未來世、現在世，不論是生在天上或是人類之中，一切應有的快樂也都常得具足，這也是由於聽聞如來常住藏而能信受安忍的緣故。假使有一種眾生，過去、未來、現在三世，生在五趣之中而肢節不具足，又常輪轉於生死中領受一切痛苦，這也都是由於輕慢如來藏的緣故。

如果諸眾生已曾親自經歷諸佛、奉事諸佛而且親近供養以後，才會有因緣可以聽聞如來藏妙義，然後生起信根而愛樂如來藏妙義，能歡喜的聽受而不生起誹謗的心態與行爲。如果能在聽聞以後，如實爲人宣說，也能爲恐懼者安慰及詳細宣說的話，應當知道這種人其實就是如來。如果有眾生往世常常背棄諸佛的話，他們一旦聽聞如來藏妙義時就會產生誹謗的行為出來，那些眾生都是自己在燒壞成佛的種子。嗚呼！苦哉！苦哉！不信如來藏的人，不論是在過去世、現在世或未來世中，都是很使人哀愍的可憐眾生。每一個宣說正法的人都應該像這樣子為人解說，也都應該稱讚、宣揚如來是**常住**的、是**真實**的，**不是斷滅法**。若是說法的人不能像這樣子說法，這就是棄捨如來藏——棄捨了成佛的種子；這種人不該坐在演說佛法的獅子座上為人說法，如同從事屠宰的低賤人種，不應該使用及乘坐大王的御象。」

古今如是，總是有一些人不知感恩圖報，而且是恩將仇報的，當然是要受到未來世中的無量眾苦惡報。他們每日受用自己的如來藏，從來不曾感恩圖報也就罷了！偏偏還要出以惡見、惡心，故意無根誹謗他自己及所有眾生與諸佛、諸菩薩、諸阿羅漢、諸辟支佛的如來藏——本識；這種人當然是惡見者，當他們公然否定自身本有的如來藏時，也是同時在誤導眾生發起惡見、惡行的人，他們其實是在戕害自己及眾生的法身慧命，將會使自己及諸眾生未來世中常常貧乏、孤獨無眷、無有勢力、常處惡道及邪見之中，於己於他都無所益。

這是因爲智慧越高的人，在三界中的德行與威德力就越高，世間應有的異熟果報就越勝妙；這是法界中的定理，無可推翻；連諸天天主——不論是欲界天或色界的所有天主——都無法加以推翻的。

所以藏密外道的應成派中觀繼承者印順派的法師與居士們，都是無明所罩而公然否定自己身中本有的如來藏；由於這緣故，他們在未來的無量世中，都將無法證入實相，無法出生般若實相智慧，因爲他們已經在這一世燒掉無量世中的成佛種子了！將來還要再輪迴於三惡道中無量世，等到這種嚴重謗法、謗賢聖的大惡業受報完畢了，才能再有機會重聞如來藏妙法；而未來無量世後重聞之時，是否就能信受不疑？是否仍將會在初聞之時就極力否定而重新又再淪入三惡道中？都是極有可能的。所以平實說這一類人是 佛陀所說**自燒種子**的愚癡人。當您讀過這一套書籍，再詳細比對阿含部諸經，如理作意的詳細思惟整理以後，您將永遠不是自燒種子的愚癡人，您也將在不久的未來乃至這一世中，就能取證如來藏而現觀祂，您將會漸漸使般若實相智慧繼續出生；此後每一天修道所得的智慧，您也許覺得沒什麼，但是對別人來說，您的每一天修道過程所發起的智慧，都將是別人一世努力精修也難以獲得的大智慧。

言歸正傳，界的意思是說能生的功能，因爲界是種子，種子是能生的法故，而且也因爲界就是功能差別的緣故。由此段阿含部經文所說的聽聞如來藏妙義而種在心中成爲種子以後，就可以使得聽聞而信受的人，未來生生世世富貴自在、眷屬圓滿……等等，乃至可見的將來或是未來世中因緣成熟時，也能親證如來藏而發起般若實相智慧，也能以此親證的基礎而邁向成佛的諸地過程中，成爲成佛之道的眞正實行者。這都證明是由於往世聽聞如來藏妙義而能信受奉持所致，所以在後世親遇眞正善知識宣講如來藏妙義時，就可以從慧根中發起慧力而實證了！從此就正式進入菩薩僧數中，成爲眞實的佛子了！

三乘菩提本來只是一乘道，所以往昔諸佛也有只作一轉法輪的弘法方式，不把解脫道從佛菩提道中分離出來另作宣講的。因爲三乘菩提的法道，其實都是從如來藏中直接及間接出生的；不但是親證佛菩提的菩薩們能夠如此現觀而從**理證**上證實這一點，不是只在大乘經典中才有這個根據，在阿含部經典**教證**上面也是有根據的：**【云何爲一道？一乘及一歸，一諦與一依，一界亦一生，一色謂如來；是故說一乘，唯一究竟乘，餘悉是方便。】**（《央掘魔羅經》卷三）

語譯如下：**【爲什麼說是一道呢？也就是唯一佛乘以及唯一歸依，唯一的**

眞諦與唯一的所依，唯一的法界也是唯一的能生，而唯一常住的色身是說如來的莊嚴報身——如來色無盡；由於這個緣故而說唯一佛乘，也是唯一究竟的佛乘，其餘的二乘法全部都是方便說。】這是二乘聖人聽聞大乘經以後結集出來的阿含部經典，其中說到：所有的法界，其實都只是**一界**，也就是如來藏法的功能差別，名爲**如來藏法界**，這就是一界的意思。換句話說，三界中的一切法，不論是無漏有爲法或無漏無爲法，都是依如來藏法界而有的；若沒有如來藏法界，尚且不可能出生色陰，何況能由如來藏配合色陰而出生六塵？當然就更不可能有識陰等意識六心的出生與存在了！而六根界（五色根及意根等種子）、六塵界（六塵種子）以及六識界（六識種子），也都含藏在本識如來藏中，然後藉緣而由本識如來藏來出生六根、六塵、六識。所以，若離如來藏就不會有五陰、十八界法的功能出生與存在；不論凡夫俗子們如何否定如來藏法界的存在，但這個事實將會永遠存在三界中，而在聖教及理證上也都能證明這個事實。

地獄有情之所以會成爲地獄有情，正是由於這個如來藏識含藏著地獄身心的種子，才會有地獄有情的純苦身心出生與存在；餓鬼、旁生、人類、阿修羅乃至天人也都如此，都依如來藏心體所出生的種種界——種種功能差別——而成就不同種類的有情身心。凡夫法界如是，四聖法界也是如此，都依如來藏法界而出生了不同的四種聖人身心，所謂聲聞、緣覺、菩薩、佛。眾生各自的本識如來藏，憑著自身含藏的各類種子而出生為各類有情之後，固然會由各類有情的身心而出生種種不同境界的法相與運作；但各類有情也都各有其如來藏的功能差別同時運作不斷；這個本識如來藏自身的功能差別，是與祂所出生各類有情的身心並行運作著的，無始以來都不曾中止過。正因為如來藏法界——本識的種子——繼續流注出來而運作著，一切有情的身心才能正常的運作，才有可能是有情；否則，一切有情都將不能存在，何況能正常運作？所以說如來藏是一切法界所依的法界——如來藏是一切法功能所依的最究竟功能。阿含中即由是故說：**如來藏法界亦是一切法界的根本、的所依，所以稱為一界。**

種子、一切法之功能與界限，皆從如來藏出生，都依附如來藏而有，故如來藏蘊藏一切界——一切法的功能差別——所以如來藏是能生萬法的實相法界；由有本識如來藏所擁有的一切界，故能出生十八界，名為種種界；界即是種子，即是功能差別。有了十八界，一切法復由如來藏配合而輾轉從十八界法出生，故有種種法；有種種不同之法，則顯示種種諸法各自有其功能差別——

不同的界——不同的種子，所以法界之意即是萬法各自之界限，顯示種種法各有其不同的功能差別，並非全無侷限的。以最容易理解的三法界而言，就是以三界法界來顯示三界法之界限，名爲三界法的功能差別，所以三法界的意思是說欲界功能、色界功能、無色界功能。如是譬喻，亦有經文爲證：

【如是我聞　一時佛住舍衛國祇樹給孤獨園。爾時世尊告諸比丘：「有光界、淨界、無量空入處界、無量識入處界、無所有入處界、非想非非想入處界，有滅界。」時有異比丘從座起，整衣服，稽首禮足，合掌白佛言：「世尊！彼光界、淨界、無量空入處界、無量識入處界、無所有入處界、非想非非想入處界、滅界，如此諸界，何因緣可知？」佛告比丘：「彼光界者，緣闇故可知；淨界，緣不淨故可知；無量空入處界者，緣色故可知；無量識入處界者，緣內故可知；無所有入處界者，緣所有可知；非想非非想入處界者，緣有第一故可知；滅界者，緣有身可知。」諸比丘白佛言：「世尊！彼光界乃至滅界，以何正受而得？」佛告比丘：「彼光界、淨界、無量空入處界、無量識入處界、無所有入處界，此諸界，於自行正受而得；非想非非想入處界，於第一有正受而得；滅界者，於有身滅正受而得。」佛說此經已，諸比丘聞佛所說，歡喜奉行。】

（《雜阿含經》卷十七第 456 經）

語譯如下：【如是我聞　一時佛陀住在舍衛國祇樹給孤獨園。當時世尊告訴諸比丘說：「三界中有光界、清淨界、空無邊處界、識無邊處界、無所有處界、非想非非想處界，三界有滅盡界。」當時有另一位比丘從座位上站起身來，整理衣服，向佛陀稽首、禮拜佛陀足下，合掌稟白佛陀說：「世尊！那個光界、清淨界、空無邊處界、識無邊處界、無所有處界、非想非非想處界、三界有滅盡界，這一些不同的界，以什麼因緣才可以了知呢？」佛陀告訴那位比丘說：「那個光界，由緣於闇的緣故可以了知；清淨界，由緣於不淨的緣故可以了知；空無邊處界，緣於色界的緣故可以了知；識無邊處界，緣於意識內心的緣故可以了知；無所有處界，緣於所有法可以了知；非想非非想處界，緣於至高第一的三界有故，可以了知；滅盡界，緣於三界有的功能而可以了知。」諸比丘稟白佛陀說：「世尊！那個光界乃至滅盡界，以什麼正受（禪定境界受）而證得？」佛陀告訴比丘們說：「那個光界、淨界、空無邊處界、識無邊處界、無所有處界，這些不同的諸界，都是於自心所運行的正受中而證得；非想非非想處界，是於三界第一有的正受中而證得；若是滅盡界，則是於三界有的功能滅除的正

受中而證得。」佛說完這部經以後，諸比丘聞佛所說，歡喜奉行。】

這意思是說，相對於黑暗無光的色界二禪天境界，可由暗的比對而了知少光天、無量光天、光音天的實證境界；相對於不淨境界，可以經由比對而了知三禪天的少淨天、無量淨天、遍淨天的境界；乃至相對於有覺知心種種法的境界的比對，可以了知無所有處境界；相對於三**界第**一**有**的覺知心存在時的正受境界，來比對三界一切境界，可以了知非想非非想處的境界；乃至相對於三界一切有（特別是相對於三界第一有的非想非非想定心）可以了知滅盡定的境界。換句話說，相對於下界境界的滅除，可以了知上界功德的實證；下界的意思是下一層次境界的功能差別，上界當然是指上一層次境界的功能差別，所以界就是種子，種子又名功能差別，這是因爲種子屬於能生之法，但是能生的功德性各有不同，所以就名之爲界。因此，界是存在的，否則就不會說有種種界。

在二乘解脫道的修證上而言，界是必須全部滅盡的，只有滅盡五陰一切功能時，才不會再有識陰及意根繼續出生於未來世的三界中，才不會有本識如來藏繼續示現於三界中，就不會再有生死的流轉了，這就是無餘涅槃境界；所以想要實證無餘涅槃的人，都不應該繼續存有**意識心常住不滅**的邪見，否則就是我見未斷的人；我見未斷的人執著意識界時，就一定同時會有意根界與法塵界同時存在，那就永遠都無法取證無餘涅槃，解脫道的實證就成爲空談了。滅除十八界才不會再出生於三界中，才能實際證得解脫；凡是還有緣生緣滅的法繼續存在時，就一定會有壞滅，那就不是常住而不生不滅的涅槃了。凡是界，不論是十八界或是三界等等功能，都應永盡而不再生起了，才能證得聲聞解脫的。十八界法都是因緣所生法，都是應滅盡的，這是有經文再次證明的：

【如是我聞：一時佛住拘睒彌國瞿師羅園。爾時瞿師羅長者詣尊者阿難所，禮尊者阿難足，退坐一面，白尊者阿難：「所說種種界，云何爲種種界？」尊者阿難告瞿師羅長者：「眼界異、色界異，喜處，二因緣生識，三事和合生觸，又喜觸因緣生樂受。如是，耳、鼻、舌、身、意、法，亦如是說。復次，長者！有異眼界、異色界憂處，二因緣生識，三事和合生苦觸，彼苦觸因緣生苦受；如是，耳、鼻、舌、身、意、法，亦如是說。復次，長者！異眼界、異色界捨處，二因緣生識，三事和合生不苦不樂觸，不苦不樂觸因緣生不苦不樂受，如是，耳、鼻、舌、身、意、法，亦如是說。」爾時，瞿師羅長者聞尊者阿難所說，歡喜隨喜，禮足而去。】（《雜阿含經》卷十七第 460 經）

三如：【如是我聞　一時佛住拘睒彌國瞿師羅園。爾時瞿師羅長者詣尊者阿難所，稽首禮足，於一面坐，白尊者阿難：「所說種種界，云何爲種種界？」尊者阿難告瞿師羅長者：「有三界。云何三？謂欲界、色界、無色界。」爾時尊者阿難即說偈言：「曉了於欲界，色界亦復然；捨一切有餘，得無餘寂滅。於身和合界，永盡無餘證；三耶三佛說，無憂離垢句。」尊者阿難說是經已，瞿師羅長者歡喜隨喜，作禮而去。】（《雜阿含經》卷十七第 461 經）

四如：【如是我聞　一時佛住拘睒彌國瞿師羅園。爾時瞿師羅長者詣尊者阿難所，稽首禮足，退坐一面，白尊者阿難：「所說種種界，云何名爲種種界？」尊者阿難告瞿師羅長者：「有三界。色界、無色界、滅界，是名三界。」即說偈言：「若色界眾生，及住無色界；不識滅界者，還復受諸有。若斷於色界，不住無色界；滅界心解脫，永離於生死。」尊者阿難說是經已，瞿師羅長者歡喜隨喜，作禮而去。】（《雜阿含經》卷十七第 462 經）

五如：【如是我聞　一時佛住拘睒彌國瞿師羅園。爾時瞿師羅長者詣尊者阿難所，稽首禮足，退坐一面，白尊者阿難：「所說種種界，云何爲種種界？」尊者阿難答瞿師羅長者：「謂三種出界。云何三？謂從欲界出至色界，色界出至無色界，一切諸行、一切思想滅界，是名三出界。」即說偈言：「知從欲界出，超踰於色界；一切行寂滅，勤修正方便。斷除一切愛，一切行滅盡；知一切有餘，不復轉還有。」尊者阿難說是經已，瞿師羅長者歡喜隨喜，作禮而去。】

（《雜阿含經》卷十七第 463 經）

以上五經，已經說明十八界虛妄，是緣生法；也已經說明三界法都應該滅盡，才能出離三界生死。然而三界生死都是要先從最粗糙、最粗重的我見開始斷除的，接著是斷除欲界貪愛，然後斷除色界境界的貪愛，然後斷除對於無色界有的貪愛（斷除四空定中的覺知心自我貪愛），才能出離三界生死。欲界，是指三界中具有五欲功能的境界，正是人間、欲界六天及三惡道中的境界；若有因緣時，都是可以引生五欲功能的，特別是指男女交合的細滑觸及香塵與味塵。色界，是指尚有物質的境界，一定會有色陰及色、聲、觸等三塵存在，但是已經不可能再引生男女欲及香塵、味塵了，因爲在色界天的境界中，不具備此種功能，這就是色界的境界。無色界，是指覺知心伴同受、想、行三陰而存在於定境法塵中，在這種境界中通常是不會引生色法的，沒有色身與色塵、聲塵、觸塵的，只剩餘覺知心來面對定境中的法塵境界，都無色法的存在，但也不是斷滅空，還是有無色界中的意識存在，所以名爲無色界有，簡稱爲有。

求出三界生死的解脫道，雖有俱解脫與慧解脫二種，但都同樣必須斷除欲界的貪愛，然後再經由斷除有漏與無明漏，使覺知心自己願意斷滅，不再有覺知心繼續存在於三界境界中，這樣才能在死後滅盡蘊處界所有法，才能實證無餘涅槃，出離三界生死苦。這就是說，求出三界生死的人，必須斷除我見與我執，滅除五蘊、十二處、十八界的一切功能差別，唯餘第八識如來藏——入胎識——離見聞覺知而單獨存在，祂永遠不再生起任何一法了，如是滅盡五蘊、十二處、十八界、六入、萬法，才是實證無餘涅槃的眞義。在此正理以外而言蘊處界中的任何一法，譬如主張離念靈知意識心（意識界）可以進入無餘涅槃中安住，就絕對不是無餘涅槃的實證，絕對不是解脫道實證的眞理。因爲這樣就成爲仍然有界的現行了，不是滅盡一切界的無餘涅槃了。

無始劫以來，所有眾生的如來藏（入胎識）一直都不斷在顯現著：祂具有能令眾生成就般若實智的功能，這個功能是入胎識所蘊藏的無量種子中的一種；但是眾生因爲無明遮障而不能知，所以就無法實證般若智慧。而入胎識也恆時顯現著祂自己本自不生亦永不滅的涅槃性，不生不死就是涅槃；因爲入胎識從來不生，所以就永遠不會有死；意識覺知心不論是有念、無念、離念，都是有生之心，有生則必會滅，當然不是涅槃心。而入胎識是從來不曾有生的，是無始以來就法爾如是的，祂一直不斷的顯示出這個不生不滅性，所以只有滅除了祂所含藏的意識我見與我執煩惱種子，使祂不再出生蘊處界中的任何一法，死後只剩下祂自己獨存，就不會再有三界名色生死的輪迴了，就是實證無餘涅槃了！這個道理看似簡單，可是末法時代的今天，大師們卻都迷迷糊糊的說不清楚；他們自己都不明白這個道理，何況能傳授給座下的四眾弟子們呢？這樣看來，他們似乎是不曾讀過四阿含的，或是讀而不能理解四阿含的眞義。

然而無量無邊一切種子，全都含藏於如來藏入胎識中，只有證得如來藏以後，才能了知如來藏所含藏的種子；而在解脫生死行門的阿含道中，所有證悟二乘菩提的聖者，都不必親證這個入胎識，只要相信 佛陀的開示，確信有這個入胎識的存在與不滅就夠了！可是想要發起般若智慧而成爲菩薩僧中的一員，就必須親證如來藏入胎識，才能現觀祂所含藏的一切種子，才能發起一切種子的智慧——分證一切種智——即是諸地菩薩所證得的道種智。

由此就可以了知如來藏入胎識在解脫道與佛菩提道中的重要性了，所以本識如來藏及其一切種子的妙義，才是佛法中的最重要部分；若沒有如來藏的常住不壞，就沒有二乘聖人所證的無餘涅槃；若沒有如來藏及其一切種子的妙義與親證，就不可能會有一切種智的親證；若沒有一切種智的親證，就不會有大圓鏡智等四智圓明的境界現前，就不可能成佛了！由這個正理來看，如果誹謗本識如來藏常住的人，一定會因此而生起無明遮障，不但會使他無法親證大乘般若實相智慧，也一定會導致他無法修證二乘解脫道的功德，成爲阿含所說「於內有恐怖、於外有恐怖」的凡夫；爲防自己墜入斷滅見的緣故，就一定會妄取意識心爲常住心，我見就一定無法滅除，當然更不可能斷除我執。

如是，解脫道與佛菩提道二法，俱都無法親證，都無法入門，又因爲謗法而成爲謗佛的人，必將下墜三惡道百、千劫；未來重回人間時，若是仍未懺除原來謗法的惡見種子，重聞如來藏妙義時，仍將會再生起惡見種子而再度毀謗如來藏妙義，於是重新再淪墜三惡道百、千劫；如是重複輪轉，難有終了之時，唯除後來滅除謗法的惡見種子。依此緣故，平實說這種人乃是**自燒今世、後世證悟如來藏之種子，自燒今世、後世證悟二乘菩提之種子**，永遠都是可憐憫者。假使能爲人宣說如來藏妙義的人，當知此人必定是賢、聖菩薩，因爲他一定可以同時親證解脫道與佛菩提道，一定可以度人確實出離生死，也一定可以度人親證如來藏入胎識而發起般若實相智慧；對這種人，經中說，應當視同如來而恭敬之，何況能毀謗之？是故一切人都不應該誹謗如來藏，以免自燒證悟如來藏之種子，以免自己燒壞解脫道親證的種子。有經文為證：

【「若諸眾生歷事諸佛、親近供養，乃能得聞如來之藏，信樂聽受不起誹謗。**若能如實安慰說者，當知是人即是如來**。若諸眾生多背諸佛者，聞如來藏則生誹謗，彼諸眾生自燒種子。嗚呼！苦哉！苦哉！不信之人於三世中甚可哀愍。諸說法者應如是說，稱揚如來常住眞實。若說法者不如是說，是則棄捨如來之藏，是人不應處師子座，如旃陀羅不應服乘大王御象。」】（《央掘魔羅經》卷二）

這是由於一切法界——一切法的功能差別——都是從如來藏法界而出生的，本都附屬於如來藏心體的一切功能差別（一切界、一切種子）之中，所以阿含中說，一切法界都是如來藏界，名為一界。這個界的眞實義，是大、小乘一切修行人都不應該故意忽視的，否則就不可能實證解脫道或佛菩提道了。說完了界——功能差別——以後，接著應該進一步來談談有為界與無為界了。

第二節　有為界與無為界

長阿含中有一部經典如是記載：【世尊於夜，多說法已，告舍利弗言：「今者四方諸比丘集，皆共精勤，捐除睡眠。吾患背痛，欲暫止息，汝今可爲諸比丘說法。」對曰：「唯然！當如聖教。」……時舍利弗告諸比丘：「……復有二法：二因二緣，一者**有為界**，二者**無為界**。諸比丘！是爲如來所說，當共撰集，以防諍訟，使梵行久立，多所饒益，天、人獲安。……復有三法，謂三界：出離界、無恚界、無害界。復有三法，謂三界：色界、無色界、盡界。」】（長阿含部卷八《眾集經》）

語譯如下：【世尊於某一晚上，多說了許多法以後，告訴舍利弗說：「今天晚上有四方諸比丘聚集在這裡，都共同精進勤修，捨棄了睡眠。我今晚因爲有背痛的災患，想要停止說法而休息，你如今可以爲諸比丘說法。」舍利弗回答說：「好的！應當如同您神聖的教導而作。」……當時舍利弗告訴諸比丘說：「……還有二個法：二因與二緣，第一種因與緣是**有為法上的功能界限**，第二種因與緣是**無為法上的功能界限**。諸比丘！這就是如來所說的法義，應當共同撰寫結集起來，以防止諍論與訴訟，能使佛門中的清淨行長久安立，產生更多饒益，諸天及人們也獲得安樂。……還有三個法，是說三種功能界限：出離的功能界限、沒有瞋恚的功能界限、沒有殘害心的功能界限。還有三個法，是說三種功能的界限：色的功能界限、無色的功能界限、滅盡諸有的功能界限。】

關於**法界**，一直都是古今佛教界的凡夫大師與學人們，常常誤會而僅能想像的名相；之所以會造成這種情況，都是因為對法界的眞義不明白所致。所謂法，三界中一切心、心所、事、物都是法，也都是由本識中出生的，乃至山河大地也都是由共業眾生的本識蘊藏的業種合力所出生，作為受報及重新造業的舞台，所以一切法都是由本識所出生。凡是法，都有其功能；既有其功能，則必定會有界限、侷限，不可能單獨由某一法來具足一切法的功能；所以，除了萬法根源的實相心以外，都是不可能具足一切法功能，所以一切法的功能當然就都有界限；一切法既然都有界限而不能函蓋其餘諸法的功能，當然一切法就會被名為法界，所以法界的意思就是講諸法功能的界限。譬如欲界法的功能，只能限定在欲界中出生及運作、領受；色界法乃至無色界法也都是一樣，其功能也都有各自存在的界限，不會互相混濫，所以被命名為欲法界、色法界、無色法界。又如四聖法界，也是由於聲聞、緣覺、菩薩、諸佛等四類聖人的功能，各有其差別不同的界限，乃至諸佛也有三不能；都是因爲聲聞聖人有其度人解脫的功能，乃至諸佛有廣度人天成佛的功能，如是而說有四種聖人法性的界限，故說有聲聞法界乃至諸佛法界；其他種種法的功能莫不如是，都各有其界限，這就是法界的意思。

即使是一切法界根源的入胎識如來藏，這個本識的功能其實也是有一些限制條件的；譬如祂一定要先出生意根，然後才能出生五色根；要先出生六根，才能再出生六塵；要先出生六塵，才能再出生六識；要先出生了心王法，才能再出生心所法，在這種條件限制下才能具足出生十八界法，然後才能出生全部心所法；出生了心所法，才能再出生世間、出世間萬法；但祂在出生意根之前，得要以祂自己的心所法運作，才能出生萬法中最早被出生的意根，祂也是無法在自己所生的諸法以外直接再出生其他萬法的；所以，萬法雖然都是由祂出生的，但卻是必須有其次第限制與條件限制的，不能單憑祂一個因，不藉自己所生的種種助緣就直接出生萬法；這也是入胎識的法界，表示這個本識法也有其功能上的界限：必須次第生起諸法、必須有先生諸法爲助緣，才能接著出生萬法。但是一般而言，入胎識本識，不攝屬法界之中，因爲所有法界都是從祂而直接、間接、輾轉出生的，這就是法界的眞實義，所以祂不攝屬法界，而法界攝屬於祂，故說一即一切、一切即一，這就是大乘般若的眞實義，非二乘聖人所能現前知見。您明白了這些道理，從此以後就不會再對**法界**生起玄想了！

但是，以上說的都是**有爲界**，都是在十八界法，以及由十八界法作助緣而輾轉從入胎識中出生的一切法，這些是有爲界；意思是說，這些法都是三界中的有爲法；而這些有爲法都是有其功能差別的，所以也都有功能上的限制，名爲有爲界。至於**無爲界**，是說不住於生死輪轉之法中，即是說無餘涅槃之本際，也就是第八識如來藏。無爲界本身是沒有功能性的，所以無爲界不能使人產生有爲法上的功用，譬如不能使人在三界法中產生行來去止、飲食增長……等有爲法上的功用，只能顯示其清淨體性，譬如示現眞如無爲、不動無爲、虛空無爲……等等無爲法。但是無爲界有其另一方面的功用，所以也不可以完全說是無爲的，所以能名之爲界，稱爲無爲界；譬如本識的無爲界，可以使眾生由於實證而出生了解脫慧、般若慧及種智，實證解脫及智慧，這就是本識所有的無爲法功能差別，故名無爲界。但是無爲界卻不同於世俗法的有爲性，所以本識的這種無爲界，並不能使人發起神通能力，唯除往世曾勤修神通而在悟後心轉清淨以後發起意識擁有的報得神通。所以解脫慧與般若慧自身是不會發起神通的，但也不能說這些智慧沒有功能差別，所以這些智慧也可以名爲無爲界。無爲法既然是界，當然也是會有功能差別的；若有功能差別，似乎又不該說是無爲法了，但因它們能顯示無爲法的清淨、解脫、常住、涅槃，使佛教中的修行者依止而進修成爲阿羅漢、緣覺、菩薩、諸佛，所以從另一方面來看，無爲法在解脫道及佛菩提道上面，其實也是有其功能差別的，所以就被稱爲界。

正因爲無爲法的功能差別有所不同，才會有三乘菩提的差別不同，因此大乘法中的《金剛經》說：「一切賢聖皆以無爲法而有差別。」所以在大乘律部的《優婆塞戒經》中，佛說有聲聞菩提、緣覺菩提、佛菩提的三種不同。無爲法一定是在三界有爲法中毫無功能的，才能說是無爲法；但若無爲法在出世間法上也毫無功能，就不該會有差別：證得聲聞菩提的人會成爲初果乃至四果聖者，證得緣覺菩提的人會成爲辟支佛聖者，證得佛菩提的人會成爲佛菩提道中的賢、聖菩薩。所以，無爲法只是在三界有爲法中沒有功能而已，但是在解脫道及佛菩提道的修行上來講，其實仍是有其功能的，只是不在三界有爲法上有所作為罷了！因此無為也可以名為界：無為的功能差別——無為界。

接著再繼續來探討無為界。無為界，有時被稱為解脫界，所以解脫界必然是無為界；有時又名為斷界、無欲界、滅界，有經文為證：【如是我聞：一時佛住拘睒彌國瞿師羅園。爾時尊者阿難往詣上座上座名者所，詣已，恭敬問訊；問訊已，退坐一面，問上座上座名者言：「若比丘於空處、樹下、閑房思惟，當以何法專精思惟？」上座答言：「尊者阿難！於空處、樹下、閑房思惟者，當以二法專精思惟，所謂止、觀。」尊者阿難復問上座：「修習於止，多修習已，當何所成？修習於觀，多修習已，當何所成？」上座答言：「尊者阿難！修習於止，終成於觀；修習觀已，亦成於止；謂聖弟子，止、觀俱修，得諸解脫界。」阿難復問上座：「云何諸解脫界？」上座答言：「尊者阿難！若斷界、無欲界、滅界，是名諸解脫界。」尊者阿難復問上座：「云何斷界？乃至滅界？」上座答言：「尊者阿難！斷一切行，是名斷界；斷除愛欲，是無欲界；一切行滅，是名滅界。」時尊者阿難聞上座所說，歡喜隨喜，往詣五百比丘所，恭敬問訊，退坐一面，白五百比丘言：「若比丘於空處、樹下、閑房思惟時，當以何法專精思惟？」時五百比丘答尊者阿難：「當以二法專精思惟。」乃至滅界，如上座所說。時尊者阿難聞五百比丘所說，歡喜隨喜，往詣佛所，稽首佛足，退坐一面。白佛言：「世尊！若比丘空處、樹下、閑房思惟，當以何法專精思惟？」佛告阿難：「若比丘空處、樹下、閑房思惟，當以二法專精思惟。」乃至滅界，如五百比丘所說。時尊者阿難白佛言：「奇哉！世尊！大師及諸弟子皆悉同法、同句、同義、同味。我今詣上座名**上座**者，問如此義；亦以此義、此句、此味答我，如今世尊所說。我復詣五百比丘所，亦以此義、此句、此味而問，彼五百比丘亦以此義、此句、此味答，如今世尊所說，是故當知，師及弟子一切同法、同義、同句、同味。」佛告阿難：「汝知彼**上座**爲何如比丘？」阿難白佛：「不知，世尊！」佛告阿難：「**上座**者是阿羅漢，諸漏已盡，已捨重擔，正智心善解脫。彼五百比丘亦皆如是。」佛說此經已，尊者阿難聞佛所說，歡喜奉行。】（《雜阿含經》卷十七第 464 經）

這意思是說，**解脫界**函蓋了**斷界**、**無欲界**、**滅界**。解脫界是說解脫的功能差別，解脫的功能差別就是能使人解脫於生死的功能。但請注意到一個前提：這裡講的解脫功能，是指二乘涅槃遠離分段生死的功能，不函蓋大乘法中另二種涅槃的解脫功能，所以並不函蓋菩薩所證的本來性淨涅槃與諸佛的無住處涅槃等解脫功能。

解脫界有三個定義：斷界、無欲界、滅界。斷界是說斷除的功能，指的是斷除我見以後的解脫功能差別，也是泛指斷除思惑我執以後的解脫功能差別。無欲界是說離欲的功能差別，也就是三果阿那含人解脫於欲界煩惱的功能差別。滅界是說滅除五蘊、十二處、十八界的功能差別，也就是無餘涅槃的解脫功能——不再出生蘊處界而免除了分段生死的痛苦。所以說，解脫界是函蓋了斷界、無欲界、滅界的。

解脫界雖是無爲界，但卻是同具**無漏有爲法**與**無漏無爲法**的。如何是無漏有爲法呢？譬如阿羅漢已經斷盡思惑，成就無漏，實證無爲法了；但他們在入滅以前，仍然具有接觸五塵及行來去止、領受苦樂等功能，這些都是在親證有餘涅槃的解脫功能下，仍然繼續存在的無記法，使阿羅漢可以繼續存在人間依止 釋迦世尊，這是第一類無漏有爲法。阿羅漢們捨壽之前，仍然有意識心存在而擁有解脫的證境以及解脫道的智慧，也具有利樂眾生同證解脫的功能，這就是第二類的無漏有爲法。既有如是二類的無漏有爲法，當然是有意識可以領受解脫境界的：**自知已不再被三界生死繫縛了**。所以說阿羅漢們所證的無爲也是有界的——有解脫的功能差別存在著——所以就名爲解脫界，而這個解脫界中是函蓋斷界、無欲界、滅界的。

亦如初地到七地滿心的菩薩，同皆具有解脫界——同具解脫知見與解脫證境——但卻仍然住於人間而不求出三界，利樂眾生永無止期，這也是依無漏有爲法來運作的。這些都是屬於有爲界，但卻是與無漏相應的，所以也是無爲界；這是三乘聖者都共有的，而他們都是在有爲界中來顯現無爲界的，所以當解脫的聖者住在人間之時，都是雙具有爲界與無爲界的；而解脫的有爲界與無爲界，都是依入胎識而生起、存在、運作、顯現的。

緣起法必須雙具有爲法與無爲法，有爲法是緣生法，就是無爲性的入胎識所出生的生滅法；無爲法是入胎識自身的涅槃性、解脫性、無執著性、不生滅性，由於有入胎識無爲法，而在祂的無爲法性之中，含攝了能生有爲法的種種緣生法的功能，才會有一切有情的生、住、異、滅，才會有四聖法界的四種聖人存在世間利樂眾生；這樣雙具無爲與有爲的緣起法，才是正確的緣起法；若不如是，離於無爲性的入胎識而說緣起性空，則一切緣起法、緣生法就都成爲**無因而唯緣**生起的外道見，與阿含道中的 世尊本懷大相違背。這個道理在前面第五章第二節，所舉示的十因緣觀與十二因緣觀的關聯之中，已經很清楚的顯示出來了。所以說，雙具無爲法與有爲法的緣起性空觀——雙具有爲界與無爲界的緣起性空觀——才是聲聞佛教阿含緣起法的正理，而無爲法絕非印順認知的斷滅空、無常空。以此緣故而說，阿含解脫道的緣起性空眞實義，絕對不是印順等人所說藏密外道應成派中觀斷滅本質的一切法空邪理，也不是他們別立意識常住不滅的常見外道邪理，故與斷見、常見外道大異其趣；阿含絕對是依能生名色的本識，而說本識所生的一切法都是緣起性空。有經爲證：

【如是我聞，一時佛住王舍城迦蘭陀竹園，爾時世尊告異比丘：「我已度疑，離於猶豫，拔邪見刺，不復退轉；心無所著故，何處有我？」爲彼比丘說法，爲彼比丘說賢聖出世空相應緣起隨順法，所謂：「有是故，是事有；是事有故，是事起；所謂緣無明—行，緣行—識，緣識—名色，緣名色—六入處，緣六入處—觸，緣觸—受，緣受—愛，緣愛—取，緣取—有，緣有—生，緣生—老死憂悲惱苦，如是如是純大苦聚集，乃至如是純大苦聚滅。」如是說法，而彼比丘猶有疑惑猶豫：先不得、得想，不獲、獲想，不證、證想；今聞法已，心生憂苦、悔恨、矇沒、障礙，「所以者何？此甚深處，所謂緣起，倍復甚深難見；所謂一切取離、愛盡、無欲、寂滅、涅槃。如此二法，謂**有為**、**無為**；**有為**者**若生**、若住、若異、**若滅**；**無為**者**不生**、不住、不異、**不滅**，是名比丘**諸行苦寂滅**、**涅槃**。因集故苦集，因滅故苦滅；斷諸逕路，滅於相續；相續滅滅，是名苦邊。比丘！彼何所滅？謂有餘苦；彼若滅止，清涼、息沒，所謂一切取滅、愛盡、無欲、寂滅、涅槃。」佛說此經已，諸比丘聞佛所說，歡喜奉行。】（《雜阿含經》卷十二第 293 經）

由這一段經文中所說：「**無為者不生**、不住、不異、**不滅**，是名比丘**諸行苦寂滅**、**涅槃**。」既然無爲界是**不**曾有**生**也**不滅**的，並且是於諸法都無住，又是從來都不曾也**不會變異**心性的，所以必須是親證不生亦不滅、不住亦不變異的無爲法，才是眞正的諸行眾苦已經寂滅、涅槃，絕對不是有生之蘊處界法滅後成爲斷滅空而可說是無爲。由此可以看得出來：涅槃並非印順所認知的蘊處界有爲法的斷滅空，絕非他所認知的**蘊處界滅盡後的滅相已經不會再滅失了**，**所以是常住**；他這樣的說法都是依有爲法蘊處界而生起的錯誤認知，他所認知的是有生、有滅的有爲法蘊處界斷滅後的空無，不是不生不滅的無爲法；他所別立的意識細心亦是有**生**、有**滅**的，也是不斷的**住**於六塵萬法中，也是可以變異其心性的生滅法，當然都屬於**有爲法**，有爲法則是生、住、異、滅的虛妄法，所以他新創的**滅相不滅**是絕對與不生、不住、不異、不滅的無爲法不相應的。

在這段經文中，佛說的**空相應緣起隨順法**所證的涅槃，明說是常、是不生滅的，也是不住與不異的；因爲無爲法是不生也不滅的，是本來就不生的，是在五蘊出現以前就不生亦不滅的，不是印順主張的有生的五蘊永滅以後才不生的，顯然 佛所說的無爲法並不是像印順所主張的：**滅盡以前有生而現前存在的蘊處界，成爲滅盡的無常空、斷滅空以後，不再出生蘊處界而成爲無生。**這是**將滅止生**而不是**從來無生**。印順所認知的無爲，是滅除有生之法的五蘊以後成爲斷滅空了；所滅的是**有生**的有爲法（緣生法），已不是佛所說的**本來不生**的**無爲法**——常住的入胎識、本識。今觀 佛在這段《雜阿含經》中所說的涅槃是無爲法，是**不生**、**不滅**、不住、不異的，這只有依本識不再出生五蘊諸法，只剩下本識常住不滅而說爲不生亦不滅，才能講得通。但印順所說的涅槃卻是依有生而會變異、會壞滅的五蘊，是依三界中有所住的五蘊、依三界中不斷變異的五蘊斷滅後的空無、無常空來說的。印順是以有生滅性、有住異性的五蘊來修滅，否定本識而將蘊處界修滅以後成爲斷滅空而說爲涅槃，這是將有生滅的法滅盡而說爲涅槃，自始至終都圍繞著有爲法而說；這與 佛陀在阿含所說的本就不生不滅、不住不異的本識獨住而不再出生五蘊，是常而不斷的無餘涅槃境界，是大不相同的，所以他所認知的涅槃只是想像法，絕非佛法。

爲何說他所認知的涅槃是想像法呢？他在恐怕墜入斷滅空的後果中，自己另外施設滅相不滅來自我安慰；他很清楚的知道自己的滅相不滅說已經墜入斷滅空中，將來不免會遭致他人提出質疑，所以又另行建立意識細心不壞說，認爲意識有粗心與細心二個部分，粗心在死後會斷滅，而細心可以去到來世，所以是常住不壞的；認爲這個意識的細心可以常住而持種不壞，使得因果業報可以昭昭不爽，以便符合法界中因果報應實現不謬的事實。但是當有人請問是否可以實證這個意識細心時，他就以種種方法迴避而暗示說，意識細心是不可知也不可證的。然而意識心不論粗、細，畢竟都是意根與法塵相觸而出生的，而且意識種子也是由本識執藏而藉意根、法塵爲緣才流注出來的，所以意識細心當然是有生之法；既是生滅法，當然就無法持種，更不能出生五色根、五塵等法，當然是無法持種的，所以他的意識細心常住說的建立，終究只是一種名言施設而無實質。如是性空唯名而無實質的法相，當然是虛相法了。

然而佛所說的涅槃，不論是這一經文中聲聞阿含道的涅槃，或是大乘菩薩所修的佛菩提道的涅槃，卻都是不生也不滅、不住也不異的，這與印順所認知的斷滅後空無的涅槃是大異其趣的。這段經文正是二乘聖人所結集的《雜阿含經》，如同平實所說，雜阿含與增一阿含諸經，本來就是大乘法的佛菩提道經典；但是二乘聖人結集成爲解脫道的經典以後，終究無法避免的會存有許多大乘法的蛛絲馬跡，也必然要以這些大乘法的眞義來護持二乘解脫道，使二乘解脫道不會落入斷滅見中，雖然二乘聖人是不必修證本識如來藏的。

在無餘涅槃中，是**本來不生**的入胎識獨存而永遠不會壞滅的，不是印順說的**有生的五蘊滅後不再出生五蘊的滅相**，並且五蘊在人間時是有住而且有變異性的；但入胎識在三界萬法中，卻是無始以來就不住也不變異的。五蘊（包括意識的細心、極細心）存在時，一定會住於六塵境界中；入胎識則是出生六塵境界而離六塵中的見聞覺知，所以從來都不住於三界六塵境界中。入胎識在三界中運行時，其自心體性從來都不變異，無始劫以來一向如是，絕對不會因爲修行而有改變；但意識的粗、細心存在三界中時，卻是常常在變異的，始從出生時的無知，一生學習到捨壽前的聰明而有世間智；始從出生時的無善、無惡性，依種種不同外緣的際會而變異爲大善人或大惡人，一直都是有所變異的；而這個變異性的五蘊，若入無餘涅槃時，盡皆斷滅不存了，又如何可說是不變亦不異？又如何能說是不生亦不滅的？但無餘涅槃中的入胎識，祂的心性是始從無始劫以來，末至阿羅漢入了無餘涅槃時，乃至入了無餘涅槃以後的無量數阿僧祇劫以後，仍然是不住也不變異的。根據阿含佛法這一段經文中 佛陀所說的涅槃，正是這樣的不生亦不滅、不住亦不異的，並不是印順所說五蘊滅盡以後的斷滅空，可以說是不生、不滅、不住、不異的。所以，三乘不同的涅槃正是依本識入胎識的不同狀況而施設的，外於本識就沒有涅槃可修、可證了！因此，涅槃只是假法，但是涅槃的無境界境界卻是眞實有，說的正是依本識在三界中的自住境界，或依本識不再出生蘊處界的無境界境界來施設涅槃。

大乘菩薩所證才眞正是兼含有爲法與無爲法的涅槃，而聲聞聖者所證是純無爲法的涅槃，所以這一段經文中說解脫界是「一切取離、愛盡、無欲、寂滅、涅槃」，說是一**切取遠離**了，包括一切我所的取受、蘊處界諸法的自我貪愛已經滅除、欲界愛的貪著也滅盡了，這時已是不再有六塵的無境界境界，名爲寂滅，這樣子就是無餘涅槃；而這樣的無餘涅槃，在捨壽前其實是函蓋**無爲與有**

爲二法的，無爲是本識的自住境界，有爲是本識所出生的蘊處界……等諸法的境界與功能。而這樣雙具有爲與無爲的解脫，才是正確的空相應緣起隨順法。當比丘們這樣觀察緣起，知道有爲法是從無爲法中出生的，知道有爲法應該滅盡，知道有爲法若生、若住、若異、若滅，也知道無爲法的涅槃是滅盡而且不生、不住、不異、不滅，這樣就可以使三行苦斷盡，於是蘊處界所有的諸行苦就跟著滅盡而寂靜了，這樣就是親證涅槃。在這樣的正確見解下，來看待因緣觀而說因集故苦集，因滅故苦滅，這時就可以斷諸逕路，將各種與生死流轉有關的煩惱都滅盡而不再相續了，所以滅於相續，捨壽後就不會再有來世的五苦陰相續不斷了；爲了確保這個不受後有的解脫界實現，還得要再把相續滅的滅相滅除了，不再於覺知心中使相續滅除的覺受或作意存在著，連極微細的自我都已經可以不再存在了，就是相續滅滅，是名苦邊。這才是佛所說的諸行之苦已經滅除而滅盡、寂靜的涅槃境界。爲證明平實所說無差，今語譯如下：

【如是我聞 一時佛陀住在王舍城迦蘭陀竹園，當時世尊告訴一位有意見的比丘說：「我已經度過疑惑了，遠離於猶豫不定的境界，拔除了邪見的尖刺，不會再又退轉了；已經心無所著的緣故，在什麼地方還會有我呢？」佛爲那位比丘說法，爲那位比丘說賢聖出現在世間而修習的空相應緣起隨順法，這就是：「有這個法的緣故，這件事情就跟著有；這個事相有的緣故，這個事情就生起來了；就是我所說的緣於無明而有行，緣於行而有識陰，緣於往世識陰的集而有今世的名色五陰，緣於名色而有六入處，緣於六入處而有觸，緣於觸而有受，緣於受而有愛，緣於愛而有取，緣於取而有有，緣於有就有生，緣於生而有老死憂悲惱苦，就像是這樣子，純大苦蘊就聚集了；也因爲這樣的空相應緣起隨順法的緣故，一法滅就有另一法跟著滅，乃至像這樣子純大苦聚就跟著滅除了。」世尊就像是這樣子爲他說法，那位比丘仍然還有疑惑而心中不能決定：關於所未得到的，心中以爲自己已經得到了；所未獲得的，心中以爲已經獲得了；所未親證的，心中以爲已經親證了；如今聽聞世尊所說的法以後，知道自己以前是未得謂得、未證言證，所以心中出生了憂苦、悔恨、矇昧而失沒、障礙智慧的生起。世尊繼續說：「爲什麼我這樣子說呢？因爲這個甚深的法義處，我所說的緣起，更是加倍的甚深而難以觀見；我所說的一切取已經遠離了、我愛已經滅盡了、離開欲界貪愛了、寂靜而滅盡、涅槃而不生不滅，就像是這樣的兩個法，我所說的**有為與無為**；**有為**的法是或者有出生、或者有所住、或者有變異、或者有滅失的；**無為**的法則是**不出生**的、**沒有所住**的、**不變異**的、**不滅失**的，這就是我所說比丘的**身口意諸行的苦已經寂滅、證得涅槃了**。因為有種種集的緣故所以種種苦就跟著集起，因為種種集已經滅除的緣故所以種種的苦就跟著滅除了；這就是斷除種種生死輪迴的路途，消滅於種種相續不斷的痛苦中了；進一步把『種種痛苦的相續已經滅除了』的這個消滅的想法也滅除了，這就是我說的一切苦的邊際。比丘啊！他究竟是什麼被滅除了呢？這是說最後剩下的苦；他假使滅除了最後剩下的苦，清涼而無熱惱、煩惱歇息而不再起心貪著我與我所，就是我所說的一切取都滅除、貪愛已經斷盡、同時不再有欲界法的欲望、寂靜而滅盡、證得涅槃。」佛說完這部經以後，諸比丘聞佛所說，歡喜奉行。】所以說，涅槃不是滅盡蘊處界以後成為空無的斷滅法，印順不該把蘊處界滅盡後的空無——滅相——當作涅槃；因為涅槃是不生也不滅的，不是**有生**的蘊處界**磨滅**後的**有生**也**有滅**的**空無**，滅相是滅後之相，是滅，不是不滅，故非 佛說的涅槃。

涅槃是依本識施設的，本識入胎識才是涅槃的主體，所以涅槃其實只是假名言說，並無實質；若是離開眞實心本識而說有涅槃，那個涅槃當然只是假名言說，並無實質，當然正好是印順所講的**性空唯名**。然而大乘般若諸經講的卻正是依本識（無住心、不念心、非心心、無心相心）爲中心而說一切法緣起性空；只是印順派的法師、居士們讀不懂，只是應成派中觀師讀不懂，才會有種種邪見從西天傳入西藏，才會有今天的藏密黃教外道邪見廣傳全世界，來荼毒世人。然而，有爲與無爲其實不二，本來都已攝歸如來藏的緣故。而緣起性空之法，則都是有爲界的無常暫有法，諦屬世俗，不屬勝義、實相，因爲都不離蘊處界等三界世俗法故。這些道理，都是修學二乘聲聞解脫道的人應該特別注意的正見，否則就無法眞正的斷除我見，因爲一定會被斷滅空的恐懼所遮障。

譬如二乘的無我法，都是依世俗法蘊處界來觀察，證知這些世俗法都是無常、苦、空、不淨、無我，這是蘊處界世俗法的眞諦，所以名爲世俗諦。但是蘊處界等世俗法都依無爲法的如來藏心體才能生起，而本識如來藏自身卻又有能生萬法的無漏有爲而常住的法性，所以既是空如來藏也是不空如來藏。空如來藏，是說入胎識自身並沒有色蘊之法，也與六塵中的種種煩惱不相應，從無我見、我執、我所執，所以名爲空如來藏，這是祂無爲法性的功能；不空如來藏，是說祂眞實存在，是眞實心，有眞實的自性，因爲祂能出生萬法（能出生十八界及識陰相應的我見等煩惱，也出生了山河大地世界），所以名爲不空如來藏，這是祂的無漏有爲法功能。以此緣故，本識如來藏兼含有爲界與無爲界：**如來藏心體的自性是無爲界，但能感應無明與業種而生起種種三界中的世俗有爲法。**而二乘解脫道的世俗諦，都只是在入胎識（如來藏本識）所出生的蘊處界等世俗法上用功觀行，所斷是依世俗法蘊處界所生的我見、我執、我所執，所修是依蘊處界等世俗法而修的四諦、八正等三十七道品法，都不涉及萬法的實相，所以說一般人所知的世俗諦所觀、所修、所證絕非眞實法，都不是法界實相的修證。而眞正世俗諦所修、所觀、所斷、所證的，都是依本識的實存爲大前提來聞熏觀修的，所聞熏觀修的對象則是本識如來藏所生的有爲界之蘊處界等諸法；由此緣故，說阿含道的**蘊處界緣起性空之法**，絕對不是眞諦、勝義諦，只能說是**世俗諦**。這絕對不是平實的創見，有阿含部的經文爲證：

【爾時文殊師利法王子來詣佛所，稽首佛足，卻住一面；見央掘魔羅，心生隨喜，以偈歎言：**善哉央掘魔！已修殊勝業；今當修大空：諸法無所有。**

爾時央掘魔羅以偈問言：

文殊法王子！汝見空第一。云何爲世間，善見空寂法？

空空有何義？時說決所疑。

爾時文殊師利以偈答言：

諸佛如虛空，虛空無有相；諸佛如虛空，虛空無生相。
諸佛如虛空，虛空無色相；法猶如虛空，如來妙法身。
智慧如虛空，如來大智身；如來無礙智，不執不可觸。
解脫如虛空，虛空無有相；解脫則如來，空寂無所有。
汝央掘魔羅，云何能了知？

爾時央掘魔羅復說偈言：

譬如有愚夫，見雹生妄想，謂是琉璃珠，取已執持歸；
置之瓶器中，守護如眞寶，不久悉融消，空想默然住；
於餘眞琉璃，亦復作空想。
文殊亦如是，修習極空寂；常作空思惟，破壞一切法。
解脫實不空，而作極空想；猶如見雹消，濫壞餘真實。
汝今亦如是，濫起極空想；見於空法已，不空亦謂空。
有異法是空，有異法不空：一切諸煩惱，譬如彼雨雹；

一切不善壞，猶如雹融消。如真琉璃寶，謂如來常住；
如真琉璃寶，謂是佛解脫。
虛空色是佛，非色是二乘；解脫色是佛，非色是二乘。
云何極空相，而言眞解脫？文殊宜諦思，莫不分別想。
譬如空聚落，川竭瓶無水；非無彼諸器，中虛故名空；
如來眞解脫，不空亦如是；出離一切過，故說解脫空。
如來實不空，離一切煩惱，及諸天人陰，是故說名空。
嗚呼蚊蚋行，不知眞空義；外道亦修空，尼乾宜默然。

爾時文殊師利以偈問言：

汝央掘魔羅！以何因緣故，恐迫聲聞眾，輕蔑諸佛子？
縱意肆兇暴，唬謔如猛虎；誰是蚊蚋行？出是惡音聲！

爾時央掘魔羅以偈答曰：

譬如貧怯士，遊行曠野中，卒聞猛虎氣，恐怖急馳走；
聲聞緣覺人，不知摩訶衍，趣聞菩薩香，恐怖亦如是。
譬如師子王，處在山巖中，遊步縱鳴吼，餘獸悉恐怖；

如是人中雄，菩薩師子吼，一切聲聞眾，及諸緣覺獸，
長夜習無我，迷於隱覆教；設我野干鳴，一切莫能報；
況復能聽聞，無等師子吼？

爾時文殊師利以偈問言：

汝是小蚊蚋，興造諂惡行；如汝是菩薩，何處更有魔？
嗚呼世間人，不能自覺知；不自省己過，但見他人惡。
汝央掘魔羅，爲作幾許罪？

爾時央掘魔羅以偈答言：

嗚呼今世人，二人壞正法：謂說唯極空，或復說有我；
如是二種人，傾覆佛正法。嗚呼汝文殊，不知惡非惡；
不知菩薩行，蚊蚋師子異。
奇哉我能知，無畏諸菩薩；文殊今諦聽，佛歎菩薩行：
譬如善幻師，造作諸幻業，斷截食眾生，以示諸大眾。
諸佛及菩薩，所作皆如幻；示現變自身，若生若涅槃；
或於疾疫劫，施身令服食；或見作火劫，大地悉洞然；

眾生有常想，示令知無常。
或於刀兵劫，示現加師旅，殘賊斷眾命，其數不可量；
而實無惱害，猶如幻所作。
一切三千界，令入芥子中；而無一眾生，惱逼不安隱。
四海須彌山，同入一毛孔；一切無惱逼，現已還本處。
或以一足指，震動十方界；而不惱眾生，是則諸佛法。
或為梵釋主、護世四天王、無量眾像類，安慰諸群生；
王子若大臣、聚落商人主、長者及居士，和合安眾生；
或為諸天人，轉化眾邪見，現生一切生，故名為本生。
譬如造幻師，見殺幻眾生，曾不起悲歎：嗚呼是大惡。
以彼工幻師，解是幻性故；我今亦如是，現殺化眾生；
為調諸毀法，而實無所傷。
如彼佛世尊，化現刀兵劫；我今亦如是，善修菩薩行。
嗚呼汝文殊，修習蚑蚋行，而不志龍象，世雄大智慧。
爾時世尊以一切智一切見，向文殊師利，以偈歎言：

如央掘魔說，菩薩行如是；當知彼非凡，爲度眾生故。
彼則大菩薩，雄猛如汝等；善哉汝文殊，當知彼功德。】（《央掘魔羅經》卷二）

語譯如下：【當時文殊師利法王子前來，到達佛陀所在之處，稽首佛陀足下，退下來安住於旁邊；他看見了央掘魔羅時，心中出生了隨喜心，以偈讚歎說：

善哉！央掘魔羅！已經修習很殊勝的道業了；
如今應當進修大空：一切諸法都無所有。

當時央掘魔羅以偈請問文殊師利說：

文殊法王子啊！你是觀察空法的所有人中最爲第一的人。
究竟什麼才是世間，如何才是最善於觀察空寂之法？
空這個法，空到底有什麼義理？
你應當在這個最適當的時候爲大家解說，以解除大家對空這個法的疑惑。

當時文殊師利法王子故意從聲聞人的立場而以偈回答說：

諸佛猶如虛空一般，虛空是沒有色相、形相的；
諸佛猶如虛空，而虛空並沒有出生之相。
諸佛猶如虛空，而虛空沒有物質或形色之相；

諸法猶如虛空，這就是如來的勝妙法身。
智慧猶如虛空，如來就是大智之身；
如來的沒有障礙的智慧，不可執捉也不可觸摸。
解脫猶如虛空，而虛空沒有色相、形相；
解脫了就是如來，解脫境界是空寂而無所有的。
你央掘魔羅！又怎能了知呢？

當時央掘魔羅又以偈回答說：

譬如有一個愚癡的人，看見天上降下的冰雹而產生了虛妄想，
就說那是琉璃珠，拾取了以後就執持那些冰雹回家；
把那些冰雹放在瓶子等器物中，守護起來猶如眞正的寶物一般，
可是冰雹不久就全部融化消失了，愚人就當作是空無之想而默然安住；
從此以後，他對於其餘的眞正琉璃，也同樣當作是空無之想。
文殊師利！你也是如同那個愚人，修學熏習極度的空寂；
常常把空性當作空無來思惟，所以否定一切法、破壞一切法。
解脫其實不是斷滅蘊處界以後成爲空無，你卻當作是一切法空；

猶如愚人看見冰雹消失了，就浮濫的否定而說沒有一個眞實法存在。你今天也像那個愚人一般，浮濫的生起一切法空的想法；看見了眞實空的法以後，這個不空的眞實法你也說是空無。有不同的法是無常而空無的，也有另一個法是不空的：這是說，一切諸煩惱，就好像那個愚人所拾取的冰雹；全都是不善法而會毀壞的，猶如冰雹會融化消失一般。若是有一個法如同眞正的琉璃寶一般，那就是說如來常住；如同眞實的琉璃寶常住一般永不滅失，說的就是諸佛的解脫。如同虛空一樣的色身就是佛身，滅除而沒有了色身就是二乘聖人的解脫；解脫而無所著的色身是佛身，入涅槃而沒有了色身的卻是二乘聖人所證。你如何可以把一切法空的極空相，取來說是眞實的解脫？文殊師利！你應該詳細而正確的思惟，千萬不要含混而不分別清楚。所謂的空，猶如空無一人的聚落，也如同河川乾竭或是如瓶無水；並不是沒有了聚落、沒有了河川、沒有了裝水的容器而說是空，是因爲其中沒有人、沒有水，是因爲其中空虛的緣故而名之爲空；

如來是眞實解脫的，不空的道理也像是這樣子；
因爲出離了世間一切的過失，以此緣故而說是解脫的空。
如來其實不是空無，而是因爲遠離一切煩惱，
也遠離一切天人和人類的五陰，以這個緣故而說如來是空。
嗚呼！你文殊師利如同微小蚊蚋一般的心行，不知道眞實空的義理；
外道們也一樣在修空，你如今卻如同尼乾外道一般，應當默然無語才對。

當時文殊師利又故意以偈追問：

你央掘魔羅！以什麼因緣的緣故，
恐嚇逼迫聲聞大眾，又輕蔑諸多的大乘佛子？
縱橫一己的意思而放肆的作出兇暴行爲，
咬來咬去一般的大聲責備別人而如同猛虎；
你說誰是微小蚊蚋一般的心行？竟然講出這種惡劣的音聲！

當時央掘魔羅以偈回答說：

譬如貧窮而膽怯的人，遊行於空曠的野外之中，
忽然嗅到了猛虎的氣味，心中很恐怖的緊急馳走而離開那個地方；

聲聞人與緣覺人，不知道大乘的義理，
當他們前往某處而嗅聞到菩薩香的時候，心中的恐怖也像是這樣子（所以
不是我故意恐嚇他們，而是他們自己沒有膽識）。
又譬如獅子中的獅王，牠安處在山巖之中，
有時出來遊行而縱身鳴吼，其餘的野獸聽了都會恐怖的；
如同這個道理，菩薩是人中之雄，當菩薩作獅子吼的時候，
一切聲聞等眾，以及諸多修學緣覺法的野獸，
他們處於對法界實相仍無所明的長夜之中，而專門修習無我法，
他們都迷惑於諸佛的隱覆說教；
假設我只作野狐一般的鳴喚，他們所有人也都沒有能力來回應我；
更何況是還能聽聞，無上正等正覺的獅子吼呢？

當時文殊師利又故意以偈再提出問題：
你只是一隻小蚊蟲，竟然興造出這種惡行來；
如同你這樣的人假使就是菩薩，那麼還有什麼地方可以找得到惡魔？
嗚呼！世間人總是這樣子，不能自己覺知過失；

也不懂得自己反省自己的過失，都是只能看見別人的過惡。
你央掘魔羅！究竟曾經作過了多少的罪業呢？

當時央掘魔羅以偈回答說：

嗚呼！如今的世間人，有二種人是毀壞正法的人：
這就是專門說一切法都是緣起性空、畢竟空無，
或者如同第二種人專門以五蘊中的某一法說爲常住的眞我；
像這樣的二種人，都是在傾覆佛陀正法的人。
嗚呼！你文殊師利！不知道惡與非惡的差別；
又不知道菩薩行的眞實義，你這種蚊蟲是與獅子不同的。
眞的很奇特啊！我能知道無所畏懼的諸多菩薩們；
文殊啊！你如今應當詳細的聽著，諸佛所讚歎的菩薩行：
譬如善於變幻的魔術師，他造作種種變幻的事業，
然後再斷截他所變化出的眾生而吃掉他們，用來表演給許多人觀賞。
諸佛及諸菩薩也是一樣，所作的事情都如同幻化一般；
示現變化出自己的色身，或者是出生了、或者是入涅槃了；

有時或者在疾疫劫來臨時，施捨自己變化出來的色身而使眾生取來食用；
或者看見有時變作火劫來臨，使得大地全部都被燒得通透；
這是因爲眾生對山河大地誤認爲是常住不壞，
就用這個方法示現而使他們知道山河世界也是無常的。
或者是在刀兵劫來臨時，示現出眾多的軍隊來，
戰爭過後留下了殘賊來殺害眾生，被殺害的眾生數目是無法計算的；
然而其實並沒有對眾生有所惱害，因爲都是如同魔術師變幻所作的一般。
一切三千大千世界，都可以收藏在極微小的芥子之中；
然而其實並沒有一個眾生，被觸惱逼迫而覺得不安隱。
四大海及須彌山，也都同樣收入在一毛孔之中；
一切眾生也都沒有被觸惱與逼迫，示現以後還是回歸到本處去。
或者以一隻腳的指頭，來震動十方世界；
卻不曾觸惱到任何的眾生，這就是諸佛的眞實法。
有時或者當梵天王、釋提桓因忉利天主，或者當守護世間的四大天王，
乃至化現爲無量眾生的種類，用以安慰眾多的有情生；

有時則是當王子或是大臣，或是當聚落主、商人主，
或是當長者及居士，來和合眾生、安樂眾生；
或者是當諸天的天人，來轉化天人二眾的邪見；
處處示現出生於一切有情生之中，所以名爲本生。
譬如工於製造幻境的魔術師，當他看見自己殺害變幻出來的眾生時，
心中絲毫都不會生起悲傷與感歎，而說：嗚呼！這是大惡事。
由於那個工於變幻的魔術師，心中瞭解那都是變幻性質的緣故；
我今天也像是那個工於變化的魔術師一般，示現殺害變化出來的眾生；
這只是爲了調理那些毀壞正法的眾生，然而其實我沒有殺害或傷損眾生。
如同那些示現的諸佛世尊一般，化現出刀兵劫來；
我如今也像是這樣，善於修習菩薩行。
嗚呼！你文殊師利，只懂得蚊蟲一般小智的修行，
而不能立志如同龍象一般，效法世間最威猛雄壯的諸佛大智慧。

當時世尊以一切智及一切見，而面向文殊師利，以偈讚歎說：

如同央掘魔羅所說一般，菩薩的行爲就像是這樣子；

你應當要知道他並不是凡人，他的所作所爲都是爲了度眾生的緣故。

他其實是大菩薩，雄猛如同你們一樣；

善哉！你文殊師利！應當知道他的功德。】

如是，央掘魔羅的化現，由文殊配合演出，爲佛門四眾說出了空與不空的眞實理：空的是煩惱、是緣生法的蘊處界，不空的是出生蘊處界及煩惱的如來藏本識。本識有空與不空的兩面，既能出生緣起空的無常蘊處界及蘊處界相應的煩惱，但是祂自己卻不是蘊處界諸法，也不與所有煩惱相應，本自解脫，這就是**空**、**不空如來藏**的眞義。一切人的實相法界中，都是如此雙具**有爲界**與**無爲界**的，才能成其爲人，才能成其爲有情，否則就不可能有你我他等有情出現在三界中；若沒有本識所出生的一切有情無常的蘊處界存在，也就不可能有緣起性空的世俗諦存在而可被阿羅漢、辟支佛所親證；假使沒有能生蘊處界的本識出生了有情的五陰身，我們也就不可能會有實相第一義諦可以親證了！所以說，萬法都是由本識如來藏所出生的，而如來藏本識雙具**有爲界**與**無爲界**，才能出生種種有爲性的法界，也才能有出世間的無爲界功能，可以被四種聖人用來利樂眾生。假使沒有雙具有爲界與無爲界的本識，就無法在世間顯示無漏有爲法，也就不可能有四種聖人出來說法利樂眾生了！所以說，佛法必須雙具**有爲界**與**無爲界**，不可以單有緣起性空及**無爲界**，否則就不成其爲佛法了！因爲佛菩提道勝法是**世、出世間法**，不只是二乘依涅槃本際而修的緣起性空的出世間法，更不是應成派中觀的斷滅法，而是具足函蓋世間法及出世間法的。

而且，緣起性空的無爲法相並不是無爲界，因爲緣起性空只是蘊處界斷滅後的滅相；滅相其實是空無，不是仍然存在的法相，故無滅相可說；因爲滅相一定是依未滅之前的有，來建立滅相的。譬如蘊處界緣起性空，知道這個道理而且在捨壽時滅盡蘊處界而不再出生後世的蘊處界了，才能說爲滅相；可是這個滅相其實是依蘊處界的存在而建立的，當蘊處界在死後滅盡了，滅相也就不存在了；只能依附於尚未滅盡蘊處界的有情而相待建立：**捨壽阿羅漢的蘊處界滅盡了**。若不是相待於尚未入滅的阿羅漢或凡夫眾生的蘊處界，就不會有捨壽阿羅漢入滅後的**滅相**可說了；因爲阿羅漢捨壽已經滅盡蘊處界，再也沒有他的意識心可以安住、領受或生起**蘊處界滅盡**的「滅相」了！所以，**滅相不滅說**，只是印順個人的虛妄想，本質仍是斷滅空。 佛在楞伽中說爲兔無角，是相待於牛有角而有的虛妄法、虛相法，不是眞的阿含解脫道正法。

佛教正覺同修會〈修學佛道次第表〉

第一階段

* 以憶佛及拜佛方式修習動中定力。
* 學第一義佛法及禪法知見。
* 無相拜佛功夫成就。
* 具備一念相續功夫—動靜中皆能看話頭。
* 努力培植福德資糧，勤修三福淨業。

第二階段

* 參話頭，參公案。
* 開悟明心，一片悟境。
* 鍛鍊功夫求見佛性。
* 眼見佛性〈餘五根亦如是〉親見世界如幻，成就如幻觀。
* 學習禪門差別智。
* 深入第一義經典。
* 修除性障及隨分修學禪定。
* 修證十行位陽焰觀。

第三階段

* 學一切種智真實正理—楞伽經、解深密經、成唯識論…。
* 參究末後句。
* 解悟末後句。
* 透牢關—親自體驗所悟末後句境界，親見實相，無得無失。
* 救護一切眾生迴向正道。護持了義正法，修證十迴向位如夢觀。
* 發十無盡願，修習百法明門，親證猶如鏡像現觀。
* 修除五蓋，發起禪定。持一切善法戒。親證猶如光影現觀。
* 進修四禪八定、四無量心、五神通。進修大乘種智，求證猶如谷響現觀。

佛菩提二主要道次第概要表——二道並修，以外無別佛法

佛菩提道——大菩提道

遠波羅蜜多

資糧位

十信位修集信心 —— 一劫乃至一萬劫

初住位修集布施功德（以財施為主）。
二住位修集持戒功德。
三住位修集忍辱功德。
四住位修集精進功德。
五住位修集禪定功德。
六住位修集般若功德（熏習般若中觀及斷我見，加行位也）。

外門廣修六度萬行

見道位

七住位明心般若正觀現前，親證本來自性清淨涅槃。
八住位起於一切法現觀般若中道。漸除性障。
十住位眼見佛性，世界如幻觀成就。

一至十行位，於廣行六度萬行中，依般若中道慧，現觀陰處界猶如陽焰，至第十行滿心位，陽焰觀成就。

一至十迴向位熏習一切種智；修除性障，唯留最後一分思惑不斷。第十迴向滿心位成就菩薩道如夢觀。

內門廣修六度萬行

初地：第十迴向位滿心時，成就道種智一分（八識心王一一親證後，領受五法、三自性、七種第一義、七種性自性、二種無我法）復由勇發十無盡願，成通達位菩薩。復又永伏性障而不具斷，能證慧解脫而不取證，由大願故留惑潤生。此地主修法施波羅蜜多及百法明門。證「猶如鏡像」現觀，故滿初地心。

二地：初地功德滿足以後，再成就道種智一分而入二地；主修戒波羅蜜多及一切種智。滿心位成就「猶如光影」現觀，戒行自然清淨。

解脫道：二乘菩提

→ 斷三縛結，成初果解脫
→ 薄貪瞋癡，成二果解脫
→ 斷五下分結，成三果解脫

入地前的四加行令煩惱障現行悉斷，成四果解脫，留惑潤生。分段生死已斷，煩惱障習氣種子開始斷除，兼斷無始無明上煩惱。

近波羅蜜多 — 大波羅蜜多 — 圓滿波羅蜜多

修道位 — 究竟位

三地：二地滿心再證道種智一分，故入三地。此地主修忍波羅蜜多及四禪八定、四無量心、五神通。能成就俱解脫果而不取證，留惑潤生。滿心位成就「猶如谷響」現觀及無漏妙定意生身。

四地：由三地再證道種智一分故入四地。主修精進波羅蜜多，於此土及他方世界廣度有緣，無有疲倦。進修一切種智，滿心位成就「如水中月」現觀。

五地：由四地再證道種智一分故入五地。主修禪定波羅蜜多及一切種智，斷除下乘涅槃貪。滿心位成就「變化所成」現觀。

六地：由五地再證道種智一分故入六地。此地主修般若波羅蜜多——依道種智現觀十二因緣一一有支及意生身化身，皆自心眞如變化所現，「非有似有」，成就細相觀，不由加行而自然證得滅盡定，成俱解脫大乘無學。

七地：由六地「非有似有」現觀，再證道種智一分故入七地。此地主修一切種智及方便波羅蜜多，由重觀十二有支一一支中之流轉門及還滅門一切細相，成就方便善巧，念念隨入滅盡定。滿心位證得「如犍闥婆城」現觀。

八地：由七地極細相觀成就故再證道種智一分而入八地。此地主修一切種智及願波羅蜜多。至滿心位純無相觀任運恆起，故於相土自在，滿心位復證「如實覺知諸法相意生身」故。

九地：由八地再證道種智一分故入九地。主修力波羅蜜多及一切種智，成就四無礙，滿心位證得「種類俱生無行作意生身」。

十地：由九地再證道種智一分故入此地。此地主修一切種智——智波羅蜜多。滿心位起大法智雲，及現起大法智雲所含藏種種功德，成受職菩薩。

等覺：由十地道種智成就故入此地。此地應修一切種智，圓滿等覺地無生法忍；於百劫中修集極廣大福德，以之圓滿三十二大人相及無量隨形好。

妙覺：示現受生人間已斷盡煩惱障一切習氣種子，並斷盡所知障一切隨眠，永斷變易生死無明，成就大般涅槃，四智圓明。人間捨壽後，報身常住色究竟天利樂十方地上菩薩；以諸化身利樂有情，永無盡期，成就究竟佛道。

七地滿心斷除故意保留之最後一分思惑時，煩惱障所攝色、受、想三陰有漏習氣種子全部斷盡。

→ 煩惱障所攝行、識二陰無漏習氣種子任運漸斷，所知障所攝上煩惱任運漸斷。

→ 斷盡變易生死
成就大般涅槃

圓滿成就究竟佛果

佛子蕭平實 謹製
（二〇〇九、〇二 修訂）
（二〇一二、〇二 增補）

佛教正覺同修會 共修現況 及 招生公告　2016/1/16

一、共修現況：（請在共修時間來電，以免無人接聽。）

台北正覺講堂 103 台北市承德路三段 277 號九樓 捷運淡水線圓山站旁 Tel..**總機** 02-25957295（晚上）（**分機：九樓**辦公室 10、11；知客櫃檯 12、13。 **十樓**知客櫃檯 15、16；書局櫃檯 14。 **五樓**辦公室 18；知客櫃檯 19。**二樓**辦公室 20；知客櫃檯 21。）Fax..25954493

第一講堂　台北市承德路三段 277 號九樓

禪淨班：週一晚上班、週三晚上班、週四晚上班、週五晚上班、週六下午班、週六上午班（皆須報名建立學籍後始可參加共修，欲報名者詳見本公告末頁）

增上班：瑜伽師地論詳解：每月第一、三、五週之週末 17.50～20.50 平實導師講解（僅限已明心之會員參加）

禪門差別智：每月第一週日全天　平實導師主講（事冗暫停）。

佛藏經詳解　平實導師主講。已於 2013/12/17 開講，歡迎已發成佛大願的菩薩種性學人，攜眷共同參與此殊勝法會聽講。詳解 釋迦世尊於《佛藏經》中所開示的眞實義理，更爲今時後世佛子四眾，闡述佛陀演說此經的本懷。眞實尋求佛菩提道的有緣佛子，親承聽聞如是勝妙開示，當能如實理解經中義理，亦能了知於大乘法中：如何是諸法實相？善知識、惡知識要如何簡擇？如何才是清淨持戒？如何才能清淨說法？於此末法之世，眾生五濁益重，不知佛、不解法、不識僧，唯見表相，不信眞實，貪著五欲，諸方大師不淨說法，各各將導大量徒眾趣入三塗，如是師徒俱堪憐憫。是故，平實導師以大慈悲心，用淺白易懂之語句，佐以實例、譬喻而爲演說，普令聞者易解佛意，皆得契入佛法正道，如實了知佛法大藏。

此經中，對於實相念佛多所著墨，亦指出念佛要點：以實相爲依，念佛者應依止淨戒、依止清淨僧寶，捨離違犯重戒之師僧，應受學清淨之法，遠離邪見。本經是現代佛門大法師所厭惡之經典：一者由於大法師們已全都落入意識境界而無法親證實相，故於此經中所說實相全無所知，都不樂有人聞此經名，以免讀後提出問疑時無法回答；二者現代大乘佛法地區，已經普被藏密喇嘛教滲透，許多有名之大法師們大多已曾或繼續在修練雙身法，都已失去聲聞戒體及菩薩戒體，成爲地獄種姓人，已非眞正出家之人，本質只是身著僧衣而住在寺院中的世俗人。這些人對於此經都是讀不懂的，也是極爲厭惡的；他們尙不樂見此經之印行，何況流通與講解？今爲救護廣大學佛人，兼欲護持佛教血脈永續常傳，特選此經宣講之。每逢週二 18.50~20.50 開示，不限制聽講資格。會外人士需憑身分證件換證入內聽講（此是大樓管理處之安全規定，敬請見諒）。桃園、台中、台南、高雄等地講堂，亦於每週二晚上播放平實導師所講本經之 DVD，不必出示身分證件即可入內聽講，歡迎各地善信同霑法益。

第二講堂　台北市承德路三段 267 號十樓。

禪淨班：週一晚上班、週六下午班。

進階班：週三晚上班、週四晚上班、週五晚上班（禪淨班結業後轉入共修）。

佛藏經詳解：平實導師講解。每週二 18.50~20.50（影像音聲即時傳輸）。本會學員憑上課證進入聽講，會外學人請以身分證件換證進入聽講（此爲大樓管理處安全管理規定之要求，敬請諒解）。

第三講堂　台北市承德路三段 277 號五樓。

進階班：週一晚上班、週三晚上班、週四晚上班、週五晚上班。

佛藏經詳解：平實導師講解。每週二 18.50~20.50（影像音聲即時傳輸）。本會學員憑上課證進入聽講，會外學人請以身分證件換證進入聽講（此爲大樓管理處安全管理規定之要求，敬請諒解）。

第四講堂　台北市承德路三段 267 號二樓。

進階班：週一晚上班、週三晚上班、週四晚上班、週五晚上班（禪淨班結業後轉入共修）。

佛藏經詳解：平實導師講解。每週二 18.50~20.50（影像音聲即時傳輸）。本會學員憑上課證進入聽講，會外學人請以身分證件換證進入聽講（此爲大樓管理處安全管理規定之要求，敬請諒解）。

第五、第六講堂　爲**開放式講堂**，不需以身分證件換證即可進入聽講，台北市承德路三段 267 號地下一樓、地下二樓。已規劃整修完成，每逢週二晚上講經時段開放給會外人士自由聽經，請由大樓側面梯階逕行進入聽講。**聽講者請尊重講者的著作權及肖像權，請勿錄音錄影，以免違法；若有錄音錄影被查獲者，將依法處理。**

正覺祖師堂　大溪鎮美華里信義路 650 巷坑底 5 之 6 號（台 3 號省道 34 公里處 妙法寺對面斜坡道進入）電話 03-3886110　傳眞 03-3881692 本堂供奉 克勤圓悟大師，專供會員每年四月、十月各二次精進禪三共修，兼作本會出家菩薩掛單常住之用。除禪三時間以外，每逢單月第一週之週日 9:00~17:00 開放會內、外人士參訪，當天並提供午齋結緣。教內共修團體或道場，得另申請其餘時間作團體參訪，務請事先與常住確定日期，以便安排常住菩薩接引導覽，亦免妨礙常住菩薩之日常作息及修行。

桃園正覺講堂（第一、第二講堂）：桃園市介壽路 286、288 號 10 樓（陽明運動公園對面）電話：03-3749363(請於共修時聯繫，或與台北聯繫)

禪淨班：週一晚上班、週三晚上班、週四晚上班、週五晚上班。

進階班：週六上午班、週五晚上班。

佛藏經詳解：平實導師講解。每週二晚上，以台北正覺講堂所錄 DVD 放映；歡迎會外學人共同聽講，不需出示身分證件。

新竹正覺講堂 新竹市東光路 55 號二樓之一　電話 03-5724297（晚上）

第一講堂：

禪淨班：週一晚上班、週五晚上班、週六上午班。

進階班：週三晚上班、週四晚上班（由禪淨班結業後轉入共修）。

佛藏經詳解：平實導師講解。每週二晚上，以台北正覺講堂所錄 DVD 放映。歡迎會外學人共同聽講，不需出示身分證件。

第二講堂：

禪淨班：週三晚上班、週四晚上班。

佛藏經詳解：每週二晚上與第一講堂同時播放佛藏經詳解 DVD。

台中正覺講堂 04-23816090（晚上）

第一講堂 台中市南屯區五權西路二段 666 號 13 樓之四（國泰世華銀行樓上。鄰近縣市經第一高速公路前來者，由五權西路交流道可以快速到達，大樓旁有停車場，對面有素食館）。

禪淨班：週三晚上班、週四晚上班。

進階班：週一晚上班、週六上午班（由禪淨班結業後轉入共修）。

增上班：單週週末以台北增上班課程錄成 DVD 放映之，限已明心之會員參加。

佛藏經詳解：平實導師講解。每週二晚上，以台北正覺講堂所錄 DVD 放映。歡迎會外學人共同聽講，不需出示身分證件。

第二講堂 台中市南屯區五權西路二段 666 號 4 樓

禪淨班：週一晚上班、週三晚上班、週六上午班。

進階班：週五晚上班（由禪淨班結業後轉入共修）。

佛藏經詳解：每週二晚上與第一講堂同時播放佛藏經詳解 DVD。

第三講堂、第四講堂：台中市南屯區五權西路二段 666 號 4 樓。

嘉義正覺講堂 嘉義市友愛路 288 號八樓之一　電話：05-2318228

第一講堂：

禪淨班：週一晚上班、週四晚上班、週五晚上班。

進階班：週三晚上班（由禪淨班結業後轉入共修）。

佛藏經詳解：平實導師講解。每週二晚上，以台北正覺講堂所錄 DVD 放映。歡迎會外學人共同聽講，不需出示身分證件。

第二講堂 嘉義市友愛路 288 號八樓之二。

台南正覺講堂

第一講堂 台南市西門路四段 15 號 4 樓。06-2820541（晚上）

禪淨班：週一晚上班、週三晚上班、週四晚上班、週五晚上班、週六下午班。

增上班：單週週末下午，以台北增上班課程錄成 DVD 放映之，限已明心之會員參加。

佛藏經詳解：平實導師講解。每週二晚上，以台北正覺講堂所錄 DVD 放映。歡迎會外學人共同聽講，不需出示身分證件。

第二講堂　台南市西門路四段 15 號 3 樓。

佛藏經詳解：每週二晚上與第一講堂同時播放佛藏經詳解 DVD。

第三講堂　台南市西門路四段 15 號 3 樓。

進階班：週三晚上班、週四晚上班、週六上午班（由禪淨班結業後轉入共修）。

佛藏經詳解：每週二晚上與第一講堂同時播放佛藏經詳解 DVD。

高雄正覺講堂　高雄市新興區中正三路 45 號五樓 07-2234248（晚上）

第一講堂（五樓）：

禪淨班：週一晚上班、週三晚上班、週四晚上班、週五晚上班、週六上午班。

增上班：單週週末下午，以台北增上班課程錄成 DVD 放映之，限已明心之會員參加。

佛藏經詳解：平實導師講解。每週二晚上，以台北正覺講堂所錄 DVD 放映。歡迎會外學人共同聽講，不需出示身分證件。

第二講堂（四樓）：

進階班：週三晚上班、週四晚上班、週六上午班（由禪淨班結業後轉入共修）。

佛藏經詳解：每週二晚上與第一講堂同時播放佛藏經詳解 DVD。

第三講堂（三樓）：

進階班：週四晚上班（由禪淨班結業後轉入共修）。

香港正覺講堂　**☆已遷移新址☆**

九龍觀塘，成業街 10 號，電訊一代廣場 27 樓 E 室。

（觀塘地鐵站 B1 出口，步行約 4 分鐘）。電話：(852) 23262231

英文地址：Unit E, 27th Floor, TG Place, 10 Shing Yip Street, Kwun Tong, Kowloon

禪淨班：雙週六下午班 14:30-17:30，已經額滿。
雙週日下午班 14:30-17:30，2016 年 4 月底前尚可報名。

進階班：雙週五晚上班（由禪淨班結業後轉入共修）。

增上班：單週週末上午，以台北增上班課程錄成 DVD 放映之，限已明心之會員參加。

妙法蓮華經詳解：平實導師講解。雙週六 19:00-21:00，以台北正覺講堂所錄 DVD 放映；歡迎會外學人共同聽講，不需出示身分證件。

美國洛杉磯正覺講堂　☆已遷移新址☆

825 S. Lemon Ave Diamond Bar, CA 91798 U.S.A.
Tel. (909) 595-5222（請於週六 9:00~18:00 之間聯繫）
Cell. (626) 454-0607

禪淨班：每逢週末 15：30~17：30 上課。

進階班：每逢週末上午 10：00~12：00 上課。

佛藏經詳解：平實導師講解。每週六下午 13：00~15：00，以台北正覺講堂所錄 DVD 放映。歡迎各界人士共享第一義諦無上法益，不需報名。

二、招生公告　本會台北講堂及全省各講堂，每逢**四月、十月**下旬開新班，每週共修一次（每次二小時。開課日起三個月內仍可插班）；但美國洛杉磯共修處之禪淨班得隨時插班共修。各班共修期間皆爲二年半，欲參加者請向本會函索報名表（各共修處皆於共修時間方有人執事，非共修時間請勿電詢或前來洽詢、請書），或直接從本會官方網站 (http://www.enlighten.org.tw/newsflash/class)或成佛之道網站下載報名表。共修期滿時，若經報名禪三審核通過者，可參加四天三夜之禪三精進共修，有機會明心、取證如來藏，發起般若實相智慧，成爲實義菩薩，脫離凡夫菩薩位。

三、新春禮佛祈福 農曆年假期間停止共修：自農曆新年前七天起停止共修與弘法，正月 8 日起回復共修、弘法事務。新春期間正月初一～初七 9.00～17.00 開放台北講堂、正月初一～初三開放新竹講堂、台中講堂、台南講堂、高雄講堂，以及大溪禪三道場（正覺祖師堂），方便會員供佛、祈福及會外人士請書。美國洛杉磯共修處之休假時間，請逕詢該共修處。

密宗四大派修雙身法，是外道性力派的邪法；又以生滅的識陰作為常住法，是常見外道，是假的藏傳佛教。

西藏覺囊巴以他空見弘揚第八識如來藏勝法，才是真藏傳佛教

佛教正覺同修會　弘法行事表

2017/03/31

1、**禪淨班**　以無相念佛及拜佛方式修習動中定力，實證一心不亂功夫。傳授解脫道正理及第一義諦佛法，以及參禪知見。共修期間：二年六個月。每逢四月、十月開新班，詳見招生公告表。

2、**《佛藏經》**詳解　平實導師主講。已於 2013/12/17 開講，歡迎已發成佛大願的菩薩種性學人，攜眷共同參與此殊勝法會聽講。詳解 釋迦世尊於《佛藏經》中所開示的眞實義理，更爲今時後世佛子四眾，闡述 佛陀演說此經的本懷。眞實尋求佛菩提道的有緣佛子，親承聽聞如是勝妙開示，當能如實理解經中義理，亦能了知於大乘法中：如何是諸法實相？善知識、惡知識要如何簡擇？如何才是清淨持戒？如何才能清淨說法？於此末法之世，眾生五濁益重，不知佛、不解法、不識僧，唯見表相，不信眞實，貪著五欲，諸方大師不淨說法，各各將導大量徒眾趣入三塗，如是師徒俱堪憐憫。是故，平實導師以大慈悲心，用淺白易懂之語句，佐以實例、譬喻而爲演說，普令聞者易解佛意，皆得契入佛法正道，如實了知佛法大藏。每逢週二 18.50~20.50 開示，不限制聽講資格。會外人士需憑身分證件換證入內聽講（此是大樓管理處之安全規定，敬請見諒）。桃園、新竹、台中、台南、高雄等地講堂，亦於每週二晚上播放平實導師講經之 DVD，不必出示身分證件即可入內聽講，歡迎各地善信同霑法益。

有某道場專弘淨土法門數十年，於教導信徒研讀《佛藏經》時，往往告誡信徒曰：「後半部不許閱讀。」由此緣故坐令信徒失去提升念佛層次之機緣，師徒只能低品位往生淨土，令人深覺愚癡無智。由有多人建議故，平實導師開始宣講《佛藏經》，藉以轉易如是邪見，並提升念佛人之知見與往生品位。此經中，對於實相念佛多所著墨，亦指出念佛要點：以實相爲依，念佛者應依止淨戒、依止清淨僧寶，捨離違犯重戒之師僧，應受學清淨之法，遠離邪見。本經是現代佛門大法師所厭惡之經典：一者由於大法師們已全都落入意識境界而無法親證實相，故於此經中所說實相全無所知，都不樂有人聞此經名，以免讀後提出問疑時無法回答；二者現代大乘佛法地區，已經普被藏密喇嘛教滲透，許多有名之大法師們大多已曾或繼續在修練雙身法，都已失去聲聞戒體及菩薩戒體，成爲地獄種姓人，已非眞正出家之人，本質上只是身著僧衣而住在寺院中的世俗人。這些人對於此經都是讀不懂的，也是極爲厭惡的；他們尙不樂見此經之印行，何況流通與講解？今爲救護廣大學佛人，兼欲護持佛教血脈永續常傳，特選此經宣講之，主講者平實導師。

3、**瑜伽師地論**詳解　詳解論中所言凡夫地至佛地等 17 師之修證境界與理論，從凡夫地、聲聞地……宣演到諸地所證一切種智之眞實正理。由平實導師開講，每逢一、三、五週之週末晚上開示，僅限已明心之會員參加。

4、**精進禪三**　主三和尚：平實導師。於四天三夜中，以克勤圓悟大師及大慧宗杲之禪風，施設機鋒與小參、公案密意之開示，幫助會員剋期取證，親證不生不滅之眞實心——人人本有之如來藏。每年四月、十月各舉辦二個梯次；平實導師主持。僅限本會會員參加禪淨班共修期滿，報名審核通過者，方可參加。並選擇會中定力、慧力、福德三條件皆已具足之已明心會員，給以指引，令得眼見自己無形無相之佛性遍佈山河大地，眞實而無障礙，得以肉眼現觀世界身心悉皆如幻，具足成就如幻觀，圓滿十住菩薩之證境。

5、**大法鼓經**詳解　詳解末法時代大乘佛法修行之道。佛教正法消毒妙藥塗於大鼓而以擊之，凡有眾生聞之者，一切邪見鉅毒悉皆消殞；此經即是大法鼓之正義，凡聞之者，所有邪見之毒悉皆滅除，見道不難；亦能發起菩薩無量功德，是故諸大菩薩遠從諸方佛土來此娑婆聞修此經。

本經破「有」而顯涅槃，以此名爲眞法；若墮在「有」中，皆名「非法」；若人如是宣揚佛法，名爲擊大法鼓；如是依「法」而捨「非法」，據以建立山門而爲眾說法，方可名爲法鼓山。此經中說，以「此經」爲菩薩道之本，以證得「此經」之正知見及法門作爲度人之「法」，方名眞實佛法，否則盡名「非法」。本經中對法與非法、有與涅槃，有深入之闡釋，歡迎教界一切善信（不論初機或久學菩薩），一同親沐 如來聖教，共沾法喜。由平實導師詳解。不限制聽講資格。

6、**不退轉法輪經**詳解　本經所說妙法極爲甚深難解，時至末法，已然無有知者；而其甚深絕妙之法，流傳至今依舊多人可證，顯示佛學眞是義學而非玄談，其中甚深極妙令人拍案稱絕之第一義諦妙義，平實導師將會加以解說。待《大法鼓經》宣講完畢時繼續宣講此經。

7、**阿含經**詳解　選擇重要之阿含部經典，依無餘涅槃之實際而加以詳解，令大眾得以現觀諸法緣起性空，亦復不墮斷滅見中，顯示經中所隱說之涅槃實際—如來藏—確實已於四阿含中隱說；令大眾得以聞後觀行，確實斷除我見乃至我執，證得**見到**眞現觀，乃至**身證**……等眞現觀；已得大乘或二乘見道者，亦可由此聞熏及聞後之觀行，除斷我所之貪著，成就慧解脫果。由平實導師詳解。不限制聽講資格。

8、**解深密經**詳解　重講本經之目的，在於令諸已悟之人明解大乘法道之成佛次第，以及悟後進修一切種智之內涵，確實證知三種自性性，並得據此證解七眞如、十眞如等正理。每逢週二 18.50~20.50 開示，由平實導師詳解。將於《大法鼓經》講畢後開講。不限制聽講資格。

9、**成唯識論**詳解　詳解一切種智眞實正理，詳細剖析一切種智之微細深妙廣大正理；並加以舉例說明，使已悟之會員深入體驗所證如來藏之微密行相；及證驗見分相分與所生一切法，皆由如來藏—阿賴耶識—直接或展轉而生，因此證知一切法無我，證知無餘涅槃之本際。將於增上班《瑜伽師地論》講畢後，由平實導師重講。僅限已明心之會員參加。

10、**精選如來藏系經典**詳解　精選如來藏系經典一部，詳細解說，以此完全印證會員所悟如來藏之眞實，得入不退轉住。另行擇期詳細解說之，由平實導師講解。僅限已明心之會員參加。

11、**禪門差別智**　藉禪宗公案之微細淆訛難知難解之處，加以宣說及剖析，以增進明心、見性之功德，啓發差別智，建立擇法眼。每月第一週日全天，由平實導師開示，僅限破參明心後，復又眼見佛性者參加（事冗暫停）。

12、**枯木禪**　先講智者大師的《小止觀》，後說《釋禪波羅蜜》，詳解四禪八定之修證理論與實修方法，細述一般學人修定之邪見與岔路，及對禪定證境之誤會，消除枉用功夫、浪費生命之現象。已悟般若者，可以藉此而實修初禪，進入大乘通教及聲聞教的三果心解脫境界，配合應有的大福德及後得無分別智、十無盡願，即可進入初地心中。親教師：平實導師。未來緣熟時將於大溪正覺寺開講。不限制聽講資格。

註：本會例行年假，自 2004 年起，改爲每年農曆新年前七天開始停息弘法事務及共修課程，農曆正月 8 日回復所有共修及弘法事務。新春期間（每日 9.00~17.00）開放台北講堂，方便會員禮佛祈福及會外人士請書。大溪區的正覺祖師堂，開放參訪時間，詳見〈正覺電子報〉或成佛之道網站。本表得因時節因緣需要而隨時修改之，不另作通知。

佛教正覺同修會　贈閱書籍 目錄　2015/09/29

1.**無相念佛**　平實導師著　回郵 10 元
2.**念佛三昧修學次第**　平實導師述著　回郵 25 元
3.**正法眼藏—護法集**　平實導師述著　回郵 35 元
4.**真假開悟簡易辨正法＆佛子之省思**　平實導師著　回郵 3.5 元
5.**生命實相之辨正**　平實導師著　回郵 10 元
6.**如何契入念佛法門**（**附**：印順法師否定極樂世界）平實導師著　回郵 3.5 元
7.**平實書箋**—答元覽居士書　平實導師著　回郵 35 元
8.**三乘唯識**—如來藏系經律彙編　平實導師編　回郵 80 元
（精裝本　長 27 cm　寬 21 cm　高 7.5 cm　重 2.8 公斤）
9.**三時繫念全集**—修正本　回郵掛號 40 元（長 26.5 cm×寬 19 cm）
10.**明心與初地**　平實導師述　回郵 3.5 元
11.**邪見與佛法**　平實導師述著　回郵 20 元
12.**菩薩正道**—回應義雲高、釋性圓…等外道之邪見　正燦居士著　回郵 20 元
13.**甘露法雨**　平實導師述　回郵 20 元
14.**我與無我**　平實導師述　回郵 20 元
15.**學佛之心態**—修正錯誤之學佛心態始能與正法相應　孫正德老師著　回郵35元
附錄：平實導師著**《略說八、九識並存…等之過失》**
16.**大乘無我觀**—《悟前與悟後》別說　平實導師述著　回郵 20 元
17.**佛教之危機**—中國台灣地區現代佛教之真相（附錄：公案拈提六則）
平實導師著　回郵 25 元
18.**燈　影**—燈下黑（覆「求教後學」來函等）　平實導師著　回郵 35 元
19.**護法與毀法**—覆上平居士與徐恒志居士網站毀法二文
張正圜老師著　回郵 35 元
20.**淨土聖道**—兼評**選擇本願念佛**　正德老師著　**由正覺同修會購贈**　回郵 25 元
21.**辨唯識性相**—對「紫蓮心海《辯唯識性相》書中否定阿賴耶識」之回應
正覺同修會 台南共修處法義組 著　回郵 25 元
22.**假如來藏**—對法蓮法師《如來藏與阿賴耶識》書中否定阿賴耶識之回應
正覺同修會 台南共修處法義組 著　回郵 35 元
23.**入不二門**—公案拈提集錦 第一輯（於平實導師公案拈提諸書中選錄約二十則，
合輯爲一冊流通之）平實導師著　回郵 20 元
24.**真假邪說**—西藏密宗索達吉喇嘛《破除邪說論》真是邪說
釋正安法師著　回郵 35 元
25.**真假開悟**—真如、如來藏、阿賴耶識間之關係　平實導師述著　回郵 35 元
26.**真假禪和**—辨正釋傳聖之謗法謬說　孫正德老師著　回郵 30 元

27.**眼見佛性**—駁慧廣法師眼見佛性的含義文中謬說

游正光老師著　回郵25元

28.**普門自在**—公案拈提集錦 第二輯（於平實導師公案拈提諸書中選錄約二十則，合輯爲一冊流通之）平實導師著　回郵25元

29.**印順法師的悲哀**—以現代禪的質疑為線索　恒毓博士著　回郵25元

30.**識蘊真義**—現觀識蘊內涵、取證初果、親斷三縛結之具體行門。

—依《成唯識論》及《惟識述記》正義，略顯安慧《大乘廣五蘊論》之邪謬

平實導師著　回郵35元

31.**正覺電子報** 各期紙版本　免附回郵　每次最多函索三期或三本。

（已無存書之較早各期，不另增印贈閱）

32.**現代人應有的宗教觀**　蔡正禮老師 著　回郵3.5元

33.**遠惑趣道**—正覺電子報般若信箱問答錄　第一輯　回郵20元

34.**遠惑趣道**—正覺電子報般若信箱問答錄　第二輯　回郵20元

35.**確保您的權益**—器官捐贈應注意自我保護　游正光老師 著　回郵10元

36.**正覺教團電視弘法三乘菩提 DVD 光碟（一）**

由正覺教團多位親教師共同講述錄製 DVD 8 片，MP3 一片，共 9 片。有二大講題：一爲「三乘菩提之意涵」，二爲「學佛的正知見」。內容精闢，深入淺出，精彩絕倫，幫助大眾快速建立三乘法道的正知見，免被外道邪見所誤導。有志修學三乘佛法之學人不可不看。（製作工本費 100 元，回郵 25 元）

37.**正覺教團電視弘法 DVD 專輯（二）**

總有二大講題：一爲「三乘菩提之念佛法門」，一爲「學佛正知見（第二篇）」，由正覺教團多位親教師輪番講述，內容詳細闡述如何修學念佛法門、實證念佛三昧，以及學佛應具有的正確知見，可以幫助發願往生西方極樂淨土之學人，得以把握往生，更可令學人快速建立三乘法道的正知見，免於被外道邪見所誤導。有志修學三乘佛法之學人不可不看。（一套 17 片，工本費 160 元。回郵 35 元）

38.**佛藏經** 燙金精裝本 每冊回郵 20 元。正修佛法之道場欲大量索取者，請正式發函並蓋用大印寄來索取（2008.04.30 起開始敬贈）

39.**喇嘛性世界**—揭開假藏傳佛教譚崔瑜伽的面紗　張善思 等人合著

由正覺同修會購贈　回郵20元

40.**假藏傳佛教的神話**—性、謊言、喇嘛教　張正玄教授編著　回郵20元

由正覺同修會購贈　回郵20元

41.**隨 緣**—理隨緣與事隨緣　平實導師述　回郵20元。

42.**學佛的覺醒**　正枝居士 著　回郵25元

43.**導師之真實義**　蔡正禮老師 著　回郵10元

44.**淺談達賴喇嘛之雙身法**—兼論解讀「密續」之達文西密碼

吳明芷居士 著　回郵10元

45.**魔界轉世**　張正玄居士 著　回郵10元

46.**一貫道與開悟**　蔡正禮老師 著　回郵10元

47.**博愛**—愛盡天下女人　正覺教育基金會 編印　回郵 10 元

48.**意識虛妄經教彙編**—實證解脫道的關鍵經文　正覺同修會編印　回郵25元

49.**邪箭囈語**—破斥藏密外道多識仁波切《破魔金剛箭雨論》之邪說
陸正元老師著　上、下冊回郵各 30 元

50.**真假沙門**—依 佛聖教闡釋佛教僧寶之定義
蔡正禮老師著　俟正覺電子報連載後結集出版

51.**真假禪宗**—藉評論釋性廣《印順導師對變質禪法之批判
及對禪宗之肯定》以顯示真假禪宗
附論一：凡夫知見 無助於佛法之信解行證
附論二：世間與出世間一切法皆從如來藏實際而生而顯
余正偉老師著　俟正覺電子報連載後結集出版　回郵未定

52.**假鋒虛焰金剛乘**—揭示顯密正理，兼破索達吉師徒《般若鋒兮金剛焰》。
釋正安 法師著　俟正覺電子報連載後結集出版

★ 上列贈書之郵資，係台灣本島地區郵資，大陸、港、澳地區及外國地區，請另計酌增（大陸、港、澳、國外地區之郵票不許通用）。尚未出版之書，請勿先寄來郵資，以免增加作業煩擾。

★ 本目錄若有變動，唯於後印之書籍及「成佛之道」網站上修正公佈之，不另行個別通知。

函索書籍請寄：佛教正覺同修會　103 台北市承德路 3 段 277 號 9 樓
台灣地區函索書籍者請附寄郵票，無時間購買郵票者可以等值現金抵用，但不接受郵政劃撥、支票、匯票。大陸地區得以人民幣計算，國外地區請以美元計算（請勿寄來當地郵票，在台灣地區不能使用）。欲以掛號寄遞者，請另附掛號郵資。

親自索閱：正覺同修會各共修處。　★請於共修時間前往取書，餘時無人在道場，請勿前往索取；共修時間與地點，詳見書末正覺同修會共修現況表（以近期之共修現況表爲準）。

註：正智出版社發售之局版書，請向各大書局購閱。若書局之書架上已經售出而無陳列者，請向書局櫃台指定洽購；若書局不便代購者，請於正覺同修會共修時間前往各共修處請購，正智出版社已派人於共修時間送書前往各共修處流通。 郵政劃撥購書及 大陸地區 購書，請詳別頁正智出版社發售書籍目錄最後頁之說明。

成佛之道 網站：http://www.a202.idv.tw　　正覺同修會已出版之結緣書籍，多已登載於 成佛之道 網站，若住外國、或住處遙遠，不便取得正覺同修會贈閱書籍者，可以從本網站閱讀及下載。　　書局版之《宗通與說通》亦已上網，台灣讀者可向書局洽購，售價 300 元。《狂密與眞密》第一輯~第四輯，亦於 2003.5.1.全部於本網站登載完畢；台灣地區讀者請向書局洽購，每輯約 400 頁，售價 300 元（網站下載紙張費用較貴，容易散失，難以保存，亦較不精美）。

＊＊假藏傳佛教修雙身法，非佛教＊＊

正智出版社 籌募弘法基金發售書籍目錄 2017/04/22

1.**宗門正眼**—公案拈提 第一輯 重拈 平實導師著 500元
因重寫內容大幅度增加故，字體必須改小，並增爲576頁 主文546頁。比初版更精彩、更有內容。初版《禪門摩尼寶聚》之讀者，可寄回本公司免費調換新版書。免附回郵，亦無截止期限。（2007年起，每冊附贈本公司精製公案拈提〈超意境〉CD一片。市售價格280元，多購多贈。）

2.**禪淨圓融** 平實導師著 200元（第一版舊書可換新版書。）

3.**真實如來藏** 平實導師著 400元

4.**禪—悟前與悟後** 平實導師著 上、下冊，每冊250元

5.**宗門法眼**—公案拈提 第二輯 平實導師著 500元
（2007年起，每冊附贈本公司精製公案拈提〈超意境〉CD一片）

6.**楞伽經詳解** 平實導師著 全套共10輯 每輯250元

7.**宗門道眼**—公案拈提 第三輯 平實導師著 500元
（2007年起，每冊附贈本公司精製公案拈提〈超意境〉CD一片）

8.**宗門血脈**—公案拈提 第四輯 平實導師著 500元
（2007年起，每冊附贈本公司精製公案拈提〈超意境〉CD一片）

9.**宗通與說通**—成佛之道 平實導師著 主文381頁 全書400頁售價300元

10.**宗門正道**—公案拈提 第五輯 平實導師著 500元
（2007年起，每冊附贈本公司精製公案拈提〈超意境〉CD一片）

11.**狂密與真密 一～四輯** 平實導師著 西藏密宗是人間最邪淫的宗教，本質不是佛教，只是披著佛教外衣的印度教性力派流毒的喇嘛教。此書中將西藏密宗密傳之男女雙身合修樂空雙運所有祕密與修法，毫無保留完全公開，並將全部喇嘛們所不知道的部分也一併公開。內容比大辣出版社喧騰一時的《西藏慾經》更詳細。並且函蓋藏密的所有祕密及其錯誤的中觀見、如來藏見……等，藏密的所有法義都在書中詳述、分析、辨正。每輯主文三百餘頁 每輯全書約400頁 售價每輯300元

12.**宗門正義**—公案拈提 第六輯 平實導師著 500元
（2007年起，每冊附贈本公司精製公案拈提〈超意境〉CD一片）

13.**心經密意**—心經與解脫道、佛菩提道、祖師公案之關係與密意 平實導師述 300元

14.**宗門密意**—公案拈提 第七輯 平實導師著 500元
（2007年起，每冊附贈本公司精製公案拈提〈超意境〉CD一片）

15.**淨土聖道**—兼評「選擇本願念佛」 正德老師著 200元

16.**起信論講記** 平實導師述著 共六輯 每輯三百餘頁 售價各250元

17.**優婆塞戒經講記** 平實導師述著 共八輯 每輯三百餘頁 售價各250元

18.**真假活佛**—略論附佛外道盧勝彥之邪說（對前岳靈犀網站主張「盧勝彥是證悟者」之修正） 正犀居士（岳靈犀）著 流通價140元

19.**阿含正義**—唯識學探源 平實導師著 共七輯 每輯300元

20.**超意境** CD 以平實導師公案拈提書中超越意境之頌詞，加上曲風優美的旋律，錄成令人嚮往的超意境歌曲，其中包括正覺發願文及平實導師親自譜成的黃梅調歌曲一首。詞曲雋永，殊堪翫味，可供學禪者吟詠，有助於見道。內附設計精美的彩色小冊，解說每一首詞的背景本事。每片 280 元。【每購買公案拈提書籍一冊，即贈送一片。】

21.**菩薩底憂鬱** CD 將菩薩情懷及禪宗公案寫成新詞，並製作成超越意境的優美歌曲。 1.主題曲〈菩薩底憂鬱〉，描述地後菩薩能離三界生死而迴向繼續生在人間，但因尚未斷盡習氣種子而有極深沈之憂鬱，非三賢位菩薩及二乘聖者所知，此憂鬱在七地滿心位方才斷盡；本曲之詞中所說義理極深，昔來所未曾見；此曲係以優美的情歌風格寫詞及作曲，聞者得以激發嚮往諸地菩薩境界之大心，詞、曲都非常優美，難得一見；其中勝妙義理之解說，已印在附贈之彩色小冊中。 2.以各輯公案拈提中直示禪門入處之頌文，作成各種不同曲風之超意境歌曲，值得玩味、參究；聆聽公案拈提之優美歌曲時，請同時閱讀內附之印刷精美說明小冊，可以領會超越三界的證悟境界；未悟者可以因此引發求悟之意向及疑情，眞發菩提心而邁向求悟之途，乃至因此眞實悟入般若，成眞菩薩。 3.正覺總持咒新曲，總持佛法大意；總持咒之義理，已加以解說並印在隨附之小冊中。本 CD 共有十首歌曲，長達 63 分鐘。每盒各附贈二張購書優惠券。每片 280 元。

22.**禪意無限** CD 平實導師以公案拈提書中偈頌寫成不同風格曲子，與他人所寫不同風格曲子共同錄製出版，幫助參禪人進入禪門超越意識之境界。盒中附贈彩色印製的精美解說小冊，以供聆聽時閱讀，令參禪人得以發起參禪之疑情，即有機會證悟本來面目而發起實相智慧，實證大乘菩提般若，能如實證知般若經中的眞實意。本 CD 共有十首歌曲，長達 69 分鐘，每盒各附贈二張購書優惠券。每片 280 元。

23.**我的菩提路**第一輯　釋悟圓、釋善藏等人合著　售價 300 元

24.**我的菩提路**第二輯　郭正益、張志成等人合著　售價 300 元

25.**我的菩提路**第三輯　王美伶等人合著　售價 300 元

26.**鈍鳥與靈龜**—考證後代凡夫對大慧宗杲禪師的無根誹謗。
平實導師著　共 458 頁　售價 350 元

27.**維摩詰經講記**　平實導師述　共六輯　每輯三百餘頁　售價各 250 元

28.**真假外道**—破劉東亮、杜大威、釋證嚴常見外道見　正光老師著　200 元

29.**勝鬘經講記**—兼論印順《勝鬘經講記》對於《勝鬘經》之誤解。
平實導師述　共六輯　每輯三百餘頁　售價250元

30.**楞嚴經講記**　平實導師述　共 **15** 輯，每輯三百餘頁　售價 300 元

31.**明心與眼見佛性**—駁慧廣〈蕭氏「眼見佛性」與「明心」之非〉文中謬說
正光老師著　共 448 頁　售價 300 元

32.**見性與看話頭**　黃正倖老師　著，本書是禪宗參禪的方法論。
內文 375 頁，全書 416 頁，售價 300 元。

33.**達賴真面目**—玩盡天下女人 白正偉老師 等著 中英對照彩色精裝大本 800 元
34.**喇嘛性世界**—揭開假藏傳佛教譚崔瑜伽的面紗 張善思 等人著 200 元
35.**假藏傳佛教的神話**—性、謊言、喇嘛教 正玄教授編著 200 元
36.**金剛經宗通** 平實導師述 共九輯 每輯售價 250 元。
37.**空行母**—性別、身分定位，以及藏傳佛教。
珍妮·坎貝爾著 呂艾倫 中譯 售價 250 元
38.**末代達賴**—性交教主的悲歌 張善思、呂艾倫、辛燕編著 售價 250 元
39.**霧峰無霧**—給哥哥的信 辨正釋印順對佛法的無量誤解
游宗明 老師著 售價 250 元
40.**第七意識與第八意識？**—穿越時空「超意識」
平實導師述 每冊 300 元
41.**黯淡的達賴**—失去光彩的諾貝爾和平獎
正覺教育基金會編著 每冊 250 元
42.**童女迦葉考**—論呂凱文〈佛教輪迴思想的論述分析〉之謬。
平實導師 著 定價 180 元
43.**人間佛教**—實證者必定不悖三乘菩提
平實導師 述，定價 400 元
44.**實相經宗通** 平實導師述 共八輯 每輯 250 元
45.**真心告訴您(一)**—達賴喇嘛在幹什麼？
正覺教育基金會編著 售價 250 元
46.**中觀金鑑**—詳述應成派中觀的起源與其破法本質
孫正德老師著 分為上、中、下三冊，每冊 250 元
47.**佛法入門**—迅速進入三乘佛法大門，消除久學佛法漫無方向之窘境。
○○居士著 將於正覺電子報連載後出版。售價 250 元
48.**藏傳佛教要義**—《狂密與真密》之簡體字版 平實導師 著 上、下冊
僅在大陸流通 每冊 300 元
49.**法華經講義** 平實導師述 共二十五輯 每輯 300 元
已於 2015/05/31 起開始出版，每二個月出版一輯
50.**西藏「活佛轉世」制度**—附佛、造神、世俗法
許正豐、張正玄老師合著 定價 150 元
51.**廣論三部曲** 郭正益老師著 定價 150 元
52.**真心告訴您(二)**—達賴喇嘛是佛教僧侶嗎？
—補祝達賴喇嘛八十大壽
正覺教育基金會編著 售價 300 元
53.**廣論之平議**—宗喀巴《菩提道次第廣論》之平議 正雄居士著
約二或三輯 俟正覺電子報連載後結集出版 書價未定
54.**末法導護**—對印順法師中心思想之綜合判攝 正慶老師著 書價未定
55.**菩薩學處**—菩薩四攝六度之要義 陸正元老師著 出版日期未定。
56.**八識規矩頌**詳解 ○○居士 註解 出版日期另訂 書價未定。

57.**印度佛教史**—法義與考證。依法義史實評論印順《印度佛教思想史、佛教史地考論》之謬說　正偉老師著　出版日期未定　書價未定

58.**中國佛教史**—依中國佛教正法史實而論。○○老師 著　書價未定。

59.**中論正義**—釋龍樹菩薩《中論》頌正理。
孫正德老師著　出版日期未定　書價未定

60.**中觀正義**—註解平實導師《中論正義頌》。
○○法師（居士）著　出版日期未定　書價未定

61.**佛藏經講記**　平實導師述　出版日期未定　書價未定

62.**阿含經講記**—將選錄四阿含中數部重要經典全經講解之，講後整理出版。
平實導師述　約二輯　每輯 300 元　出版日期未定

63.**寶積經講記**　平實導師述　每輯三百餘頁 優惠價 300 元　出版日期未定

64.**解深密經講記**　平實導師述 約四輯　將於重講後整理出版

65.**成唯識論略解**　平實導師著　五～六輯　每輯300 元　出版日期未定

66.**修習止觀坐禪法要講記**　平實導師述　每輯三百餘頁
將於正覺寺建成後重講、以講記逐輯出版　出版日期未定

67.**無門關**—《無門關》公案拈提　平實導師著　出版日期未定

68.**中觀再論**—兼述印順《中觀今論》謬誤之平議。正光老師著 出版日期未定

69.**輪迴與超度**—佛教超度法會之真義。
○○法師（居士）著　出版日期未定　書價未定

70.**《釋摩訶衍論》平議**—對偽稱龍樹所造《釋摩訶衍論》之平議
○○法師（居士）著　出版日期未定　書價未定

71.**正覺發願文**註解—以真實大願為因 得證菩提
正德老師著　出版日期未定　書價未定

72.**正覺總持咒**—佛法之總持　正圜老師著　出版日期未定　書價未定

73.**涅槃**—論四種涅槃　平實導師著　出版日期未定　書價未定

74.**三自性**—依四食、五蘊、十二因緣、十八界法，說三性三無性。
作者未定　出版日期未定

75.**道品**—從三自性說大小乘三十七道品　作者未定　出版日期未定

76.**大乘緣起觀**—依四聖諦七真如現觀十二緣起 作者未定　出版日期未定

77.**三德**—論解脫德、法身德、般若德。　作者未定　出版日期未定

78.**真假如來藏**—對印順《如來藏之研究》謬說之平議　作者未定 出版日期未定

79.**大乘道次第**　作者未定　出版日期未定　書價未定

80.**四緣**—依如來藏故有四緣。　作者未定　出版日期未定

81.**空之探究**—印順《空之探究》謬誤之平議　作者未定 出版日期未定

82.**十法義**—論阿含經中十法之正義　作者未定　出版日期未定

83.**外道見**—論述外道六十二見　作者未定　出版日期未定

正智出版社有限公司書籍介紹

禪淨圓融：言淨土諸祖所未曾言，示諸宗祖師所未曾示；禪淨圓融，另闢成佛捷徑，兼顧自力他力，闡釋淨土門之速行易行道，亦同時揭櫫聖教門之速行易行道；令廣大淨土行者得免緩行難證之苦，亦令聖道門行者得以藉著淨土速行道而加快成佛之時劫。乃前無古人之超勝見地，非一般弘揚禪淨法門典籍也，先讀爲快。平實導師著200元。

宗門正眼—公案拈提第一輯：繼承克勤圜悟大師碧巖錄宗旨之禪門鉅作。先則舉示當代大法師之邪說，消弭當代禪門大師鄉愿之心態，摧破當今禪門「世俗禪」之妄談；次則旁通教法，表顯宗門正理；繼以道之次第，消弭古今狂禪；後藉言語及文字機鋒，直示宗門入處。悲智雙運，禪味十足，數百年來難得一睹之禪門鉅著也。平實導師著 500元（原初版書《禪門摩尼寶聚》，改版後補充爲五百餘頁新書，總計多達二十四萬字，內容更精彩，並改名爲《宗門正眼》，讀者原購初版《禪門摩尼寶聚》皆可寄回本公司免費換新，免附回郵，亦無截止期限）（2007年起，凡購買公案拈提第一輯至第七輯，每購一輯皆贈送本公司精製公案拈提〈超意境〉CD一片，市售價格280元，多購多贈）。

禪—悟前與悟後：本書能建立學人悟道之信心與正確知見，圓滿具足而有次第地詳述禪悟之功夫與禪悟之內容，指陳參禪中細微淆訛之處，能使學人明自眞心、見自本性。若未能悟入，亦能以正確知見辨別古今中外一切大師究係眞悟？或屬錯悟？便有能力揀擇，捨名師而選明師，後時必有悟道之緣。一旦悟道，遲者七次人天往返，便出三界，速者一生取辦。學人欲求開悟者，不可不讀。　平實導師著。上、下冊共500元，單冊250元。

眞實如來藏：如來藏眞實存在，乃宇宙萬有之本體，並非印順法師、達賴喇嘛等人所說之「唯有名相、無此心體」。如來藏是涅槃之本際，是一切有智之人竭盡心智、不斷探索而不能得之生命實相；是古今中外許多大師自以爲悟而當面錯過之生命實相。如來藏即是阿賴耶識，乃是一切有情本自具足、不生不滅之眞實心。當代中外大師於此書出版之前所未能言者，作者於本書中盡情流露、詳細闡釋。眞悟者讀之，必能增益悟境、智慧增上；錯悟者讀之，必能檢討自己之錯誤，免犯大妄語業；未悟者讀之，能知參禪之理路，亦能以之檢查一切名師是否眞悟。此書是一切哲學家、宗教家、學佛者及欲昇華心智之人必讀之鉅著。　平實導師著　售價400元。

宗門法眼——**公案拈提**第二輯：列舉實例，闡釋土城廣欽老和尚之悟處；並直示這位不識字的老和尚妙智橫生之根由，繼而剖析禪宗歷代大德之開悟公案，解析當代密宗高僧卡盧仁波切之錯悟證據，並例舉當代顯宗高僧、大居士之錯悟證據（凡健在者，爲免影響其名聞利養，皆隱其名）。藉辨正當代名師之邪見，向廣大佛子指陳禪悟之正道，彰顯宗門法眼。悲勇兼出，強捋虎鬚；慈智雙運，巧探驪龍；摩尼寶珠在手，直示宗門入處，禪味十足；若非大悟徹底，不能爲之。禪門精奇人物，允宜人手一冊，供作參究及悟後印證之圭臬。本書於2008年4月改版，增寫為大約500頁篇幅，以利學人研讀參究時更易悟入宗門正法，以前所購初版首刷及初版二刷舊書，皆可免費換取新書。平實導師著 500元（2007年起，凡購買公案拈提第一輯至第七輯，每購一輯皆贈送本公司精製公案拈提〈超意境〉CD一片，市售價格280元，多購多贈）。

宗門道眼——**公案拈提**第三輯：繼宗門法眼之後，再以金剛之作略、慈悲之胸懷、犀利之筆觸，舉示寒山、拾得、布袋三大士之悟處，消弭當代錯悟者對於寒山大士……等之誤會及誹謗。亦舉出民初以來與虛雲和尚齊名之蜀郡鹽亭袁煥仙夫子——南懷瑾老師之師，其「悟處」何在？並蒐羅許多眞悟祖師之證悟公案，顯示禪宗歷代祖師之睿智，指陳部分祖師、奧修及當代顯密大師之謬悟，作爲殷鑑，幫助禪子建立及修正參禪之方向及知見。假使讀者閱此書已，一時尚未能悟，亦可一面加功用行，一面以此宗門道眼辨別眞假善知識，避開錯誤之印證及歧路，可免大妄語業之長劫慘痛果報。欲修禪宗之禪者，務請細讀。平實導師著 售價500元（2007年起，凡購買公案拈提第一輯至第七輯，每購一輯皆贈送本公司精製公案拈提〈超意境〉CD一片，市售價格280元，多購多贈）。

楞伽經詳解：本經是禪宗見道者印證所悟眞僞之根本經典，亦是禪宗見道者悟後起修之依據經典；故達摩祖師於印證二祖慧可大師之後，將此經典連同佛缽祖衣一併交付二祖，令其依此經典佛示金言、進入修道位，修學一切種智。由此可知此經對於眞悟之人修學佛道，是非常重要之一部經典。此經能破外道邪說，亦破佛門中錯悟名師之謬說，亦破禪宗部分祖師之狂禪：不讀經典、一向主張「一悟即成究竟佛」之謬執。並開示愚夫所行禪、觀察義禪、攀緣如禪、如來禪等差別，令行者對於三乘禪法差異有所分辨；亦糾正禪宗祖師古來對於如來禪之誤解，嗣後可免以訛傳訛之弊。此經亦是法相唯識宗之根本經典，禪者悟後欲修一切種智而入初地者，必須詳讀。平實導師著，全套共十輯，已全部出版完畢，每輯主文約320頁，每冊約352頁，定價250元。

宗門血脈—**公案拈提第四輯**：末法怪象—許多修行人自以爲悟，每將無念靈知認作眞實；崇尚二乘法諸師及其徒眾，則將外於如來藏之緣起性空—無因論之無常空、斷滅空、一切法空—錯認爲 佛所說之般若空性。這兩種現象已於當今海峽兩岸及美加地區顯密大師之中普遍存在；人人自以爲悟，心高氣壯，便敢寫書解釋祖師證悟之公案，大多出於意識思惟所得，言不及義，錯誤百出，因此誤導廣大佛子同陷大妄語之地獄業中而不能自知。彼等書中所說之悟處，其實處處違背第一義經典之聖言量。彼等諸人不論是否身披袈裟，都非佛法宗門血脈，或雖有禪宗法脈之傳承，亦只徒具形式；猶如螟蛉，非眞血脈，未悟得根本眞實故。禪子欲知佛、祖之眞血脈者，請讀此書，便知分曉。平實導師著，主文452頁，全書464頁，定價500元（2007年起，凡購買公案拈提第一輯至第七輯，每購一輯皆贈送本公司精製公案拈提〈超意境〉CD一片，市售價格280元，多購多贈）。

宗通與說通：古今中外，錯誤之人如麻似粟，每以常見外道所說之靈知心，認作眞心；或妄想虛空之勝性能量爲眞如，或錯認物質四大元素藉冥性（靈知心本體）能成就吾人色身及知覺，或認初禪至四禪中之了知心爲不生不滅之涅槃心。此等皆非通宗者之見地。復有錯悟之人一向主張「宗門與教門不相干」，此即尙未通達宗門之人也。其實宗門與教門互通不二，宗門所證者乃是眞如與佛性，教門所說者乃說宗門證悟之眞如佛性，故教門與宗門不二。本書作者以宗教二門互通之見地，細說「宗通與說通」，從初見道至悟後起修之道、細說分明；並將諸宗諸派在整體佛教中之地位與次第，加以明確之教判，學人讀之即可了知佛法之梗概也。欲擇明師學法之前，允宜先讀。平實導師著，主文共381頁，全書392頁，只售成本價300元。

宗門正道—**公案拈提**第五輯：修學大乘佛法有二果須證解脫果及大菩提果。二乘人不證大菩提果，唯證解脫果；此果之智慧，名爲聲聞菩提、緣覺菩提。大乘佛子所證二果之菩提果爲佛菩提，故名大菩提果，其慧名爲一切種智函蓋二乘解脫果。然此大乘二果修證，須經由禪宗之宗門證悟方能相應。而宗門證悟極難，自古已然；其所以難者，咎在古今佛教界普遍存在三種邪見：1.以修定認作佛法，2.以無因論之緣起性空—否定涅槃本際如來藏以後之一切法空作爲佛法，3.以常見外道邪見（離語言妄念之靈知性）作爲佛法。如是邪見，或因自身正見未立所致，或因邪師之邪教導所致，或因無始劫來虛妄熏習所致。若不破除此三種邪見，永劫不悟宗門眞義、不入大乘正道，唯能外門廣修菩薩行。平實導師於此書中，有極爲詳細之說明，有志佛子欲摧邪見、入於內門修菩薩行者，當閱此書。主文共496頁，全書512頁。售價500元（2007年起，凡購買公案拈提第一輯至第七輯，每購一輯皆贈送本公司精製公案拈提〈超意境〉CD一片，市售價格280元，多購多贈）。

狂密與真密：密教之修學，皆由有相之觀行法門而入，其最終目標仍不離顯教經典所說第一義諦之修證；若離顯教第一義經典、或違背顯教第一義經典，即非佛教。西藏密教之觀行法，如灌頂、觀想、遷識法、寶瓶氣、大聖歡喜雙身修法、喜金剛、無上瑜伽、大樂光明、樂空雙運等，皆是印度教兩性生生不息思想之轉化，自始至終皆以如何能運用交合淫樂之法達到全身受樂爲其中心思想，純屬欲界五欲的貪愛，不能令人超出欲界輪迴，更不能令人斷除我見；何況大乘之明心與見性，更無論矣！故密宗之法絕非佛法也。而其明光大手印、大圓滿法教，又皆同以常見外道所說離語言妄念之無念靈知心錯認爲佛地之眞如，不能直指不生不滅之眞如。西藏密宗所有法王與徒眾，都尚未開頂門眼，不能辨別眞僞，以依人不依法、依密續不依經典故，不肯將其上師喇嘛所說對照第一義經典，純依密續之藏密祖師所說爲準，因此而誇大其證德與證量，動輒謂彼祖師上師爲究竟佛、爲地上菩薩；如今台海兩岸亦有自謂其師證量高於 釋迦文佛者，然觀其師所述，猶未見道，仍在觀行即佛階段，尚未到禪宗相似即佛、分證即佛階位，竟敢標榜爲究竟佛及地上法王，誑惑初機學人。凡此怪象皆是狂密，不同於眞密之修行者。近年狂密盛行，密宗行者被誤導者極眾，動輒自謂已證佛地眞如，自視爲究竟佛，陷於大妄語業中而不知自省，反謗顯宗眞修實證者之證量粗淺；或如義雲高與釋性圓…等人，於報紙上公然誹謗眞實證道者爲「騙子、無道人、人妖、癩蛤蟆…」等，造下誹謗大乘勝義僧之大惡業；或以外道法中有爲有作之甘露、魔術……等法，誑騙初機學人，狂言彼外道法爲眞佛法。如是怪象，在西藏密宗及附藏密之外道中，不一而足，舉之不盡，學人宜應愼思明辨，以免上當後又犯毀破菩薩戒之重罪。密宗學人若欲遠離邪知邪見者，請閱此書，即能了知密宗之邪謬，從此遠離邪見與邪修，轉入眞正之佛道。

平實導師著 共四輯 每輯約400頁（主文約340頁）每輯售價300元。

宗門正義—公案拈提第六輯：佛教有六大危機，乃是藏密化、世俗化、膚淺化、學術化、宗門密意失傳、悟後進修諸地之次第混淆；其中尤以宗門密意之失傳，爲當代佛教最大之危機。由宗門密意失傳故，易令世尊本懷普被錯解，易令世尊正法被轉易爲外道法，以及加以淺化、世俗化，是故宗門密意之廣泛弘傳與具緣佛弟子，極爲重要。然而欲令宗門密意之廣泛弘傳予具緣之佛弟子者，必須同時配合錯誤知見之解析、普令佛弟子知之，然後輔以公案解析之直示入處，方能令具緣之佛弟子悟入。而此二者，皆須以公案拈提之方式爲之，方易成其功、竟其業，是故平實導師續作宗門正義一書，以利學人。全書500餘頁，售價500元（2007年起，凡購買公案拈提第一輯至第七輯，每購一輯皆贈送本公司精製公案拈提〈超意境〉CD一片，市售價格280元，多購多贈）。

心經密意—心經與解脫道、佛菩提道、祖師公案之關係與密意。二乘菩提所證之解脫道，實依第八識心之斷除煩惱障現行而立解脫之名；大乘菩提所證之佛菩提道，實依親證第八識如來藏之涅槃性、清淨自性、及其中道性而立般若之名；禪宗祖師公案所證之眞心，即是此第八識如來藏；是故三乘佛法所修所證之三乘菩提，皆依此如來藏心而立名也。此第八識心，即是《心經》所說之心也。證得此如來藏已，即能漸入大乘佛菩提道，亦可因證知此心而了知二乘無學所不能知之無餘涅槃本際，是故《心經》之密意，與三乘佛菩提之關係極爲密切、不可分割，三乘佛法皆依此心而立名故。今者平實導師以其所證解脫道之無生智及佛菩提之般若種智，將《心經》與解脫道、佛菩提道、祖師公案之關係與密意，以演講之方式，用淺顯之語句和盤托出，發前人所未言，呈三乘菩提之眞義，令人藉此《心經密意》一舉而窺三乘菩提之堂奧，迥異諸方言不及義之說；欲求眞實佛智者、不可不讀！主文317頁，連同跋文及序文…等共384頁，售價300元。

宗門密意—公案拈提第七輯：佛教之世俗化，將導致學人以信仰作爲學佛，則將以感應及世間法之庇祐，作爲學佛之主要目標，不能了知學佛之主要目標爲親證三乘菩提。大乘菩提則以般若實相智慧爲主要修習目標，以二乘菩提解脫道爲附帶修習之標的；是故學習大乘法者，應以禪宗之證悟爲要務，能親入大乘菩提之實相般若智慧中故，般若實相智慧非二乘聖人所能知故。此書則以台灣世俗化佛教之三大法師，說法似是而非之實例，配合眞悟祖師之公案解析，提示證悟般若之關節，令學人易得悟入。平實導師著，全書五百餘頁，售價500元（2007年起，凡購買公案拈提第一輯至第七輯，每購一輯皆贈送本公司精製公案拈提〈超意境〉CD一片，市售價格280元，多購多贈）。

淨土聖道—兼評日本本願念佛：佛法甚深極廣，般若玄微，非諸二乘聖僧所能知之，一切凡夫更無論矣！所謂一切證量皆歸淨土是也！是故大乘法中「聖道之淨土、淨土之聖道」，其義甚深，難可了知；乃至眞悟之人，初心亦難知也。今有正德老師眞實證悟後，復能深探淨土與聖道之緊密關係，憐憫眾生之誤會淨土實義，亦欲利益廣大淨土行人同入聖道，同獲淨土中之聖道門要義，乃振奮心神、書以成文，今得刊行天下。主文279頁，連同序文等共301頁，總有十一萬六千餘字，正德老師著，成本價200元。

起信論講記：詳解大乘起信論**心生滅門**與**心眞如門**之眞實意旨，消除以往大師與學人對起信論所說**心生滅門**之誤解，由是而得了知眞心如來藏之非常非斷中道正理；亦因此一講解，令此論以往隱晦而被誤解之眞實義，得以如實顯示，令大乘佛菩提道之正理得以顯揚光大；初機學者亦可藉此正論所顯示之法義，對大乘法理生起正信，從此得以眞發菩提心，眞入大乘法中修學，世世常修菩薩正行。平實導師演述，共六輯，都已出版，每輯三百餘頁，售價各250元。

優婆塞戒經講記：本經詳述在家菩薩修學大乘佛法，應如何受持菩薩戒？對人間善行應如何看待？對三寶應如何護持？應如何正確地修集此世後世證法之福德？應如何修集後世「行菩薩道之資糧」？並詳述第一義諦之正義：五蘊非我非異我、自作自受、異作異受、不作不受……等深妙法義，乃是修學大乘佛法、行菩薩行之在家菩薩所應當了知者。出家菩薩今世或未來世登地已，捨報之後多數將如華嚴經中諸大菩薩，以在家菩薩身而修行菩薩行，故亦應以此經所述正理而修之，配合《楞伽經、解深密經、楞嚴經、華嚴經》等道次第正理，方得漸次成就佛道；故此經是一切大乘行者皆應證知之正法。平實導師講述，每輯三百餘頁，售價各250元；共八輯，已全部出版。

真假活佛—略論附佛外道盧勝彥之邪說：人人身中都有眞活佛，永生不滅而有大神用，但眾生都不了知，所以常被身外的西藏密宗假活佛籠罩欺瞞。本來就眞實存在的眞活佛，才是眞正的密宗無上密！諾那活佛因此而說禪宗是大密宗，但藏密的所有活佛都不知道、也不曾實證自身中的眞活佛。本書詳實宣示眞活佛的道理，舉證盧勝彥的「佛法」不是眞佛法，也顯示盧勝彥是假活佛，直接的闡釋第一義佛法見道的眞實正理。眞佛宗的所有上師與學人們，都應該詳細閱讀，包括盧勝彥個人在內。正犀居士著，優惠價140元。

阿含正義—唯識學探源：廣說四大部《阿含經》諸經中隱說之眞正義理，一一舉示佛陀本懷，令阿含時期初轉法輪根本經典之眞義，如實顯現於佛子眼前。並提示末法大師對於阿含眞義誤解之實例，一一比對之，證實唯識增上慧學確於原始佛法之阿含諸經中已隱覆密意而略說之，證實 世尊確於原始佛法中已曾密意而說第八識如來藏之總相；亦證實 世尊在四阿含中已說此藏識是名色十八界之因、之本—證明如來藏是能生萬法之根本心。佛子可據此修正以往受諸大師（譬如西藏密宗應成派中觀師：印順、昭慧、性廣、大願、達賴、宗喀巴、寂天、月稱、……等人）誤導之邪見，建立正見，轉入正道乃至親證初果而無困難；書中並詳說三果所證的**心解脫**，以及四果**慧解脫**的親證，都是如實可行的具體知見與行門。全書共七輯，已出版完畢。平實導師著，每輯三百餘頁，售價300元。

超意境CD：以平實導師公案拈提書中超越意境之頌詞，加上曲風優美的旋律，錄成令人嚮往的超意境歌曲，其中包括正覺發願文及平實導師親自譜成的黃梅調歌曲一首。詞曲雋永，殊堪翫味，可供學禪者吟詠，有助於見道。內附設計精美的彩色小冊，解說每一首詞的背景本事。每片280元。【每購買公案拈提書籍一冊，即贈送一片。】

鈍鳥與靈龜：鈍鳥及靈龜二物，被宗門證悟者說爲二種人：前者是精修禪定而無智慧者，也是以定爲禪的愚癡禪人；後者是或有禪定、或無禪定的宗門證悟者，凡已證悟者皆是靈龜。但後來被人虛造事實，用以嘲笑大慧宗杲禪師，說他雖是靈龜，卻不免被天童禪師預記「患背」痛苦而亡：「鈍鳥離巢易，靈龜脱殼難。」藉以貶低大慧宗杲的證量。同時將天童禪師實證如來藏的證量，曲解爲意識境界的離念靈知。自從大慧禪師入滅以後，錯悟凡夫對他的不實毀謗就一直存在著，不曾止息，並且捏造的假事實也隨著年月的增加而越來越多，終至編成「鈍鳥與靈龜」的假公案、假故事。本書是考證大慧與天童之間的不朽情誼，顯現這件假公案的虛妄不實；更見大慧宗杲面對惡勢力時的正直不阿，亦顯示大慧對天童禪師的至情深義，將使後人對大慧宗杲的誣謗至此而止，不再有人誤犯毀謗賢聖的惡業。書中亦舉證宗門的所悟確以第八識如來藏爲標的，詳讀之後必可改正以前被錯悟大師誤導的參禪知見，日後必定有助於實證禪宗的開悟境界，得階大乘眞見道位中，即是實證般若之賢聖。全書459頁，售價350元。

我的菩提路第一輯：凡夫及二乘聖人不能實證的佛菩提證悟，末法時代的今天仍然有人能得實證，由正覺同修會釋悟圓、釋善藏法師等二十餘位實證如來藏者所寫的見道報告，已爲當代學人見證宗門正法之絲縷不絕，證明大乘義學的法脈仍然存在，爲末法時代求悟般若之學人照耀出光明的坦途。由二十餘位大乘見道者所繕，敘述各種不同的學法、見道因緣與過程，參禪求悟者必讀。全書三百餘頁，售價300元。

我的菩提路第二輯：由郭正益老師等人合著，書中詳述彼等諸人歷經各處道場學法，一一修學而加以檢擇之不同過程以後，因閱讀正覺同修會、正智出版社書籍而發起抉擇分，轉入正覺同修會中修學；乃至學法及見道之過程，都一一詳述之。其中張志成等人係由前現代禪轉進正覺同修會，張志成原爲現代禪副宗長，以前未閱本會書籍時，曾被人藉其名義著文評論 平實導師（詳見《宗通與說通》辨正及《眼見佛性》書末附錄…等）；後因偶然接觸正覺同修會書籍，深覺以前聽人評論平實導師之語不實，於是投入極多時間閱讀本會書籍、深入思辨，詳細探索中觀與唯識之關聯與異同，認爲正覺之法義方是正法，深覺相應；亦解開多年來對佛法的迷雲，確定應依八識論正理修學方是正法。乃不顧面子，毅然前往正覺同修會面見平實導師懺悔，並正式學法求悟。今已與其同修王美伶（亦爲前現代禪傳法老師），同樣證悟如來藏而證得法界實相，生起實相般若眞智。此書中尙有七年來本會第一位眼見佛性者之見性報告一篇，一同供養大乘佛弟子。全書四百頁，售價300元。

我的菩提路第三輯：由王美伶老師等人合著。自從正覺同修會成立以來，每年夏初、冬初都舉辦精進禪三共修，藉以助益會中同修們得以證悟明心發起般若實相智慧；凡已實證而被平實導師印證者，皆書具見道報告用以證明佛法之眞實可證而非玄學，證明佛法並非純屬思想、理論而無實質，是故每年都能有人證明正覺同修會的「實證佛教」主張並非虛語。特別是眼見佛性一法，自古以來中國禪宗祖師實證者極寡，較之明心開悟的證境更難令人信受；至2017年初，正覺同修會中的證悟明心者已近五百人，然而其中眼見佛性者至今唯十餘人爾，可謂難能可貴，是故明心後欲冀眼見佛性者實屬不易。黃正倖老師是懸絕七年無人見性後的第一人，她於2009年的見性報告刊於本書的第二輯中，爲大眾證明佛性確實可以眼見；其後七年之中求見性者都屬解悟佛性而無人眼見，幸而又經七年後的2016冬初，以及2017夏初的禪三，復有三人眼見佛性，希冀鼓舞四眾佛子求見佛性之大心，今則具載一則於書末，顯示求見佛性之事實經歷，供養現代佛教界欲得見性之四眾弟子。全書四百頁，售價300元。

維摩詰經講記：本經係 世尊在世時，由等覺菩薩維摩詰居士藉疾病而演說之大乘菩提無上妙義，所說函蓋甚廣，然極簡略，是故今時諸方大師與學人讀之悉皆錯解，何況能知其中隱含之深妙正義，是故普遍無法爲人解說；若強爲人說，則成依文解義而有諸多過失。今由平實導師公開宣講之後，詳實解釋其中密意，令維摩詰菩薩所說大乘不可思議解脫之深妙正法得以正確宣流於人間，利益當代學人及與諸方大師。書中詳實演述大乘佛法深妙不共二乘之智慧境界，顯示諸法之中絕待之實相境界，建立大乘菩薩妙道於永遠不敗不壞之地，以此成就護法偉功，欲冀永利娑婆人天。已經宣講圓滿整理成書流通，以利諸方大師及諸學人。全書共六輯，每輯三百餘頁，售價各250元。

菩薩底憂鬱CD將菩薩情懷及禪宗公案寫成新詞，並製作成超越意境的優美歌曲。1.主題曲〈菩薩底憂鬱〉，描述地後菩薩能離三界生死而迴向繼續生在人間，但因尚未斷盡習氣種子而有極深沈之憂鬱，非三賢位菩薩及二乘聖者所知，此憂鬱在七地滿心位方才斷盡；本曲之詞中所說義理極深，昔來所未曾見；此曲係以優美的情歌風格寫詞及作曲，聞者得以激發嚮往諸地菩薩境界之大心，詞、曲都非常優美，難得一見；其中勝妙義理之解說，已印在附贈之彩色小冊中。2.以各輯公案拈提中直示禪門入處之頌文，作成各種不同曲風之超意境歌曲，值得玩味、參究；聆聽公案拈提之優美歌曲時，請同時閱讀內附之印刷精美說明小冊，可以領會超越三界的證悟境界；未悟者可以因此引發求悟之意向及疑情，眞發菩提心而邁向求悟之途，乃至因此眞實悟入般若，成眞菩薩。3.正覺總持咒新曲，總持佛法大意；總持咒之義理，已加以解說並印在隨附之小冊中。本CD共有十首歌曲，長達63分鐘，附贈二張購書優惠券。每片280元。

勝鬘經講記：如來藏爲三乘菩提之所依，若離如來藏心體及其含藏之一切種子，即無三界有情及一切世間法，亦無二乘菩提緣起性空之出世間法；本經詳說無始無明、一念無明皆依如來藏而有之正理，藉著詳解煩惱障與所知障間之關係，令學人深入了知二乘菩提與佛菩提相異之妙理；聞後即可了知佛菩提之特勝處及三乘修道之方向與原理，邁向攝受正法而速成佛道的境界中。平實導師講述，共六輯，每輯三百餘頁，售價各250元。

楞嚴經講記：楞嚴經係密教部之重要經典，亦是顯教中普受重視之經典；經中宣說明心與見性之內涵極爲詳細，將一切法都會歸如來藏及佛性—妙眞如性；亦闡釋佛菩提道修學過程中之種種魔境，以及外道誤會涅槃之狀況，旁及三界世間之起源。然因言句深澀難解，法義亦復深妙寬廣，學人讀之普難通達，是故讀者大多誤會，不能如實理解佛所說之明心與見性內涵，亦因是故多有悟錯之人引爲開悟之證言，成就大妄語罪。今由平實導師詳細講解之後，整理成文，以易讀易懂之語體文刊行天下，以利學人。全書十五輯，全部出版完畢。每輯三百餘頁，售價每輯300元。

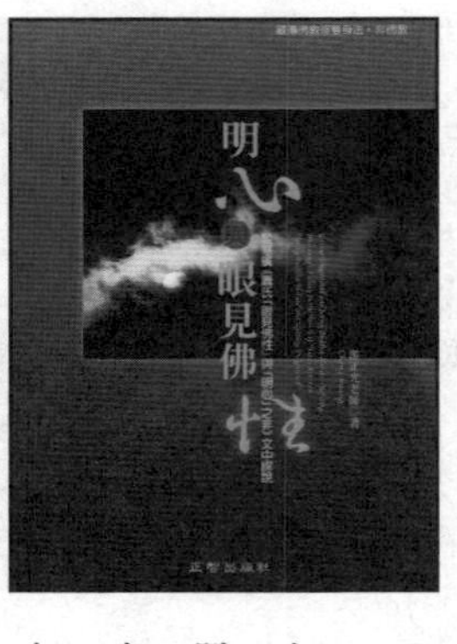

明心與眼見佛性：本書細述明心與眼見佛性之異同，同時顯示了中國禪宗破初參明心與重關眼見佛性二關之間的關聯；書中又藉法義辨正而旁述其他許多勝妙法義，讀後必能遠離佛門長久以來積非成是的錯誤知見，令讀者在佛法的實證上有極大助益。也藉慧廣法師的謬論來教導佛門學人回歸正知正見，遠離古今禪門錯悟者所墮的意識境界，非唯有助於斷我見，也對未來的開悟明心實證第八識如來藏有所助益，是故學禪者都應細讀之。游正光老師著　共448頁　售價300元。

見性與看話頭：黃正倖老師的《見性與看話頭》於《正覺電子報》連載完畢，今結集出版。書中詳說禪宗看話頭的詳細方法，並細說看話頭與眼見佛性的關係，以及眼見佛性者求見佛性前必須具備的條件。本書是禪宗實修者追求明心開悟時參禪的方法書，也是求見佛性者作功夫時必讀的方法書，內容兼顧眼見佛性的理論與實修之方法，是依實修之體驗配合理論而詳述，條理分明而且極爲詳實、周全、深入。本書內文375頁，全書416頁，售價300元。

禪意無限CD平實導師以公案拈提書中偈頌寫成不同風格曲子，與他人所寫不同風格曲子共同錄製出版，幫助參禪人進入禪門超越意識之境界。盒中附贈彩色印製的精美解說小冊，以供聆聽時閱讀，令參禪人得以發起參禪之疑情，即有機會證悟本來面目，實證大乘菩提般若。本CD共有十首歌曲，長達69分鐘，每盒各附贈二張購書優惠券。每片280元。

金剛經宗通：三界唯心，萬法唯識，是成佛之修證內容，是諸地菩薩之所修；般若則是成佛之道（實證三界唯心、萬法唯識）的入門，若未證悟實相般若，即無成佛之可能，必將永在外門廣行菩薩六度，永在凡夫位中。然而實相般若的發起，全賴實證萬法的實相；若欲證知萬法的眞相，則必須探究萬法之所從來，則須實證自心如來—金剛心如來藏，然後現觀這個金剛心的金剛性、眞實性、如如性、清淨性、涅槃性、能生萬法的自性性、本住性，名爲證眞如；進而現觀三界六道唯是此金剛心所成，人間萬法須藉八識心王和合運作方能現起。如是實證《華嚴經》的「三界唯心、萬法唯識」以後，由此等現觀而發起實相般若智慧，繼續進修第十住位的如幻觀、第十行位的陽焰觀、第十迴向位的如夢觀，再生起增上意樂而勇發十無盡願，方能滿足三賢位的實證，轉入初地；自知成佛之道而無偏倚，從此按部就班、次第進修乃至成佛。第八識自心如來是般若智慧之所依，般若智慧的修證則要從實證金剛心自心如來開始；《金剛經》則是解說自心如來之經典，是一切三賢位菩薩所應進修之實相般若經典。這一套書，是將平實導師宣講的《金剛經宗通》內容，整理成文字而流通之；書中所說義理，迥異古今諸家依文解義之說，指出大乘見道方向與理路，有益於禪宗學人求開悟見道，及轉入內門廣修六度萬行。講述完畢後結集出版，總共9輯，每輯約三百餘頁，售價各250元。

真假外道：本書具體舉證佛門中的常見外道知見實例，並加以教證及理證上的辨正，幫助讀者輕鬆而快速的了知常見外道的錯誤知見，進而遠離佛門內外的常見外道知見，因此即能改正修學方向而快速實證佛法。游正光老師著。成本價200元。

空行母—性別、身分定位，以及藏傳佛教：本書作者爲蘇格蘭哲學家，因爲嚮往佛教深妙的哲學內涵，於是進入當年盛行於歐美的假藏傳佛教密宗，擔任卡盧仁波切的翻譯工作多年以後，被邀請成爲卡盧的空行母（又名佛母、明妃），開始了她在密宗裡的實修過程；後來發覺在密宗雙身法中的修行，其實無法使自己成佛，也發覺密宗對女性岐視而處處貶抑，並剝奪女性在雙身法中擔任一半角色時應有的身分定位。當她發覺自己只是雙身法中被喇嘛利用的工具，沒有獲得絲毫應有的尊重與基本定位時，發現了密宗的父權社會控制女性的本質；於是作者傷心地離開了卡盧仁波切與密宗，但是卻被恐嚇不許講出她在密宗裡的經歷，也不許她說出自己對密宗的教義與教制下對女性剝削的本質，否則將被咒殺死亡。後來她去加拿大定居，十餘年後方才擺脫這個恐嚇陰影，下定決心將親身經歷的實情及觀察到的事實寫下來並且出版，公諸於世。出版之後，她被流亡的達賴集團人士大力攻訐，誣指她爲精神狀態失常、說謊……等。但有智之士並未被達賴集團的政治操作及各國政府政治運作吹捧達賴的表相所欺，使她的書銷售無阻而又再版。正智出版社鑑於作者此書是親身經歷的事實，所說具有針對「藏傳佛教」而作學術研究的價值，也有使人認清假藏傳佛教剝削佛母、明妃的男性本位實質，因此洽請作者同意中譯而出版於華人地區。珍妮·坎貝爾女士著，呂艾倫 中譯，每冊250元。

霧峰無霧—給哥哥的信：本書作者藉兄弟之間信件往來論義，略述佛法大義；並以多篇短文辨義，舉出釋印順對佛法的無量誤解證據，並一一給予簡單而清晰的辨正，令人一讀即知。久讀、多讀之後即能認清楚釋印順的六識論見解，與眞實佛法之牴觸是多麼嚴重；於是在久讀、多讀之後，於不知不覺之間提升了對佛法的極深入理解，正知正見就在不知不覺間建立起來了。當三乘佛法的正知見建立起來之後，對於三乘菩提的見道條件便將隨之具足，於是聲聞解脫道的見道也就水到渠成；接著大乘見道的因緣也將次第成熟，未來自然也會有親見大乘菩提之道的因緣，悟入大乘實相般若也將自然成功，自能通達般若系列諸經而成實義菩薩。作者居住於南投縣霧峰鄉，自喻見道之後不復再見霧峰之霧，故鄉原野美景一一明見，於是立此書名爲《霧峰無霧》；讀者若欲撥霧見月，可以此書爲緣。游宗明 老師著 售價250元。

假藏傳佛教的神話—性、謊言、喇嘛教：本書編著者是由一首名叫「阿姊鼓」的歌曲爲緣起，展開了序幕，揭開假藏傳佛教—喇嘛教—的神秘面紗。其重點是蒐集、摘錄網路上質疑「喇嘛教」的帖子，以揭穿「假藏傳佛教的神話」爲主題，串聯成書，並附加彩色插圖以及說明，讓讀者們瞭解西藏密宗及相關人事如何被操作爲「神話」的過程，以及神話背後的眞相。作者：張正玄教授。售價200元。

達賴真面目—玩盡天下女人：假使您不想戴綠帽子，請記得詳細閱讀此書；假使您不想讓好朋友戴綠帽子，請您將此書介紹給您的好朋友。假使您想保護家中的女性，也想要保護好朋友的女眷，請記得將此書送給家中的女性和好友的女眷都來閱讀。本書爲印刷精美的大本彩色中英對照精裝本，爲您揭開達賴喇嘛的眞面目，內容精彩不容錯過，爲利益社會大眾，特別以優惠價格嘉惠所有讀者。編著者：白志偉等。大開版雪銅紙彩色精裝本。售價800元。

喇嘛性世界—揭開假藏傳佛教譚崔瑜伽的面紗：這個世界中的喇嘛，號稱來自世外桃源的香格里拉，穿著或紅或黃的喇嘛長袍，散布於我們的身邊傳教灌頂，吸引了無數的人嚮往學習；這些喇嘛虔誠地爲大眾祈福，手中拿著寶杵（金剛）與寶鈴（蓮花），口中唸著咒語：「唵．嘛呢．叭咪．吽……」，咒語的意思是說：「我至誠歸命金剛杵上的寶珠伸向蓮花寶穴之中」！「喇嘛性世界」是什麼樣的「世界」呢？本書將爲您呈現喇嘛世界的面貌。當您發現眞相以後，您將會唸：「噢！喇嘛．性．世界，譚崔性交嘛！」作者：張善思、呂艾倫。售價200元。

末代達賴—性交教主的悲歌：簡介從藏傳僞佛教（喇嘛教）的修行核心—性力派男女雙修，探討達賴喇嘛及藏傳僞佛教的修行內涵。書中引用外國知名學者著作、世界各地新聞報導，包含：歷代達賴喇嘛的祕史、達賴六世修雙身法的事蹟，以及《時輪續》中的性交灌頂儀式……等；達賴喇嘛書中開示的雙修法、達賴喇嘛的黑暗政治手段；達賴喇嘛所領導的寺院爆發喇嘛性侵兒童；新聞報導《西藏生死書》作者索甲仁波切性侵女信徒、澳洲喇嘛秋達公開道歉、美國最大假藏傳佛教組織領導人邱陽創巴仁波切的性氾濫，等等事件背後眞相的揭露。作者：張善思、呂艾倫、辛燕。售價250元。

第七意識與第八意識？—穿越時空「超意識」「三界唯心，萬法唯識」是佛教中應該實證的聖教，也是《華嚴經》中明載而可以實證的法界實相。唯心者，三界一切境界、一切諸法唯是一心所成就，即是每一個有情的第八識如來藏，不是意識心。唯識者，即是人類各各都具足的八識心王——眼識、耳鼻舌身意識、意根、阿賴耶識，第八阿賴耶識又名如來藏，人類五陰相應的萬法，莫不由八識心王共同運作而成就，故說萬法唯識。依聖教量及現量、比量，都可以證明意識是二法因緣生，是由第八識藉意根與法塵二法爲因緣而出生，又是夜夜斷滅不存之生滅心，即無可能反過來出生第七識意根、第八識如來藏，當知不可能從生滅性的意識心中，細分出恆審思量的第七識意根，更無可能細分出恆而不審的第八識如來藏。本書是將演講內容整理成文字，細說如是內容，並已在《正覺電子報》連載完畢，今彙集成書以廣流通，欲幫助佛門有緣人斷除意識我見，跳脫於識陰之外而取證聲聞初果；嗣後修學禪宗時即得不墮外道神我之中，得以求證第八識金剛心而發起般若實智。平實導師 述，每冊300元。

黯淡的達賴—失去光彩的諾貝爾和平獎：本書舉出很多證據與論述，詳述達賴喇嘛不爲世人所知的一面，顯示達賴喇嘛並不是眞正的和平使者，而是假借諾貝爾和平獎的光環來欺騙世人；透過本書的說明與舉證，讀者可以更清楚的瞭解，達賴喇嘛是結合暴力、黑暗、淫欲於喇嘛教裡的集團首領，其政治行爲與宗教主張，早已讓諾貝爾和平獎的光環染污了。本書由財團法人正覺教育基金會寫作、編輯，由正覺出版社印行，每冊250元。

人間佛教—實證者必定不悖三乘菩提　「大乘非佛說」的講法似乎流傳已久，卻只是日本人企圖擺脫中國正統佛教的影響，而在明治維新時期才開始提出來的說法；台灣佛教、大陸佛教的淺學無智之人，由於未曾實證佛法而迷信日本人錯誤的學術考證，錯認爲這些別有用心的日本佛學考證的講法爲天竺佛教的眞實歷史；甚至還有更激進的反對佛教者提出「釋迦牟尼佛並非眞實存在，只是後人捏造的假歷史人物」，竟然也有少數人願意跟著「學術」的假光環而信受不疑，於是開始有一些佛教界人士造作了反對中國佛教而推崇南洋小乘佛教的行爲，使佛教的信仰者難以檢擇，導致一般大陸人士開始轉入基督教的盲目迷信中。在這些佛教及外教人士之中，也就有一分人根據此邪說而大聲主張「大乘非佛說」的謬論，這些人以「人間佛教」的名義來抵制中國正統佛教，公然宣稱中國的大乘佛教是由聲聞部派佛教的凡夫僧所創造出來的。這樣的說法流傳於台灣及大陸佛教界凡夫僧之中已久，卻非眞正的佛教歷史中曾經發生過的事，只是繼承六識論的聲聞法中凡夫僧依自己的意識境界立場，純憑臆想而編造出來的妄想說法，卻已經影響許多無智之凡夫僧俗信受不移。本書則是從佛教的經藏法義實質及實證的現量內涵本質立論，證明大乘佛法本是佛說，是從《阿含正義》尚未說過的不同面向來討論「人間佛教」的議題，證明「大乘眞佛說」。閱讀本書可以斷除六識論邪見，迴入三乘菩提正道發起實證的因緣；也能斷除禪宗學人學禪時普遍存在之錯誤知見，對於建立參禪時的正知見有很深的著墨。平實導師 述，內文488頁，全書528頁，定價400元。

童女迦葉考——論呂凱文〈佛教輪迴思想的論述分析〉之謬 童女迦葉是佛世率領五百大比丘遊行於人間的歷史事實，是以童貞行而依止菩薩戒弘化於人間的大菩薩，不依別解脫戒（聲聞戒）來弘化於人間。這是大乘佛教與聲聞佛教同時存在於佛世的歷史明證，證明大乘佛教不是從聲聞法中分裂出來的部派佛教的產物，卻是聲聞佛教分裂出來的部派佛教聲聞凡夫僧所不樂見的史實；於是古今聲聞法中的凡夫都欲加以扭曲而作詭說，更是末法時代高聲大呼「大乘非佛說」的六識論聲聞凡夫極力想要扭曲的佛教史實之一，於是想方設法扭曲迦葉菩薩為聲聞僧，以及扭曲迦葉童女為比丘僧等荒謬不實之論著便陸續出現，古時聲聞僧寫作的《分別功德論》是最具體之事例，現代之代表作則是呂凱文先生的〈佛教輪迴思想的論述分析〉論文。鑑於如是假藉學術考證以籠罩大眾之不實謬論，未來仍將繼續造作及流竄於佛教界，繼續扼殺大乘佛教學人法身慧命，必須舉證辨正之，遂成此書。平實導師 著，每冊180元。

中觀金鑑——詳述應成派中觀的起源與其破法本質 學佛人往往迷於中觀學派之不同學說，被應成派與自續派所迷惑；修學般若中觀二十年後自以為實證般若中觀了，卻仍不曾入門，甫聞實證般若中觀者之所說，則茫無所知，迷惑不解；隨後信心盡失，不知如何實證佛法；凡此，皆因惑於這二派中觀學說所致。自續派中觀所說同於常見，以意識境界立為第八識如來藏之境界，應成派所說則同於斷見，但又同立意識為常住法，故亦具足斷常二見。今者孫正德老師有鑑於此，乃將起源於密宗的應成派中觀學說，追本溯源，詳考其來源之外，亦一一舉證其立論內容，詳加辨正，令密宗雙身法祖師以識陰境界而造之應成派中觀學說本質，詳細呈現於學人眼前，令其維護雙身法之目的無所遁形。若欲遠離密宗此二大派中觀謬說，欲於三乘菩提有所進道者，允宜具足閱讀並細加思惟，反覆讀之以後將可捨棄邪道返歸正道，則於般若之實證即有可能，證後自能現觀如來藏之中道境界而成就中觀。本書分上、中、下三冊，每冊250元，已全部出版完畢。

實相經宗通：學佛之目的在於實證一切法界背後之實相，禪宗稱之為本來面目或本地風光，佛菩提道中稱之為實相法界；此實相法界即是金剛藏，又名佛法之祕密藏，即是能生有情五陰、十八界及宇宙萬有（山河大地、諸天、三惡道世間）的第八識如來藏，又名阿賴耶識心，即是禪宗祖師所說的眞如心，此心即是三界萬有背後的實相。證得此第八識心時，自能瞭解般若諸經中隱說的種種密意，即得發起實相般若——實相智慧。每見學佛人修學佛法二十年後仍對實相般若茫然無知，亦不知如何入門，茫無所趣；更因不知三乘菩提的互異互同，是故越是久學者對佛法越覺茫然，都肇因於尙未瞭解佛法的全貌，亦未瞭解佛法的修證內容即是第八識心所致。本書對於修學佛法者所應實證的實相境界提出明確解析，並提示趣入佛菩提道的入手處，有心親證實相般若的佛法實修者，宜詳讀之，於佛菩提道之實證即有下手處。平實導師述著，共八輯，全部出版完畢，每輯成本價250元。

真心告訴您（一）——達賴喇嘛在幹什麼？這是一本報導篇章的選集，更是「破邪顯正」的暮鼓晨鐘。「破邪」是戳破假象，說明達賴喇嘛及其所率領的密宗四大派法王、喇嘛們，弘傳的佛法是仿冒的佛法；他們是假藏傳佛教，是坦特羅（譚崔性交）外道法和藏地崇奉鬼神的苯教混合成的「喇嘛教」，推廣的是以所謂「無上瑜伽」的男女雙身法冒充佛法的假佛教，詐財騙色誤導眾生，常常造成信徒家庭破碎、家中兒少失怙的嚴重後果。「顯正」是揭櫫眞相，指出眞正的藏傳佛教只有一個，就是覺囊巴，傳的是 釋迦牟尼佛演繹的第八識如來藏妙法，稱為他空見大中觀。正覺教育基金會即以此古今輝映的如來藏正法正知見，在眞心新聞網中逐次報導出來，將箇中原委「眞心告訴您」，如今結集成書，與想要知道密宗眞相的您分享。售價250元。

真心告訴您（二）——達賴喇嘛是佛教僧侶嗎？補祝達賴喇嘛八十大壽：這是一本針對當今達賴喇嘛所領導的喇嘛教，冒用佛教名相、於師徒間或師兄姊間，實修男女邪淫，而從佛法三乘菩提的現量與聖教量，揭發其謊言與邪術，證明達賴及其喇嘛教是仿冒佛教的外道，是「假藏傳佛教」。藏密四大派教義雖有「八識論」與「六識論」的表面差異，然其實修之內容，皆共許「無上瑜伽」四部灌頂爲究竟「成佛」之法門，也就是共以男女雙修之邪淫法爲「即身成佛」之密要，雖美其名曰「欲貪爲道」之「金剛乘」，並誇稱其成就超越於（應身佛）釋迦牟尼佛所傳之顯教般若乘之上；然詳考其理論，則或以意識離念時之粗細心爲第八識如來藏，或以中脈裡的明點爲第八識如來藏，或如宗喀巴與達賴堅決主張第六意識爲常恆不變之眞心者，分別墮於外道之常見與斷見中；全然違背 佛說能生五蘊之如來藏的實質。售價300元。

西藏「活佛轉世」制度——附佛、造神、世俗法：歷來關於喇嘛教活佛轉世的研究，多針對歷史及文化兩部分，於其所以成立的理論基礎，較少系統化的探討。尤其是此制度是否依據「佛法」而施設？是否合乎佛法眞實義？現有的文獻大多含糊其詞，或人云亦云，不曾有明確的闡釋與如實的見解。因此本文先從活佛轉世的由來，探索此制度的起源、背景與功能，並進而從活佛的尋訪與認證之過程，發掘活佛轉世的特徵，以確認「活佛轉世」在佛法中應具足何種果德。定價150元。

法華經講義：此書爲平實導師始從2009/7/21演述至2014/1/14之講經錄音整理所成。世尊一代時教，總分五時三教，即是華嚴時、聲聞緣覺教、般若教、種智唯識教、法華時；依此五時三教區分爲藏、通、別、圓四教。本經是最後一時的圓教經典，圓滿收攝一切法教於本經中，是故最後的圓教聖訓中，特地指出無有三乘菩提，其實唯有一佛乘；皆因眾生愚迷故，方便區分爲三乘菩提以助眾生證道。世尊於此經中特地說明如來示現於人間的唯一大事因緣，便是爲有緣眾生「開、示、悟、入」諸佛的所知所見——第八識如來藏妙眞如心，並於諸品中隱說「妙法蓮花」如來藏心的密意。然因此經所說甚深難解，眞義隱晦，古來難得有人能窺堂奧；平實導師以知如是密意故，特爲末法佛門四眾演述《妙法蓮華經》中各品蘊含之密意，使古來未曾被古德註解出來的「此經」密意，如實顯示於當代學人眼前。乃至〈藥王菩薩本事品〉、〈妙音菩薩品〉、〈觀世音菩薩普門品〉、〈普賢菩薩勸發品〉中的微細密意，亦皆一併詳述之，開前人所未曾言之密意，示前人所未見之妙法。最後乃至以〈法華大意〉而總其成，全經妙旨貫通始終，而依佛旨圓攝於一心如來藏妙心，厥爲曠古未有之大說也。平實導師述　已於2015/05/31起開始出版，每二個月出版一輯，共有25輯。每輯300元。

解深密經講記：本經係 世尊晚年第三轉法輪，宣說地上菩薩所應熏修之唯識正義經典，經中所說義理乃是大乘一切種智增上慧學，以阿陀那識—如來藏—阿賴耶識為主體。禪宗之證悟者，若欲修證初地無生法忍乃至八地無生法忍者，必須修學《楞伽經、解深密經》所說之八識心王一切種智；此二經所說正法，方是眞正成佛之道；印順法師否定第八識如來藏之後所說萬法緣起性空之法，是以誤會後之二乘解脫道取代大乘眞正成佛之道，尚且不符二乘解脫道正理，亦已墮於斷滅見中，不可謂為成佛之道也。平實導師曾於本會郭故理事長往生時，於喪宅中從首七開始宣講，於每一七各宣講三小時，至第十七而快速略講圓滿，作為郭老之往生佛事功德，迴向郭老早證八地、速返娑婆住持正法。茲為今時後世學人故，將擇期重講《解深密經》，以淺顯之語句講畢後，將會整理成文，用供證悟者進道；亦令諸方未悟者，據此經中佛語正義，修正邪見，依之速能入道。平實導師述著，全書輯數未定，每輯三百餘頁，將於未來重講完畢後逐輯出版。

佛法入門：學佛人往往修學二十年後仍不知如何入門，茫無所入漫無方向，不知如何實證佛法；更因不知三乘菩提的互異互同之處，導致越是久學者越覺茫然，都是肇因於尚未瞭解佛法的全貌所致。本書對於佛法的全貌提出明確的輪廓，並說明三乘菩提的異同處，讀後即可輕易瞭解佛法全貌，數日內即可明瞭三乘菩提入門方向與下手處。○○菩薩著 出版日期未定。

阿含經講記—小乘解脫道之修證：數百年來，南傳佛法所說證果之不實，所說解脫道之虛妄，所弘解脫道法義之世俗化，皆已少人知之；從南洋傳入台灣與大陸之後，所說法義虛謬之事，亦復少人知之；今時台灣全島印順系統之法師居士，多不知南傳佛法數百年來所說解脫道之義理已然偏斜、已然世俗化、已非眞正之二乘解脫正道，猶極力推崇與弘揚。彼等南傳佛法近代所謂之證果者多非眞實證果者，譬如阿迦曼、葛印卡、帕奧禪師、一行禪師……等人，悉皆未斷我見故。近年更有台灣南部大願法師，高抬南傳佛法之二乘修證行門爲「捷徑究竟解脫之道」者，然而南傳佛法縱使眞修實證，得成阿羅漢，至高唯是二乘菩提解脫之道，絕非究竟解脫，無餘涅槃中之實際尚未得證故，法界之實相尚未了知故，習氣種子待除故，一切種智未實證故，焉得謂爲「究竟解脫」？即使南傳佛法近代眞有實證之阿羅漢，尚且不及三賢位中之七住明心菩薩本來自性清淨涅槃智慧境界，則不能知此賢位菩薩所證之無餘涅槃實際，仍非大乘佛法中之見道者，何況普未實證聲聞果乃至未斷我見之人？謬充證果已屬逾越，更何況是誤會二乘菩提之後，以未斷我見之凡夫知見所說之二乘菩提解脫偏斜法道，焉可高抬爲「究竟解脫」？而且自稱「捷徑之道」？又妄言解脫之道即是成佛之道，完全否定般若實智、否定三乘菩提所依之如來藏心體，此理大大不通也！平實導師爲令修學二乘菩提欲證解脫果者，普得迴入二乘菩提正見、正道中，是故選錄四阿含諸經中，對於二乘解脫道法義有具足圓滿說明之經典，預定未來十年內將會加以詳細講解，令學佛人得以了知二乘解脫道之修證理路與行門，庶免被人誤導之後，未證言證，干犯道禁，成大妄語，欲升反墮。本書首重斷除我見，以助行者斷除我見而實證初果爲著眼之目標，若能根據此書內容，配合平實導師所著《識蘊眞義》《阿含正義》內涵而作實地觀行，實證初果非爲難事，行者可以藉此三書自行確認聲聞初果爲實際可得現觀成就之事。此書中除依二乘經典所說加以宣示外，亦依斷除我見等之證量，及大乘法中道種智之證量，對於意識心之體性加以細述，令諸二乘學人必定得斷我見、常見，免除三縛結之繫縛。次則宣示斷除我執之理，欲令升進而得薄貪瞋痴，乃至斷五下分結…等。平實導師述，共二冊，每冊三百餘頁。每輯300元。

修習止觀坐禪法要講記：修學四禪八定之人，往往錯會禪定之修學知見，欲以無止盡之坐禪而證禪定境界，卻不知修除性障之行門才是修證四禪八定不可或缺之要素，故智者大師云「性障初禪」；性障不除，初禪永不現前，云何修證二禪等？又：行者學定，若唯知數息，而不解六妙門之方便善巧者，欲求一心入定，未到地定極難可得，智者大師名之爲「事障未來」：障礙未到地定之修證。又禪定之修證，不可違背二乘菩提及第一義法，否則縱使具足四禪八定，亦不能實證涅槃而出三界。此諸知見，智者大師於《修習止觀坐禪法要》中皆有闡釋。作者平實導師以其第一義之見地及禪定之實證證量，曾加以詳細解析。將俟正覺寺竣工啓用後重講，不限制聽講者資格；講後將以語體文整理出版。欲修習世間定及增上定之學者，宜細讀之。平實導師述著。

★聲明★

本社於2015/01/01開始調整本目錄中部分書籍之售價，以因應各項成本的持續增加。

＊喇嘛教修外道雙身法，墮識陰境界，非佛教＊

＊弘揚如來藏他空見的覺囊派才是真正藏傳佛教＊

總經銷： 飛鴻 國際行銷股份有限公司
231 新北市新店區中正路 501 之 9 號 2 樓
Tel.02－82186688（五線代表號） Fax.02-82186458、82186459

零售：1.全台連鎖經銷書局：
三民書局、誠品書局、何嘉仁書店
敦煌書店、紀伊國屋、金石堂書局、建宏書局

2.**台北市**：佛化人生 羅斯福路 3 段 325 號 6 樓之 4 台電大樓對面

3.**新北市**：春大地書店 **蘆洲**中正路 117 號

4.**桃園市縣**：誠品書局 **桃園市**中正路 20 號遠東百貨地下室一樓
金石堂 **桃園市**大同路 24 號 金石堂 **桃園**八德市介壽路 1 段 987 號
諾貝爾圖書城 **桃園市**中正路 56 號地下室 御書堂 **龍潭**中正路 123 號
墊腳石文化書店 **中壢市**中正路 89 號

5.**新竹市縣**：大學書局 **新竹**建功路 10 號 誠品書局 **新竹**東區信義街 68 號
誠品書局 **新竹**東區中央路 229 號 5 樓 誠品書局 **新竹**東區力行二路 3 號
墊腳石文化書店 **新竹**中正路 38 號

6.**台中市**： **瑞成**書局、各大連鎖書店。
詠春書局 **台中市**永春東路 884 號 文春書局 **霧峰**中正路 1087 號

7.**彰化市縣**：心泉佛教流通處 **彰化市**南瑤路 286 號
員林鎮：墊腳石圖書文化廣場 中山路 2 段 49 號（04-8338485）

8.**台南市**：博大書局 **新營**三民路 128 號
藝美書局 **善化**中山路 436 號 宏欣書局 **佳里**光復路 214 號

9.**高雄市**：各大連鎖書店、**瑞成**書局
政大書城 **三民區**明仁路 161 號 政大書城 **苓雅區**光華路 148-83 號
明儀書局 **三民區**明福街 2 號 明儀書局 三多四路 63 號
青年書局 青年一路 141 號

10.**宜蘭縣市**：金隆書局 宜蘭市中山路 3 段 43 號
宋太太梅鋪 羅東鎮中正北路 101 號（039-534909）

11.**台東市**：東普佛教文物流通處 台東市博愛路 282 號

12.**其餘鄉鎮市經銷書局**：請電詢總經銷**飛鴻**公司。

13.**大陸地區請洽**：
香港：樂文書店
旺角店 :香港九龍旺角西洋菜街 62 號 3 樓
電話 :(852) 2390 3723 email: luckwinbooks@gmail.com
銅鑼灣店 :香港銅鑼灣駱克道 506 號 2 樓
電話 :(852) 2881 1150 email: luckwinbs@gmail.com

廈門：廈門外圖臺灣書店有限公司
地址：廈門市思明區湖濱南路809 號 廈門外圖書城3 樓 郵編：361004
電話：0592-5061658（臺灣地區請撥打 86-592-5061658）
E-mail：JKB118@188.COM

14.**美國：世界日報圖書部**：紐約圖書部 電話 7187468889#6262
洛杉磯圖書部 電話 3232616972#202

15.**國內外地區網路購書**：

正智出版社 書香園地 http://books.enlighten.org.tw/
（書籍簡介、直接聯結下列網路書局購書）

三民 網路書局 http://www.Sanmin.com.tw
誠品 網路書局 http://www.eslitebooks.com
博客來 網路書局 http://www.books.com.tw
金石堂 網路書局 http://www.kingstone.com.tw
飛鴻 網路書局 http://fh6688.com.tw

附註：**1**.請儘量向各經銷書局購買：郵政劃撥需要十天才能寄到（本公司在您劃撥後第四天才能接到劃撥單，次日寄出後第四天您才能收到書籍，此八天中一定會遇到週休二日，是故共需十天才能收到書籍）若想要早日收到書籍者，請劃撥完畢後，將劃撥收據貼在紙上，旁邊寫上您的姓名、住址、郵區、電話、買書詳細內容，直接傳眞到本公司 02-28344822，並來電 02-28316727、28327495 確認是否已收到您的傳眞，即可提前收到書籍。 **2**.因台灣每月皆有五十餘種宗教類書籍上架，書局書架空間有限，故唯有新書方有機會上架，通常每次只能有一本新書上架；本公司出版新書，大多上架不久便已售出，若書局未再叫貨補充者，書架上即無新書陳列，則請直接向書局櫃台訂購。 **3**.若書局不便代購時，可於晚上共修時間向正覺同修會各共修處請購（共修時間及地點，詳閱**共修現況表**。每年例行年假期間請勿前往請書，年假期間請見共修現況表）。 **4**.郵購：郵政劃撥帳號 19068241。 **5**.正覺同修會會員購書都以八折計價（戶籍台北市者為一般會員，外縣市為護持會員）都可獲得優待，欲一次購買全部書籍者，可以考慮入會，節省書費。入會費一千元（第一年初加入時才需要繳），年費二千元。**6.尚未出版之書籍，請勿預先郵寄書款與本公司，謝謝您！** **7**.若欲一次購齊本公司書籍，或同時取得正覺同修會贈閱之全部書籍者，請於正覺同修會共修時間，親到各共修處請購及索取；**台北市讀者**請洽：103 台北市承德路三段 267 號 10 樓（捷運淡水線 圓山站旁）請書時間：週一至週五為 18.00~21.00，第一、三、五週週六為 10.00~21.00，雙週之週六為 10.00~18.00 請購處專線電話：25957295-分機 14（於請書時間方有人接聽）。

敬告大陸讀者：

大陸讀者購書、索書捷徑（尚未在大陸出版的書籍，以下二個途徑都可以購得，電子書另包括結緣書籍）：

1.**廈門外國圖書公司**：廈門市思明區湖濱南路 809 號　廈門外圖書城 3F

郵編：361004　電話：0592-5061658　網址：JKB118@188.COM

2.**電子書**：正智出版社有限公司及正覺同修會在台灣印行的各種局版書、結緣書，已有『**正覺電子書**』陸續上線中，提供讀者於手機、平板電腦上購書、下載、閱讀正智出版社、正覺同修會及正覺教育基金會所出版之電子書，詳細訊息敬請參閱『正覺電子書』專頁：

http://books.enlighten.org.tw/ebook

關於平實導師的書訊，請上網查閱：

成佛之道　http://www.a202.idv.tw

正智出版社 書香園地　http://books.enlighten.org.tw/

中國網採訪佛教正覺同修會、正覺教育基金會訊息：

http://big5.china.com.cn/gate/big5/fangtan.china.com.cn/2014-06/19/content_32714638.htm

http://pinpai.china.com.cn/

★ 正智出版社有限公司售書之稅後盈餘，全部捐助財團法人正覺寺籌備處、佛教正覺同修會、正覺教育基金會，供作弘法及購建道場之用；懇請諸方大德支持，功德無量。

★ 聲　明 ★

本社於 2015/01/01 開始調整本目錄中部分書籍之售價，以因應各項成本的持續增加。

＊ 喇嘛教修外道雙身法、墮識陰境界，非佛教 ＊

＊ 弘揚如來藏他空見的覺囊派才是真正藏傳佛教 ＊

售後服務—換書啓事（免附回郵） 2012/09/24

《楞嚴經講記》第 14 輯初版首刷本免費調換新書啓事：本講記第 14 輯出版前因 平實導師諸事繁忙，未將之重新閱讀而只改正校對時發現的錯別字，故未能發覺十年前所說法義有部分錯誤，於第 15 輯付印前重閱時才發覺第 14 輯中有部分錯誤尚未改正。今已重新審閱修改並已重印完成，煩請所有讀者將以前所購第 14 輯初版首刷本，寄回本社免費換新（初版二刷本無錯誤），本社將於寄回新書時同時附上您寄書回來換新時所付的郵資，並在此向所有讀者致上最誠懇的歉意。

《心經密意》初版書免費調換二版新書啓事：本書係演講錄音整理成書，講時因時間所限，省略部分段落未講。後於再版時補寫增加 13 頁，維持原價流通之。茲爲顧及初版讀者權益，自 2003/9/30 開始免費調換新書，原有初版一刷、二刷書籍，皆可寄來本來公司換書。

《宗門法眼》已經增寫改版爲 464 頁新書，2008 年 6 月中旬出版。讀者原有初版之第一刷、第二刷書本，都可以寄回本社免費調換改版新書。改版後之公案及錯悟事例維持不變，但將內容加以增說，較改版前更具有廣度與深度，將更能助益讀者參究實相。

換書者**免附回郵**，亦無截止期限；舊書請寄：111 台北郵政 73-151 號信箱 或 103 台北市承德路三段 267 號 10 樓 正智出版社有限公司。舊書若有塗鴨、殘缺、破損者，仍可換取新書；但缺頁之舊書至少應仍有五分之三頁數，方可換書。所有讀者不必顧念本公司是否有盈餘之問題，都請踴躍寄來換書；本公司成立之目的不是營利，只要能眞實利益學人，即已達到成立及運作之目的。若以郵寄方式換書者，免附回郵；並於寄回新書時，由本社附上您寄來書籍時耗用的郵資。造成您不便之處，再次致上萬分的歉意。

正智出版社有限公司 啓

國家圖書館出版品預行編目資料

阿含正義-唯識學探源 第五輯／平實導師著 —初版—
臺北市：正智，2007— 〔民96— 〕
冊； 公分

ISBN:978-986-81358-6-4 （第1輯：平裝）
ISBN:978-986-81358-8-8 （第2輯：平裝）
ISBN:978-986-81358-9-5 （第3輯：平裝）
ISBN:978-986-82992-1-4 （第4輯：平裝）
ISBN:978-986-82992-4-5 （第5輯：平裝）
ISBN:978-986-82992-5-2 （第6輯：平裝）
ISBN:978-986-82992-7-6 （第7輯：平裝）
1.阿含部

221.8 95015882

阿含正義 唯識學探源

——第五輯

作　者：平實導師
校　對：蘇振慶 章乃鈞 蔡禮政 劉惠莉
出 版 者：正智出版社有限公司
電話：〇二 28327495 28316727（白天）
傳眞：〇二 28344822
111台北郵政73-151號信箱
郵政劃撥帳號：一九〇六八二四一
正覺講堂：總機〇二25957295（夜間）
總 經 銷：飛鴻國際行銷股份有限公司
231新北市新店區中正路501-9號2樓
電話：〇二 82186688（五線代表號）
傳眞：〇二 82186458 82186459
初版首刷：公元二〇〇七年四月底 二千冊
初版六刷：公元二〇一七年八月 二千冊
定　價：三〇〇元